高绩效的HR

未来的 HR 转型

[美] 戴维·尤里奇（Dave Ulrich）
韦恩·布罗克班克（Wayne Brockbank） 著
乔恩·扬格（Jon Younger）
迈克·尤里奇（Mike Ulrich）

朱翔 吴齐元 游金 等译

图书在版编目（CIP）数据

高绩效的 HR：未来的 HR 转型 /（美）戴维·尤里奇（Dave Ulrich）等著；朱翔，吴齐元，游金等译. —北京：机械工业出版社，2020.4（2024.7 重印）

书名原文：HR from the Outside In: The Next Era of Human Resources Transformation

ISBN 978-7-111-65137-6

I. 高… II. ①戴… ②朱… ③吴… ④游… III. 人力资源管理 IV. F241

中国版本图书馆 CIP 数据核字（2020）第 048047 号

北京市版权局著作权合同登记　图字：01-2020-0157 号。

Dave Ulrich, Wayne Brockbank, Jon Younger, Mike Ulrich. HR from the Outside In: The Next Era of Human Resources Transformation.

ISBN 978-0-07-180266-6

Copyright © 2012 by Dave Ulrich, Wayne Brockbank, Jon Younger, and Mike Ulrich.

All Rights reserved. No part of this publication may be reproduced or transmitted in any form or by any means, electronic or mechanical, including without limitation photocopying, recording, taping, or any database, information or retrieval system, without the prior written permission of the publisher.

This edition is authorized for sale in the Chinese mainland (excluding Hong Kong SAR, Macao SAR and Taiwan).

Simple Chinese translation edition copyright © 2020 by China Machine Press. All Rights reserved.

版权所有。未经出版人事先书面许可，对本出版物的任何部分不得以任何方式或途径复制或传播，包括但不限于复印、录制、录音，或通过任何数据库、信息或可检索的系统。

此中文简体字翻译版经授权仅限在中国大陆地区（不包括香港、澳门特别行政区及台湾地区）销售。

高绩效的 HR：未来的 HR 转型

出版发行：机械工业出版社（北京市西城区百万庄大街 22 号　邮政编码：100037）	
责任编辑：岳晓月	责任校对：李秋荣
印　　刷：北京虎彩文化传播有限公司	版　　次：2024 年 7 月第 1 版第 7 次印刷
开　　本：170mm×240mm　1/16	印　　张：18.25
书　　号：ISBN 978-7-111-65137-6	定　　价：69.00 元

客服电话：(010) 88361066　68326294

版权所有·侵权必究
封底无防伪标均为盗版

赞誉

HR from the Outside In

本书解释了人力资源管理中最重要的部分：为了管理一个能够真正帮助组织实现业务成果的人力资源部门，我们应该如何确定合适的 HR 人员需要掌握哪些人力资源知识并采取怎样的行动。在一个经济迅速发展变化的时代，人们对组织职能部门的效率越来越重视，作者对人力资源管理该如何影响组织绩效提出了自己的真知灼见。

——雨果·巴格，力拓人事组织部执行官

本书以人力资源为主题，内容翔实，引人思考。无论是人力资源专业的学生，还是高级人力资源主管，都可以阅读学习。

——道格·贝利，联合利华首席人力资源官

通过本书，戴维·尤里奇和他的同事们再次为人力资源管理和组织管理领域做出了开创性贡献。不论你是不是人力资源领域的领导者，都应当阅读本书，通过本书你可以从更加独特的长远视角了解人力资源胜任力在当前和将来给我们带来的好处。

——约翰·布德罗，南加州大学马歇尔商学院教授

本书内容实用，一语中的。尤里奇、扬格和布罗克班克所阐释的如何

持续提高人力资源职能的标准，着实令人鼓舞。本书提供了一个启发灵感的理论框架，重新思考了在客户眼中人力资源所传递的价值。不仅如此，本书还基于扎实的研究和严密的思考，展示了作者对未来商业现实的深刻理解。

——卡斯滕·布雷姆，丹马士副总裁、人力资源总监

我做了 9 年的人力资源总监，在此之前，我已经当了 20 年的业务经理，不得不说，本书深得我心。尤里奇和他的团队见解深刻，与实践联系紧密，我深表赞同。

——伯嘉骐，诺华国际公司人力资源负责人

对于人力资源官来说，本书是他们理论和实践的最佳指导。

——彼得·卡佩利，沃顿商学院人力资源中心主任、
乔治·W. 泰勒沃顿商学院管理学教授

本书提供了业界思想领袖极具吸引力和突破性的视角，它将人力资源的专业知识和商业经济现状生动地联系起来。任何一位商业领袖都能从本书丰富的内容中有所收获。作者成功地通过本书给人力资源从业者提出了挑战，那就是成为精通业务的 HR。

——卡伦·凯莉，亚特兰蒂斯人力资源高级副总裁

当今的人力资源领导者责任重大。为了适应组织需求，他们需要培养人才，反思过时的组织实践，并创新方法让不断变化的员工队伍融入组织，重塑组织能力。对于理解当今人力资源人员所需能力而言，本书讲述的"由外而内"的管理方法是非常新颖且实用的，是每位人力资源从业者的必读之书。

——塔米·埃里克森，人力资源专家、作家、
塔米·埃里克森协会创始人

本书简明扼要，易于阅读，并且非常实用。其核心思想是，人力资源

工作致力于创造商业价值。这是创建成功组织的唯一途径。

——克里斯汀·芬克博士，安联保险公司首席人力资源官

戴维·尤里奇和他的成员再次为人力资源这个职业提供了一套引人深思、深入细致的检验标准。他们的研究无可匹敌，其理论是每位人力资源从业者需要理解并运用到日常工作中的。一言以蔽之：这是一本好书。

——雅克·菲茨–恩兹

通过采取"由外而内"的方法，人力资源部门将会创造真正的商业价值。本书为我们呈现了非常具有说服力的案例，是实践的必备指导书。

——彼得·格克，英国保诚集团人力资源总监

在当今时代，人力资源部门对于组织成功变得越来越重要，本书提供了成功所需的步骤。作者专业基础扎实、充满智慧、学识渊博，他们描述了未来的人力资源专家所需担任的角色和应该具备的能力及其培养途径。本书提供了研究思路、工具和案例可供学习，是每位人力资源从业者的必备之书。

——琳达·格拉顿，伦敦商学院管理实践教授

本书立足于坚实可靠的实践研究基础之上，辉瑞公司已经将其作为全球人力资源胜任力的基准。

——查克·希尔，辉瑞公司首席人力资源官

在我们实施 HR 转型的过程中，RBL 团队是一个不可或缺的伙伴。从一开始，戴维和他的团队就不断对我们固有的思维进行挑战，这帮助我们突破了传统思维的局限。我一直以来都非常看重将战略思想与实操结合起来的建议。本书说明变革过程是永无止境的，并指导人力资源工作如何为组织做出贡献以实现卓越的绩效。我很高兴地看到，客户也在强调我们要推进组织的持续改进，这将会帮助我们在为客户、员工和投资者传递价值方面取得巨大突破。

——玛丽·哈密斯顿　应用材料公司全球人力资源高级副总裁

本书全面且实用，可作为人力资源从业者的"工具箱"，它建立在应用研究的基础上，提供有关取得业务成功的重点领域的经验数据。本书提供的解决方案不是局限于观察过去的趋势，而是关注人力资源未来的前景，以及应对方法和实现途径。

——佩克·K.洛，新加坡人力部人力资源司司长

对于人力资源胜任力，本书可谓权威著作，它提供了许多有用的想法和工具，来帮助人力资源从业者发展职业生涯，并且让其所在的组织更加有效。

——爱德华·E.劳勒，《有效的人力资源管理：全球性分析》作者

检验商业书籍是否有价值，要看它是否分享了新思想，是否提供了行动准则，本书同时囊括了以上两点。对于什么是有效的人力资源管理，本书的回答重点突出了十分重要的变化，并从个体和组织角度分别提供了如何抓住新机遇的切实可行的方法。如果你想融入这个不断变化的世界，那就好好读一读本书，并付诸实践。

——吉姆·劳勒，新加坡购物中心协会首席人力资源官

很多职业已经存在了几个世纪，但是飞行员和人力资源从业者却是20世纪才有的职业。当我登上飞机并见到飞行员时，我坚信他会将我快速安全地带到目的地。但是，当我坐在某位人力资源管理者身边时，我如何知道他是否胜任呢？本书是作者在人力资源职业不断演进过程中，对从业人员胜任力进行了25年研究后的又一项贡献。人力资源从业者不仅需要学习这项研究结果以保证自身发展，还要思考如何才能对组织成功做出贡献。

——迈克·洛西，Mike Losey.com 总裁

你对书中的数据不应有任何怀疑。本书是有史以来对人力资源职能最为全面的研究，并且清晰定义了人力资源的新模型。本书是每位现代人力

资源领导者的必读书，也是明确且实用的指南，用以培养获得成功所需的核心能力。

——约翰·林奇，通用电气人力资源高级副总裁

本书包含很多案例、数据和管理建议，这些可以帮助人力资源从业者聚焦自身未来的角色与影响力：首先是一名商业领袖，然后才是人力资源专业人士，并且愿意改变企业除价值观以外的任何事情。

——兰迪·麦克唐纳，IBM人力资源高级副总裁

本书是每位期望为组织增加价值的人力资源高管的必读书籍。作者帮助读者更好地理解哪些能力可以提升个人和组织的绩效。书中基于研究得出的胜任力模型尤其吸引我，因为它不仅来自人力资源从业者，还从非人力资源管理者和利益相关者的角度提供了信息。

——苏·麦辛吉，人力资源领导力专栏作家、美国人力资源协会前CEO

本书见解深刻，引人深思。本书集人力资源行业多年研究精华之大成，提供了新的视角，让我们关注"业务之根本"，并通过"由外而内"的方式为公司创造价值。

——玛西亚·门德斯·达布雷乌，加拿大安大略省教师退休基金

尽管已经有许多关于人力资源方面的书籍，但戴维·尤里奇和他的团队所做的工作仍然是最有影响力的。与戴维之前的书一样，本书提供了解释、说明以及指引，好让我们在这个过去数年变化如此快速的世界中创造价值。未来的人力资源发展如何，取决于本书提供的新信息付诸实践的效果如何。戴维，谢谢你对人力资源行业不知疲倦的激情以及提供的信息，你让全球的HR专业人士能够获得需要的工具，并成为卓有成效的商业领袖。

——珍妮特·N.帕克，高级人力资源经理、全球人力资源管理师

本书是以下两类人的必读书籍：作为战略思想领袖及业务合作伙伴从而需要拓宽自身能力的 HR 领导者，以及那些无法被同事视为业务合作伙伴并为此感到困惑的 HR 专业人员。

——里诺·皮亚佐拉，安盛集团人力资源执行副总裁

有影响力、相关且及时！在这个不断变化的时代，本书用实用的方法定义了"新型 HR"。我们应当从 HR 这里得到什么呢？HR 需要成为什么样子，如何做？什么造成了企业的不同，现在该怎么做？本书对这些重大问题提供了建立在扎实研究基础上的答案和国际化见解，它们都是智慧项链上的珍贵钻石。本书对领导者、组织和寻求建立企业持续竞争优势的 HR 同行来说都是必不可少的。

——萨蒂什·普拉丹，塔塔有限公司人力资源官

20 多年前，戴维·尤里奇就已经确立了 HR 的发展方向：从操作性思维转变为战略性的业务伙伴。本书又带我们迈向一个新方向，它已使我的思维发生了根本性改变。我原来的战略和工作安排都是内部导向的，但本书提出应将外部客户的声音融入我们所做的每一件事，这使我有了新的突破。本书所展现的原则、概念和胜任力模型将我们的实践水平提升到了更高的战略层面，因为它为 HR 领导者提供了能与商业领袖共议要事的洞察力，从而有助于企业的竞争优势和持续增长。

——乔健，联想集团人力资源高级副总裁

20 年前，一个概念改变了整个人力资源世界，即"HR 业务合作伙伴"。一开始这仅是一个有创意的想法，但它很快开创了人力资源的新纪元。尽管全球范围内不断有人进行人力资源的研究、学习和实践，但戴维·尤里奇和他的团队还是成功地创造和更新了最全面的人力资源知识。最新的信息是，成为"HR 可信任的活动家"是成功的必要非充分条件。为了明白这个道理，我们必须深入学习本书。通过"由外而

内"的途径，戴维作为当代人力资源界的"哥白尼"，成功地将人力资源世界展现给我们。

——奥拉西奥·奎罗斯，世界人事管理协会联合会主席

本书给HR专业人员带来了认知上的转变。它从客户的角度对人力资源角色进行了重新建构，确保人们更加了解如何为所有的利益相关者持续创造商业价值。本书推动了人力资源专业的发展，因为它从个体和组织效率的角度，清晰地定义了增加价值所需的职责和能力。它提醒我们要意识到，作为人力资源专业人员，我们在设计行动和解决方案时需要有效利用企业战略。你应当阅读本书，因为它提醒我们，作为HR专业人员，我们无论是在市场上还是在工作中都要变得更有效率！

——艾琳·理查兹，玛氏公司人力资源副总裁

现在人力资源管理者已经处于公司高管层，因此人力资源团队必须像首席执行官一样有效利用我们长期以来努力争取到的公司地位。从我们重要的职能角度出发，本书为人力资源管理者提供了一个全新的视角。通过阅读本书，你会确信：人力资源就是重要的"业务"。

——莉比·萨廷，万宝盛华集团和皮兹咖啡前首席人力资源官与董事会成员

人力资源的地位迅速提升，因此也到了人力资源管理者全面履行之前承诺的时候了。在知识经济领域中，人力资源对组织目标的支持作用越来越大。如果人力资源不能对产生的独特的影响机会做出回应，那么领导层就会将这些机会给予其他部门。要想产生影响力，HR专业人员需要掌握新的思考和行动方式。我们需要立刻行动，否则就会被淘汰。本书为HR专业人员增强自身影响力提供了一份综合的行动指南。

——马特·斯凯勒，希尔顿全球首席人力资源官

戴维和他的同事们做了令人印象深刻的工作。他们的工作中我最喜欢的部分是对人力资源胜任力模型与业务重点进行的全面协同。他们使用全方位的调研数据来说明人力资源不能仅重视自身的效率和能力，还必须积极培养能够直接为企业成功做出贡献的能力。

——吉尔·斯马特，埃森哲首席人力资源官

我一直认为，成功的HR专业人员是那些在人力资源领域有专长且在更多方面有经验的人，比如在其他职能领域工作过的人。那样，他们就能在开展人力资源工作时拥有广泛的知识和丰富的经验，这一点不可低估。本书清楚地阐述了如何从另一个角度重视人力资源应该具备的能力，例如从外部影响角度和其他利益相关者的角度。因此，我认为对于那些期待改变视角或者寻求为组织增加商业价值的人力资源管理者来说，本书提供了重要的行动指南。

——康拉德·文特尔，德意志银行全球人力资源总监

戴维·尤里奇和他的合作者们不仅关注一些具有时代特征的内容，还证明了他们在人力资源大舞台上的领导者地位。与已经存在的大量理论性人力资源文献不同，本书为读者提供了一个全新并且实用的指导，对每位HR专业人士都大有裨益。

——尼古拉斯·F.罗斯特，西门子高层管理人员开发副总裁

本书是所有HR专业人员都需要阅读的书籍。在调研、案例研究和作者相关经验的基础上，本书为所有HR专业人员提供了可以提高个人效能和组织绩效的方法。

——卡罗尔·沃特金斯，卡迪诺健康有限公司首席人力资源官

人才已经处于首席执行官工作计划中的首要地位，因为他们愈加意识到一个公司的人力资本对组织成功的关键作用。他们期望人力资源部门可

以输送这些人才，但问题是人力资源部门的人才是否具有首席执行官工作计划中要求的能力呢？本书提出了促进组织成功和培养人才所需的人力资源胜任力的具体要求。

——帕特里克·M.赖特，康奈尔大学劳工关系学院；
威廉·J.科纳蒂，通用电气人力资源战略教授

HR胜任力研究无疑是人力资源领域最具权威的研究。本书由人力资源大师带领，并经过6轮全球人力资源能力调查。对于想要提高自身专业水平、影响力和贡献的全球HR专业人员来说，本书提供了最新见解和实践建议。

——杨国安，中欧国际商学院飞利浦人力资源管理教席教授、
宏碁集团前首席人力资源官

本书为我们看待人力资源，在创新性实践中培养组织成功所需的能力提供了一个有趣的视角。无论是为了紧跟外部市场的变化趋势、理解利益相关者的需求及宏观趋势，还是为了通过强有力的合作伙伴关系创建相关解决方案，人力资源都处于一个影响和引领组织变革的独特位置上。本书提供了很多有关变革的令人信服的案例，并为提高人力资源的地位提供了一份全面的行动指南。

——朱迪·A.萨冈斯基，巴斯夫公司人力资源高级副总裁

目录

HR from the Outside In

赞誉
推荐序一
推荐序二
前言

第1章　下一代的 HR　/ 1
第2章　探索和发现　/ 21
第3章　战略定位的参与者　/ 54
第4章　可信任的活动家　/ 77
第5章　组织能力的构建者　/ 101
第6章　成功变革的助推者　/ 122
第7章　HR 创新与整合者　/ 147
第8章　信息技术的支持者　/ 172
第9章　自我发展：成为专业的 HR　/ 190
第10章　打造高效的 HR 部门　/ 213
第11章　结论、启示与建议　/ 235
附录A　HR 专业人员胜任力培养方案　/ 247
附录B　HR 专业人员胜任力自我评价　/ 260

推荐序一

HR from the Outside In

戴维·尤里奇（Dave Ulrich）被誉为现代人力资源管理之父，是最早推动"战略人力资源"概念的关键人物。我与戴维相识多年，戴维是我在美国密歇根大学攻读博士研究生时候的导师，也是我多年以来的良师益友。这些年，我们在不同的组织和活动中一起合作，他对于我来说亦师亦友。2019 年，我们有幸一起再次合写一本新书 Reinventing the Organization，该书将由美国哈佛商学院出版社在 9 月全球发行，值得期待！

戴维在人力资源领域开展了大量的理论研究，也产生了很多极具影响力的作品，而令我印象最深刻的则是他所提出的研究理论背后所遵循的规律和特点。

首先，一切以最终创造价值为依归。戴维在做所有理论研究的时候都在思考一个永恒不变的问题，那就是"人力资源如何为企业创造真正的价值"。这不是传统思维中人力资源从业人员如何提高专业技能，如何深谙招聘、薪酬、培训和组织发展等实践，而是人力资源部如何作为战略性角色，进入公司高层决策团队，参与战略决策的制定，切实帮助公司高层领导者建设组织能力、有效管理团队、实现商业目标，进而为公司股东、客户、员工以及社会创造更大的价值。

其次，戴维所有的著作都是具备前瞻性的。近20年来，戴维基于扎实的研究和咨询实践，紧跟趋势发展，为当下人力资源和组织领域提出了最前沿、最具创新性的观点。他以理念引领HR转型，将HR转型的浪潮分为了四个阶段：从1.0版本一直发展到了4.0版本"由外而内重建HR"。同时，戴维一直以来持续关注HR胜任力的演变发展和未来趋势，对人力资源部和人力资源专业人士不断地提出更高、更新的定位和要求，从而提升人力资源在业界的专业度和影响力。

再次，戴维的管理理论一直都非常强调实用性。无法落地的理论研究是没有价值的。这个实用性体现在他提出的理论框架一般都会辅以全球范围内的最佳实践案例来配合阐述。戴维既有理论研究的高度，同时又能兼顾方法工具的实操性。一般采用"理念 – 案例 – 工具"的实用手法，戴维会给HR人员提供操作指南，比如一些自我审视的方法工具，帮助管理者通过自我审视来不断地提升组织和人才的专业度。

最后，戴维最突出的过人之处是能够把复杂理论和现象简单化。大道至简，伟大的思想都简单而通用。在这个充满不确定性的VUCA时代，他能够在瞬息万变、错综复杂的商业管理情景中快速而精准地抓到核心要点，并以深入浅出、清晰明了的沟通方式让大众快速理解并最终付诸实践。企业界的管理问题往往是千头万绪和错综复杂的，他能够如此抽丝剥茧、切中要害，将复杂理论简单化，对于企业家的管理决策落地是非常有效的。

喜闻戴维将在2019年在国内出版三本系列中文书，我很乐意受邀为新书写序。在过去的30多年里，我的研究和咨询工作一直围绕"组织能力"展开，不论时代如何更迭变迁，企业持续成功的秘诀离不开组织能力的打造。戴维在新书里很好地阐述了为什么组织至关重要，组织超越个体人才的价值所在。《赢在组织：从人才争夺到组织发展》一书基于对人力资源30年共7轮的研究以及面对全球超过3万份人力资源从业者的调研结果，得出组织的竞争优势大于局部个人的总和。由于专业性、信息成本优化、互补性、心理满足感以及创造和善用才能等因素，组织以整合和互补的特性创造出了企业独特的竞争优势。同时，本书还提出了高效的人力资源部应当将外部信息引入组织内部，并提供整合的解决方案，如此才能帮助企业更好地赢得竞争。另外，本书也从个人层面提出了人力资源专业人士应当具备的核心胜任力——矛盾疏导者、值得信赖的行动派、战略定位者、文化变革倡导者以及技术和媒体整合者，让大家能够更加清晰地认识新时代下自身的角色、定位和使命。

《变革的HR：从外到内的HR新模式》很好地解答了"人力资源部如何才能真正创造价值"。真正的战略性业务伙伴，必须从"管理和专业视角"转变为"业务和经营视角"。业务和经营挑战，才是人力资源工作的真正起点。在过去的半个世纪里，戴维经历并见证了人力资源不同的发展阶段以及专业HR角色的演化、发展和转型，这也充分体现了戴维在研究领域的战略前瞻和与时俱进。

《高绩效的HR：未来的HR转型》则提出了下一代HR真正必须要做的是创造和交付业务层面的价值。高绩效HR不仅仅需要具备HR的专业功底，更重要的是还能深度探讨企业运营所处的商业环境、利益相关者的期望以及经营战略。戴维所进行的人力资源胜任力研究是基于全球最大的HR专业人士胜任力数据库，历时25年的实证研究所得出的结论。他认为，高绩效HR需要以由外而内的方式来思考和行动，所以他给未来的HR提出了一个更高的期望和要求，成为"战略定位的核心参与者"，掌握四个阶段（理解业务基础、贡献并参与构建战略、与外部利益相关者保持一致、预测外部趋势），做好三种角色（讲故事的人、解读战略的人和推动战略的人),从而帮助组织赢取未来。

  我个人极力推荐中国的企业家、企业高管、人力资源专业人士以及对企业管理感兴趣的人,系统深入地阅读戴维的这一系列的中文新书。相信这些书能够帮助中国企业重塑人力资源在 VUCA 时代的使命和价值,通过不断地自我审视、自我提升,让我们的企业实现卓越发展、基业长青!

杨国安(Arthur Yeung)

2019 年 2 月 4 日于香港

推荐序二

HR from the Outside In

HR如何在打造有生命力的组织中发挥关键作用

30年致力于研究伟大公司的吉姆·柯林斯在《基业长青》一书中写道："伟大公司的创办人通常都是制造时钟的人，而不是报时的人。他们主要致力于建立一个时钟，而不只是找对时机，用一种高瞻远瞩的产品打入市场；他们并非致力于高瞻远瞩领袖的人格特质，而是致力于构建高瞻远瞩公司的组织特质，他们最伟大的创造物是公司本身及其代表的一切。"今天的中国，越来越多的企业家认识到自己要成为"造钟"的人，而非"报时"的钟，所谓"造钟"就是打造从优秀到卓越、基业长青的组织能力。

由技术和全球化驱动的颠覆性巨变，使得改革开放40多年的短缺经济带来的机会驱动增长的时代已经远去，企业家既面临商业环境的巨大动荡和颠覆带来的外在挑战，又面临人才争夺和组织建设的内部挑战，很多企业家感到刻骨铭心的"本领恐慌"，但不知道症结何在，以及如何下手？据《中国证券报》统计，2014年上市公司董事长辞职人数共计189人，到了2015年该数据大幅飙升至479人，2016年增至548人，2017年达561人，2018年上市公司频繁"换帅"的情况延续，达到创纪录的604人，以A股3584家公司估算，2018年平均每6家上市公司就有1名董事长离职，董事长的任期越来越短。这从一个侧面反映了商业巨变带给企业家和组织的不适应，工业化时代的经营管理模式已经不能适应数字时代的竞争。

美团网的创始人王兴是互联网圈出了名的战略家，信奉"企业成功＝战略思维×组织能力"，他提出在移动互联时代做企业，就是要实现从"登山到航海"，这是两种不同的思维模式和经营模式。他在2018年春节给全体员工的信中说："我们要通过苦练基本功，把它内化成我们组织的能力。把基本功练扎实，我们就能赢99%的事情。"实际上，过去20年，华为、阿里巴巴、腾讯等优秀企业正是这个公式活学活用的成功典范，尤其是组织能力建设成为它们长期制胜的关键法宝。

在这个公式中，"战略思维"是组织前进的导航仪，在未知和动荡的世界中不断寻觅正确的方向、目标和机会；"组织能力"是人才、文化、制度和流程的有机融合，是实现众志成城，建立"宗教般"的组织文化，持续敏捷进化，适应新的环境和挑战，打赢一场又一场新战役的强大载体。在这两个关键要素中，从根本来说，组织能力更加基础和重要。一个组织就像一支球队，教练制定战略和目标，球员专业勤勉、奋勇拼搏，教练可以引进，团队却必须自己打造！

戴维·尤里奇是密歇根大学商学院的著名教授、全球最具影响力的人力资源大师，也是组织能力建设的大师，他是杨国安教授的恩师和好友，杨国安教授指导了腾讯公司的组织能力建设，出版了《组织能力的杨三角》等畅销书，产生了广泛的影响力。本次机械工业出版社华章公司集结出版尤里奇教授的三部HR著作：《赢在组织：从人才争夺到组织发展》《变革的HR：从外到内的HR新模式》《高绩效的HR：未来的HR转型》。这三本书将非常有助于我们深入了解组织能力建设的国际前沿研究，帮助HR明确自身的角色和胜任力标准，获得最佳实践的工具和方法，加速中国企业的组织能力建设步伐。尤其值得关注的是《赢在组织：从人才争夺到组织发展》，它提出了一个核心问题，就是组织要从"人才争夺"转到"组织发展"，要从"资源要素"的获得转向"组织能力"的建设。

对于HR胜任力和组织能力的极大兴趣与关注，源自我两次当面聆听尤里奇教授的讲座，这也给我研究创业企业核心能力的博士论文的写作带来极大的帮助。第一次是在2007年1月18日，他来到清华大学经管学院做了一天的关于第五轮"HR胜任力"调研成果的报告，我作为清华大学经管高管培训中心负责人组织了本次活动。那一天，杨国安教授也专程从上海飞过来参加，300多位中外优秀企业的人力资源负责人参加了论坛，尤里奇教授介绍的"成功HR的六项胜任力"更新了大家对于HR胜任力的认识。第二次是2013年12月12日在上海中欧国际工商管理学院，他讲授的"转型时期的领导力挑战和人才战略"，介绍的"领导力密码：卓越领导者NDA"和"最新人才公式（人才＝胜任力×承诺度×贡献度）"，引起了大家的高度共鸣。

在此，我谈三点个人体会，与大家共勉。

一是这三本书都是基于尤里奇教授30多年的HR胜任力实证研究，方法科学、逻辑严密、样本广泛，结论具有极强的信服力。这项始于1987年的7轮全球最大规模的人力资源专业人士和部门的全面测评，运用"360度反馈方法"来克服HR自身评判的偏见，仅第7轮的研究，就有将近4000名人力资源专业人士提供了关于个人能力的自陈资料，大约有28 000名人力资源领域的内外人员提供了360度反馈的信息，这些问卷结果十分有助于识别个体的HR胜任力如何为不同的利益相关者创造价值。研究发现：组织的影响力是个人的 3～4 倍（即整体大于局部），这个发现直接引出了本书的书名。

二是尤里奇教授作为人力资源大师对 HR 胜任力和 HR 体系的阐述大道至简、深入浅出、逻辑清晰、全面系统，不仅能让 HR 专业人士，而且能让一般员工也看明白。例如，在研究中，很多当时的新话题现在已经成为人力资源的基础部分（比如业务伙伴、战略人力资源、人力资源战略、人力资源转化和人力资源附加值）；在人力资源胜任力的 9 个领域（或因素），他又将这 9 个领域归纳到 3 个大类中：核心胜任力、战略推动力和战术支持要素。这些分析和梳理，思路清晰、图示明确，非常便于理解、记忆和应用。

三是科学地澄清了组织能力的概念，以及 HR 在组织能力建设中的胜任力和关键角色。尤里奇认为，"在达成战略目标为利益相关者创造价值的过程中，组织所擅长的方方面面可以称为能力，它包括组织如何通过整合了的基础流程、结构、激励机制、技能、培训和信息流来组合员工的集体智慧和行动""人力资源至关重要，是因为它不仅仅关乎人力资源，而且关乎业务。进一步说，业务并不是我们今天做什么，而是我们如何准备明天。为明天做准备需要理解环境、流程、利益相关者以及个人影响。通过管理这些力量，组织才能更有竞争力，而有竞争力的组织是人力资源工作的结果"。人力资源部的使命应该是创造人才、领导力和组织能力，以提升业务业绩表现；当人力资源部能够像一个整体组织运作时，它能对业务结果产生大约 4 倍于人力资源专业人员个人的影响力。

阅读尤里奇教授的书籍和听他的讲座，都有一种热情温暖、大道至简、醍醐灌顶、知行合一的感受。他不仅仅是一位研究高深学术的处在象牙塔中的教授，更是长年不遗余力地在全球企业一线推动 HR 转型实践的大师，是全球 HR 的精神领袖和思想导师。

战略可以"借脑"，组织能力却必须"内生"。一个卓越的企业是一支大军、一所大学、一个大家庭在做一件"大事"！"十年树木，百年树人"，建设组织能力就像建"长城"，需要有大局观和长远的眼光，要有决心、慧心、恒心、信心，如此才能打造出持续绽放的有生命力的美好组织！

徐中

清华大学管理学博士，

领导力学者，领越®领导力高级认证导师

前言
HR from the Outside In

在过去的100多年间，人力资源（HR）这一职业可以说是历经冷眼、敷衍、赞赏、鼓励，以及被赋予更大责任等各式态度的变化。当人力资源方面所潜藏的优势被忽视，从而未能充分发挥其价值时，我们深知HR领导者的内心充满沮丧；当HR专业人员兴奋地讲述组织中的人力资源是如何为价值创造提供切实帮助时，我们对他们的欣喜之情也能感同身受。无论处于何种境地，结论都是共同的：对人力资源的管理是一个组织持久取得进步的关键。相关的研究也证实了我们的推断，即体系化的、创新的、整合的HR实践能够对个人和组织的绩效产生极大的影响。

1987年，我们开始对HR专业人员的胜任力进行系统性研究，目的是了解HR专业人员是如何提高自身效能并帮助组织成功的。我们逐渐形成了一套HR专业理论体系，其中我们清晰地展示了HR在帮助组织成功方面所具有的潜力及其兑现成果的能力，也希望它能够对HR专业人员的能力提高有所帮助。本书总结了我们在过去25年里6轮研究的成果，并在研究数据的基础上描绘了"人力资源管理"这一专业职能的发展趋势。当前的研究成果分为两部分，均由麦格劳-希尔集团出版，本书是其中之一，另一本书中呈现的是我们的HR胜任力研究在全球不同地域范围内的详细说明。

本书面向的读者

在本书中，我们采用了将理论、实证调研与企业实例相结合的方式，以帮助HR专业人员与HR部门回答以下三个问题：

1. 要成为高效能的专业人士，HR个人应该具备什么样的特征，应该掌握什么知识技能，又应该做些什么？

2. 要助力业务成功，HR个人应该具备什么样的特征，应该掌握什么知识技能，又应该做些什么？

3. 要提高经营绩效，HR部门应该关注什么？

为了迎接未来的挑战，每个HR个体都必须掌握特定的专业技术和能力。如果他们展现出这些胜任素质，他们就是拥有"高效能"的HR专业人员，也是能够助力业务成功的真正"业务伙伴"。与此同时，HR部门也必须具备一定的前瞻性与管理能力，从而帮助企业走向成功。

本书是为HR专业人员及其高管准备的，而且不受地域局限。这个人群保守估计有100万人，并且数量仍在增长。如果加上人力资本领域的咨询人员，该数字还会大幅上升。在该人群中，我们更多针对的是以下群体的需求：

- 首席人力资源官（CHRO），全面负责HR部门事务。他们可以学习：为提高个人效能、帮助业务成功，如何在HR专业人员及HR部门的组织架构方面有针对性地进行投资。
- 负责提升HR群体自身素质与绩效的HR专业人员。他们可以学习：如何为HR专业人员设置适当的绩效目标，如何在能力发展方面进行合理投资。
- HR通才（HR generalist），与业务部门管理者共事，担当领导力教练、团队促进者（team facilitator）和组织架构师的角色。他们可以学习：掌握并运用我们所提供的工具方法，成为高价值的业务伙伴。
- HR 专才（HR specialist），精通 HR 专业技术的 HR 专家。他们可以学习：如何充分发挥自己的专业优势来创造价值。
- 打算进入 HR 职业领域的学生或其他人员。他们可以了解：在这一领域中所应具备的基本条件、基础知识和常规工作事项。
- 业务部门管理者，他们是企业中对人才、文化和领导力的价值最大化承担最直接责任的人。他们可以了解：HR 专业人员提供的工作成果是什么，如何利用好他们身边的 HR。同时，我们也提供了一个全球通用的评判标准，他们可以借以评估自己与 HR 的合作关系是否良性且有效。
- HR 领域的顾问。他们可以了解：要成为一名高效能的 HR 专业人员，或者建设一个高效能的 HR 部门要具备什么样的必要条件，并在向他人提出建议时体现出这种洞察力。
- HR 领域的研究人员。他们会看到：在收集完 HR 方面的全球数据以及纵向数据后，如何将这些数据用于实践，用于提高 HR 人员的胜任力水平及 HR 部门的管理水平。

本书大纲

章 节	内 容 概 要
第 1 章	HR 管理的四个发展阶段 HR 所处的环境，重点描述第四阶段"由外而内的 HR"的特征
第 2 章	HR 专业人员胜任力的演变过程 1987～2012 年，6 轮研究成果的变迁史，重点描述 2012 年的研究成果

(续)

章 节		内 容 概 要
2012年研究成果：HR专业人员六大胜任力的深度解析	第3章	**战略定位的参与者** HR专业人员要关注外部需求，并将外部视角所得转化为内部的HR实践创新与调整
	第4章	**可信任的活动家** HR专业人员要在经营活动中与人们建立起信任关系，而这种信任是以经营成果与强有力的支持关系为基础的
	第5章	**组织能力的构建者** HR专业人员要能够完成组织能力的定义、审计，并根据企业的具体环境决定如何进行能力发展的投资
	第6章	**成功变革的助推者** HR专业人员如何启动及推动变革，使企业在多变的环境中游刃有余，获得优势
	第7章	**HR创新与整合者** HR专业人员如何将HR方案转变为有影响力的、保持体系一致性的、可持续的变革过程
	第8章	**信息技术的支持者** HR专业人员如何通过数据收集与分析，来定位行政管理层面及战略层面的需求
如何做	第9章	**如何锻造出优秀的HR专业人员** HR专业人员自身需要做什么，HR领导又承担什么样的责任
	第10章	**如何打造高效的HR部门** HR高管该如何分配稀缺资源，又该将关注点放在哪里
	第11章	**结论、启示与建议** 研究中得出的最重要的见解，它们对HR专业人员与HR部门的启示，以及为未来的HR提供的建议

致谢

我们的工作建立在长达25年的研究的基础上，因此需要感谢很多人。密歇根大学人力资源研究项目的同事们是我们的发起人和合作伙伴，如梅拉尼·巴尼特、格雷厄姆·墨瑟、M.S.纳拉扬、C.K.普拉哈拉德和我们项目中的几百名参与者。

同时，我们还有以下一些优秀的国际合作伙伴：

- 澳大利亚（人力资源研究所）：安妮·玛丽、黛娜·格尔加和彼得·威尔逊。
- 中国（前程无忧）：甄荣辉、王涛、简思怀和刘凤霞。
- 印度（国家人力资源开发网）：辛格达·南贾伊、贾思敏·赛义德、莫希特·甘地、N.S.拉詹和潘卡·本萨尔。
- 拉丁美洲（阿根廷南国大学工商管理学院）：亚历山德拉·斯尔丽和米希尔·赫尔曼思。
- 中东（阿拉伯人力资源协会）：福希·卜莎德和安德鲁·考克斯。
- 北欧（挪威人力资源协会）：艾文·伯勒斯托德、哈佛·本茨恩和克里斯汀·克莱曼教授，哥本哈根商学院，我们同时还要感谢马丁·法雷利和福格斯·巴里的帮助。
- 土耳其（SCP）：佩林·尤根希拉。
- 非洲（人事管理研究院）：利亚·里斯克和鲁斯·克瓦拉德。
- 北美：帕蒂·伍尔科克、弗雷德·福克斯、肯·谢尔顿、理查德·福斯伯格、汤姆·尼克尔森、卡莉·泰勒、丹·施多茨和希瑟·埃文斯。

我们还参考了罗恩·本吉尔斯基、康妮·詹姆斯、戴维·福尔曼、丹妮·约翰逊、戴尔·莱克、库尔特·桑德霍尔兹、亚历山德拉·希尔里、戴维·雅克尼克、杨国安及阿隆·雅格尔的杰出观点。

我们关于人力资源观点的形成多数来自持续将知识传递给我们的合作者，他们教给我们的远远多于我们能够分享给他们的，他们包括约翰·布德罗、弗兰克·塞斯佩德斯、拉尔夫·克里斯滕森、鲍勃·艾兴格、塔米·埃里克森、雅克·菲茨–恩兹、弗雷德·福克斯、马歇尔格德·史密斯、琳达·格拉顿、加里·哈默尔、戈登·休伊特、马克·休斯里德、史蒂夫·科尔、埃德·劳勒、迈克·洛西、戴维·梅思特、保罗·麦金农、苏·麦辛吉、杰夫·普费弗、邦纳·里奇、莉比·萨廷、埃德·施恩、鲍勃·萨顿、查理·撒普、保罗·汤普森、帕特·赖特和伊恩·泽斯金。

我们提到的朋友、同事和合作伙伴很多,他们来自各个层级,并正在重塑这个领域,本书展示的许多思想都源自他们。在这里,我们表示由衷的感谢。

我们还要感谢希拉里·鲍沃斯在出版上给予的特别帮助,还要感谢诺克斯·休斯敦,他是麦格劳-希尔公司的编辑,是他使这本书有如今的成就。

我们要感谢和我们有许多联系的RBL团队,从中我们持续不断地学习,并且成长为咨询经理、作家及教育者。特别要说的是诺姆·斯莫尔伍德,他是一位非常执着、幽默、有见地的合作者。除此之外,我们还从RBL团队的同事卡丽娜·奥尔索普、贾斯汀·布里顿、艾琳·伯恩斯、乔·格罗霍夫斯基、萨莉·詹森、杰恩·庞格和艾丽莎·维西克那里获得了无价的帮助。

最后,我们还要谢谢一直以来支持、鼓励我们工作的家人,特别是我们各自的另一半:温迪、卡罗琳、南希和梅拉尼。

第 1 章

下一代的 HR

"跟我们说说你的业务吧。"这通常是我们与资深 HR 专业人员交流的开场白,我们发现这是检验一家企业的 HR 专业人员及 HR 部门水平的试金石。

大多数 HR 专业人员回答这个问题时,会从 HR 实践中的最新挑战或变革开始(包括人员雇用、领导力发展、激励薪酬体系设计、人力资源分析等),或是如何从企业负责人那里获得支持并拥有话语权的,抑或如何应对日益提高的工作要求(例如,时间如何分配,在面对过多要求时如何保持乐观态度等)。也就是说,HR 专业人员几乎总是把"业务"等同于"HR 业务",并且倾向于谈论他们主要关注的领域,如领导力训练、人员招聘、敬业度、薪酬回报等。

这些工作都很重要,但它们不是"业务",它们是对业务的支持。

真正的"业务"是要面向外部的,它包括业务运作所处的环境、主要利益相关者(包括客户、投资者、社区、合作者、员工等)的期望,以及能给企业带来独特竞争优势的战略。如果 HR 专业人员确实想在业务绩效上有所贡献,就要有聚焦业务目标的思维方式。在所有工作中,都必须将外部因素考虑进来,从业务的整体角度出发,而非仅仅关注自己所在的部门。

HR 专业人员如果能够聚焦于与业务相关的 HR 工作，势必会给企业带来更有意义、更持久的价值。如果 HR 专业人员能够始终围绕业务活动开展工作，那么他们的思考和行动方式就具有"由外而内"的特点了。"由外而内"的工作方式可以使 HR 的工作重心产生一些虽细微却十分重要的变化。

- 由外而内的招募及晋升。客户的期望将决定企业雇用新人和内部晋升的标准。最新的准则是：我们要做"最佳雇主"，并且是那些真正被客户认可的员工所认为的"最佳雇主"。
- 由外而内的培训。专家当老师，员工会跟着学；业务部门管理者当老师，员工会跟着做；外部的利益相关者当老师，员工则会做"正确的事"。所以，企业应当邀请客户、供应商、投资者和监管机构帮助设计培训内容，以确保这些内容符合外部期望。这些外部人员也应与企业员工一起参与培训课程，并以实际案例或客座讲授的形式提供培训素材。
- 由外而内的激励。客户参与决定员工应得的回报。例如，我们经常乘坐的一家航空公司将一定比例的奖金分配权赋予它的常旅客，由这些旅客将价值不等的奖金券发放给应受奖赏的员工。这家公司的领导者就是通过给予客户 2% 的分配奖金的权力，来提醒员工外部因素的重要性。
- 由外而内的绩效管理。与以往根据 HR 的常规原则来设定绩效标准不同，HR 部门给予关键客户机会，让他们对企业的绩效考核标准进行评价，以让企业知道这些标准是否与关键客户的期望相一致。让外部利益相关者参与对企业内绩效考核标准的有效性进行评价，领导力的 360 度评估实际上就变成了包括客户和其他外部利益相关者在内的 720 度评估了。

- 由外而内的领导力。HR需要帮助企业全力打造"领导力"的品牌，要能够使外部客户的期望转变成内部领导力行为。我们发现，很多以领导力著称的企业在设定领导者的胜任力标准时，都会考虑客户的意见。
- 由外而内的沟通。HR需要确保信息在传递给员工的同时，也能够与客户和投资者分享，反之亦然。
- 由外而内的文化。我们所说的"文化"，是指一个企业在关键客户心目中的个性标志，而这种关注客户视角的文化在每个员工的日常工作中都会有所体现。这种"由外而内"的文化与"由内而外"的文化大不相同，后者是以企业自身为中心进行思考和行动，而这种从自身出发的导向又会通过规章制度、价值观、期望值和员工的行为方式反映出来。

由外而内的HR说起来容易，做起来难。它有一个前提，即HR工作也属于企业经营活动。这个逻辑超越了当前HR的职业现状，即当前HR的着眼点在于使HR的工作与企业战略关联起来。

我们曾一度很努力地帮助HR专业人员把战略转化为结果，但现在我们认识到，与其将经营战略当成HR实践的一面镜子，毋宁说它是一扇窗户，HR专业人员可以通过它观察、理解外部情况和利益相关者的期望，并转化成内部行动。

在本书中，我们首先回答本书开头的那个问题（"跟我们说说你的业务吧"），概述业务的基本状况，然后再谈它们对HR的影响。

一句忠告：如果你所做的事情跟我们的产品设计、产品制造或产品销售都没有关系，那么你最好想一下自己是不是该离开这里了。

——百事可乐菲多利食品部高级主管

HR 应该做什么

HR 必须做的，就是真正创造和交付业务上的价值。

当人们被要求说出自己知道的一种经营业务时，大多数人会立即说出一家像谷歌这样的知名企业，或者一家餐馆之类的本地商家。然而，知道名称和理解经营是完全不同的两件事。鉴别企业经营的好坏必须明了三个层面的情况：第一层，了解企业运营的环境，包括社会环境中推动或抑制其发展的力量（例如，人们对知识与信息的关注日益增加，而技术的快速进步改善了人们学习知识、了解信息的接口，这就引发了谷歌的爆发式增长）；第二层，了解那些支撑企业正常经营及持续发展的利益相关者，包括客户、投资者、监管机构、竞争者、合作者及员工；第三层，了解企业的经营战略，它将定位企业如何服务这些利益相关者、应对常规情况，进而建立起独特的竞争优势。

商业环境

每个人或多或少都感受过企业经营环境变化或者商业驱动因素变化带来的影响，尽管有时我们并不能完全感受到这些变化。例如，原本抽象的"经济全球化"概念在希腊遭遇经济危机后变得非常具体，这一危机导致的困境蔓延到了全球，引起了包括伦敦、悉尼和纽约在内的众多城市石油价格的上涨。世界上每时每刻都有 3000 万用户在使用 Skype 在线网络电话，脸书（Facebook）每月用户访问量达到 9 亿人次，谷歌每天的信息搜索达 30 亿次，所有这些都反映了当代技术使信息无处不在，使伙伴关系扩至全球。

企业外部的瞬息万变也会影响该企业的内部行为。例如，当我们在一家口碑不错的餐厅有了一次糟糕的用餐经历后，我们便会在博客网站上写下对它的负面评价，几小时之内餐厅经理就会找到我们，向我们道歉，并邀请我们再次去餐厅体验，以改变我们对该餐厅的看法和评价。

当一些消息灵通的 HR 专业人员向我们介绍他们的"业务"时，他们经常会列出一长串对自己有影响的趋势清单。但是，这些清单很可能局限于他们的个人经验，往往会过分强调某些部分而忽略其他部分。因此，我们将这些趋势做了整理，按优先顺序归纳成六大类。

1. 社会。个人在家庭观、城市化、道德观、宗教信仰和对幸福的定义等方面发生的变化，会带来他们在生活方式上的变化。

2. 技术。人们不仅通过信息化实现了新技术、新观念的接触通道及透明化，而且通过新技术、新观念推动人际关系更加密切甚至透明，而当新技术、新观念引发新产业诞生后，原有的整个产业就被摧毁了。

3. 经济。经济周期会影响消费者和政府的信心；资本在经济体之间的流动更加自由，这使得人们对投资和风险有更为细致（或者说更为精确）的思考，并且催生了一些新兴产业。

4. 政治。监管方式的转变也使得企业和个人对政府的期望有所变化，政局动荡通常标志着民众对政府机构已失去信心。

5. 环境。地球上可供使用的能源是有限的，需要人们认真负责地进行管理；另外，社会责任感也在影响着人们的行为表现。

6. 人口。不断变化的出生率、教育状况和收入水平影响着员工和消费者的行为。

当以上任一趋势在世界范围内和其他因素发生相互作用时，其影响都会被放大。

高效能的 HR 专业人员对这些外部环境的感知比较敏感，而这些环境因素又会影响他们所在企业对自己未来的定位。未来的不确定性会带来恐惧，但如果人们可以对外部经营环境进行有效的组织和安排，可以对这些不确定性进行界定、预期以及管理，那么，他们对未知的未来的恐惧就会变为自信。

利益相关者

每个企业在商业环境中都存在着特定的利益相关者,企业与这些利益相关者之间通过契约关系(书面的或隐性的)明确了彼此间的预期利益——既有应给予的,也有应获得的。厘清谁是重要的利益相关者,并将他们对企业的利益期望具体化,这就可以把一般性的经营环境转变成具体化的运营目标,进而有针对性地选择应对策略。

图1-1是大多数企业都会面对的六种利益相关者类型以及他们对企业的利益诉求点。

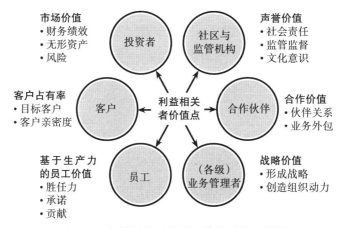

图1-1 关键利益相关者和他们的价值期望

我们可将企业与利益相关者相互的价值期望归纳如下:

- 客户期望产品或服务能够达到或超出他们的预期,作为回报,他们将会为企业带来稳定的市场份额和营业收入。
- 投资者关注的是透过企业市场价值所反映出来的当前及未来的财务绩效,作为回报,他们会对企业进行投资。
- 社区,包括监管机构,期望企业能够承担社会责任、遵守法律、注重环保和尊重员工,企业所获得的回报则是良好的企业声誉。

- 企业供应链上的合作者期望优化利用稀缺资源，使自身及其合作者实现共赢。
- 各级业务管理者期望能够参与设定并切实完成企业战略目标。
- 员工期望自己对公司的贡献能够换来公平对待以及良好的工作环境。

利益相关者地图（与图 1-1 相似，只是它针对某一组织的具体利益相关者进行了细致分析）使 HR 专业人员能够将常规的、通用的经营条件转变为具体的期望目标；它也能帮助 HR 专业人员了解到不同利益相关者之间的相互影响。将特定利益相关者的期望具体化后，HR 专业人员就能有效分配资源，以便为每一个利益相关者提供可衡量的价值。

高效能的 HR 专业人员在谈自己的"业务"时，会清晰地描述利益相关者的具体期望，预测每一位利益相关者的合作价值并对他们进行评价。举例来说，我们会让 HR 专业人员说出公司排名前五位的最重要客户、投资者或者合作伙伴，并要求他们解释这些利益相关者选择与他们公司做交易的原因。多数情况下，HR 专业人员会回避这些问题，因为他们认为自己的业务就是那些传统的、行政的和事务性的 HR 工作。

经营战略

经营战略可以彰显领导者的决策特点，可以从中看出领导者在不断变化的商业环境中是如何做出决策以使企业与利益相关者共同取得成功的。有的战略选择重在反映组织的雄心，凸显组织的发展方向及其独特性（如使命、愿景和价值观）。其他战略选择则关注具体的利益相关者。这可能意味着他们关注某些客户更甚于其他客户，进而他们会开拓相关渠道以赢得相应的客户占有率或市场份额；针对投资者的战略选择也可能会区分不同的投资者类型（例如，是注重价值的还是注重增长的）并依此管理投资者关系。

战略选择可以为企业提供差异化的竞争优势。按传统分法，差异化战略因子包括运营效率、产品领先能力、客户亲密度三个类别。但最近，更多企业将差异因子放在"如何满足客户需求"上，通过战略选择来定义自己满足客户需求的独特方式。近年来，下面所列的这些"差异化的竞争能力"已崭露头角：

- 风险管理能力：确定和管理企业在合规性、战略、运营和财务等方面风险的能力。
- 全球化的定位能力：进入除相对稳定的"金砖四国"（巴西、俄罗斯、印度和中国）之外新兴市场的能力，该市场被高盛统称为"新钻11国"，包括韩国、巴基斯坦、孟加拉国、土耳其、印度尼西亚、越南、菲律宾、尼日利亚、伊朗、墨西哥和埃及。
- 对信息进行最大化利用的能力：不仅能够收集信息来满足客户需求，而且能够利用信息预测客户期望，能够开展预测性分析算出企业成功的领先指标，进而决定如何对其进行优先发展。
- 管理全球多样化员工的能力：能够从全球各地吸引员工，并能够促进员工全球范围合理流动以发挥员工最大效用。
- 适应或变革能力：对新的商业机会和威胁迅速做出反应的能力。
- 企业对社会责任的担当力：为企业建立"绿色组织"声誉的能力，即企业在对地球环境、对员工和对客户的责任担当方面能够建立起品牌美誉。
- 跨边界合作协同的能力：能够全方位形成联盟或伙伴关系，既包括在组织内部不同职能之间，也包括与组织外部的客户、竞争者和合作者之间。
- 关注精简化：能够化繁为简，在复杂情境之中找出少数关键的优先事项，并将此固化在简单且协同良好的流程中，从而有效地集中精力。

以上这些能力可以生成具有独特性的竞争力，有效的战略会使企业集中精力在这些方面，当然也包括其他已被确认为企业独特竞争优势的能力。企业一旦完成战略选择，就可以形成更加具体的行动、人才和预算计划。领导者会在战略选择方面投入时间和资金，从而让目标利益相关者得以将本企业与其他竞争者区分开来。

HR 不孤单

上述商业环境、利益相关者和战略方面的变化已经迫使许多的业务支持性职能开始转型。财务、运营、信息技术和营销职能早已开始承受与 HR 相似的变革压力，但通过增加对周围环境、利益相关者和战略需求的关注并努力适应这些压力，这些职能正变得越来越具有外部视角。同时，企业还要求这些部门的管理者既要承担传统的职责，也要能够应对新出现的需求。HR 这一职能正面临着相似的转变之路，因此借鉴其他支持性职能部门的转型经验是大有裨益的。

例如，虽然财务职能仍然保留着财务"守门人"的传统功能，但如今其职能已扩展到"参与制定组织战略"这方面。著名咨询公司麦肯锡指出了财务职能所面对的更多要求，如表1-1所示。

表 1-1 对财务职能的不同观点　　　　　　　　（%）

作　用	CEO 视角	财务视角
领导团队的积极成员	88	40
对实现企业绩效有贡献	84	34
确保财务体系的工作效率	70	80
提高财务体系的工作质量	68	74
对企业战略进行挑战、质疑	52	29
引入资本市场的视角	29	14

同样，运营职能的作用和所需要的胜任力在过去几十年中也有许多显著的变化。运营官及专业人员的胜任力要求变化，如表1-2所示。

表1-2 运营官的角色转变

胜任力	从……	到……
运营策略	持续改进	为运营部门设定积极的行动目标；探索、开发、实施有突破性意义的运营策略
人才发展	培养杰出的运营专业人员和运营官	为运营部门和更大范围的组织培养能力更全面的变革型人才；使运营部门成为人才的孵化器和加速器
关注增长	管理制造成本，推进成本效率优化	促进增长和创新；学习并采用同业及跨界最佳实践
风险管理	确保质量，预估潜在风险并采取预防措施	管理风险时更有系统性、前瞻性，也更经济高效；保证组织能敏捷灵活地应对变化的市场和竞争环境
打破专业藩篱（实现团队协作）	确保出色的运营绩效；能够与其他职能团队交流与协同	为了共同的目标和战略，大力实现运营、研发和商务职能间的协调高效

信息技术（IT）部门的职能也发生了重大的改变，如表1-3所示。

表1-3 IT部门职能的角色转变

当 前	未 来
确保机器设备稳定运行、有效控制成本	参与经营战略的制定，由战略推出IT需求
技术项目管理和执行	构建能力
为IT部门的生产效率负责	"教育"管理层：帮助领导层对未来的IT需求形成较全面的认知
满足业务单元需求	考虑整个企业：帮助业务领导者充分利用IT设施，提高IT投资的价值
提供专业的技术评判	对技术决策和投资对企业业务造成的影响承担连带责任
处理过时的系统	驱动创新
领导技术变革	管理组织变革

最后，我们再来看看市场营销人员和首席营销官（chief marketing officer，CMO）的角色变化。正如麦肯锡咨询公司的合伙人戴维·科特

（David Court）所说："许多首席营销官仍然将他们的工作局限于广告宣传、品牌管理和市场调研。他们必须有新的行动。"

戴维·科特认为，市场营销人员需要在如下领域具备相应的胜任力：

- 作为战略活动家，要在战略活动方面提供更出色的方案。
- 具备引领整个企业进行变革的能力，目的是使企业能够及时应对不断变化着的客户购买模式。
- 为企业的整体品牌或形象承担责任。能够在不同的组织机构间建立良好的合作关系，在这些合作中，确保传递给不同的利益相关者（客户、投资者、社区等）的所有与企业相关的信息都是一致的。
- 构建整个组织的市场营销体系的能力。
- 能够识别与客户间的关键触点，对其进行有效管理以提供稳定一致的客户体验。
- 基于实证分析，提出深具洞察力与战略高度的建议。

HR 也正在经历相似的转型过程，高效能的 HR 专业人员现在需要对战略的制定与部署做出贡献：他们要帮助企业将战略选择"翻译"成能引起关键的利益相关者内心共鸣的"故事"；他们要使 HR 实践活动和领导力水平与战略需要相一致，从而将战略方向转变为具体行动；在创建企业战略的环节，他们还要优化这一环节参与者的选定流程。高效能的 HR 专业人员不仅能够告诉我们"战略是什么"，还能够告诉我们"应当如何实施这个战略"。

HR 的新标准

高效能的 HR 专业人员善于在经营活动中识别、接受新的工作标准并且很快按新标准开展工作。当他们面对"跟我们说说你们的业务吧"这一问题时，他们可以从容应答，就商业环境中的全球性变化、利益相关者以及战略等问题展开讨论。这种转变并不是简单的周期性循环，它们不会再回到从前的状态——它们是建立在巨大的颠覆性及渐进性变化基础上的新规则。那些试图从过去的经验中寻找未来问题答案的人恐怕会远远落后于其他人。

HR 的演变阶段

商业环境、利益相关者和经营战略这三大要素共同推动着 HR 的工作内容及执行方式的转变。在过去的半个世纪中，HR 专业已经历了三次大的阶段演变（见图 1-2），而第四次演变正在进行中。每一阶段都有着相似的随时间变化的曲线：开始、学习、成长，然后进入稳定态。

HR 的第一阶段强调 HR 的行政事务性工作，那时的 HR（人事部门）关注的是劳动协议的条款与条件、提供 HR 服务以及保证法规遵从性。HR 的显著特点被形容为"行政和事务性机构"。所以，只要 HR 能够提供始终如一、低成本高效率的基础服务——薪酬结算、养老金管理、出勤监控、员工招聘等，就算担当职责了。

第一阶段，HR 的角色主要由优秀的行政人员担当，不过这绝不是说 HR 没有做出其他重要的贡献，它在员工培训、员工满意度和敬业度评估及人才发展计划实施等工作中都有所贡献，只是说 HR 部门的首要职责是行政和事务性工作。即使到了今天，HR 的行政与事务性工作的需求也依然存在，但是完成方式与之前已大不相同，它们可以通过外包和技术手段解决。HR 的行政类工作要一如既往地高效完成，但当某项工作有了例行套路后，HR 就应该将注意力转向其他更重要的工作了。例如，著名的人力资源咨询公司美世（Mercer）研究了 EMEA 区域（欧洲、中东和非洲地区）内的 HR 实践情况，发现尽管大多数 HR 部门所承担的职责已经开始超出传统的行政管理角色，但仍然有 16% 的比例现在还不愿改变行政管理的角色。第一阶段 HR 的效能体现在效率的提升，即以更少的资源完成更多的事务，以及通过完美无瑕的事务处理能力建立起 HR 的信誉。

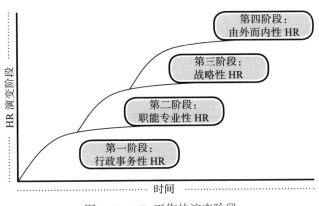

图 1-2　HR 工作的演变阶段

HR 的第二阶段强调 HR 在人才搜寻、报酬与奖励、学习、沟通等方面进行的创新实践设计。举例来说，通用电气公司（GE）的高管意识到，公司能否快速地、高质量地在各个管理层级上培养出能够支撑国际业务成长的领导者，对公司长远的业绩表现会有深远影响，由此就直接促成了克罗顿维尔学院（即现在的"杰克·韦尔奇领导力发展中心"）的建立。这一坐落在纽约市郊区的大型学院旨在培养新一代的领导者。学院的教员包括外部专家、内部的 HR 和组织发展人员及公司的高级管理人员，如 CEO 杰夫·伊梅尔特（Jeff Immelt）。类似的改革创新活动也发生在奖励、沟通、继任者计划及其他 HR 实践上。这些 HR 实践不仅在做什么和如何做方面进行了创新，它们之间的相互影响也被给予关注，这就使 HR 实践的系统一致性得以实现。第二阶段 HR 的效能体现在 HR 实践的创新和整合，HR 的信誉来自他们所提供的最佳实践。

HR 的第三阶段关注的是通过战略性人力资源管理，使单项的 HR 实践活动与整合的 HR 体系均能促进企业经营成功。在过去的 15 ~ 20 年，

HR 专业人员致力于将人力资源工作同企业的战略或业务目标关联起来。这些努力使 HR 实践从最基本的"人才"管理扩展到要对企业文化与领导力有所贡献。当企业明确了经营战略后，HR 专业人员就要担负起评价和改善人才、文化和领导力水平的重任，目的是使这三项要素足以支持企业达成战略。在这一阶段，HR 专业人员要将企业战略转化为人力资源工作的具体计划，以便实现战略意图。为更好地完成战略性人力资源工作，HR 的转型随之发生了：HR 专业人员的专业知识水平需要升级，HR 部门的架构也需要重新规划。第三阶段的 HR 效能体现为，在企业战略与 HR 的行动之间建立起清晰的关联路径，HR 的信誉来自战略制定过程中的参与及贡献。

近年来，世界范围的经济危机、全球化、技术创新等一系列变化对 HR 的未来造成了相当大的挑战。部分 HR 高管仍想跟过去一样，先重点加强 HR 在行政方面的基础性工作，而另外一些 HR 高管则想将关注点集中在特定的一些 HR 实践上。虽然我们赞同 HR 的行政基础类工作与政策流程类实务工作仍然必须高质量地完成，但我们认为这些已不是最重要的，我们更期待看到针对 HR 效能的新标准。

HR 的第四阶段要利用 HR 的政策流程等实践活动来促成某些外部经营条件的变化，以及对外部变化及时做出回应。如前所述，我们将这一阶段称为"由外而内性 HR"阶段。"由外而内性 HR"比战略性 HR 走得更远，他们会根据企业的商业环境、利益相关者的需求来调整自身的工作。我们承认，HR 的前三个阶段所代表的都是必须完美实现的 HR 工作——行政事务性的 HR 工作必须完成得毫无瑕疵，HR 的政策流程等实践活动必须进行创新和整合，HR 还必须将战略性的远大志向转化为 HR 的具体行动。但我们看到，着眼未来的 HR 专业人员并未停留在前三个阶段，而是将眼光投向组织之外的客户、投资者和社区，并以他们的视角来定义成功的 HR 是什么样。在第三阶段，我们谈到人才、文化和领导力对战略的影响。在第四阶段，HR的效能将会体现在客户占有率、投资者信心和社会名声等方面，而HR的信誉也来自内部要求及外部意见两个方面。

HR要达到前三阶段的工作标准、实现第四阶段（由外而内）的目标承诺，就必须学会掌控六组对立关系：这些关系中的两个目标看似相互矛盾但却需要同时实现。HR部门、HR人员必须能够同时实现这些多重目标才能算是高效能的。注意，每一组对立关系中的两个目标都要实现，而不是简单的二者取其一。图1-3列出了这六组对立关系，它们将为新一代的HR设定工作标准。

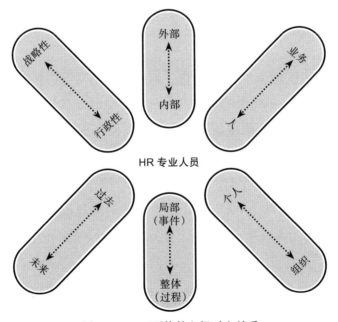

图1-3　HR面临的六组对立关系

这些关系所代表的目标具体阐述如下：

- **外部与内部**。正如我们说过的，新一代HR所面临的首要挑战之一就是将企业外部的商业动向和利益相关者的期望转变为内部的 HR 政策制度与具体行动。这就要求 HR 专业人员不仅要了解外部市场和内部运营，而且要知道如何施展自己的身手。为此，他们就要花时间去接触客户、接触投资者及社区领袖，然后将他们所得到的启示用于指导 HR 实践的创新。要驾驭这一组目标，HR 就要成为战略定位的参与者——不仅了解经营业务，而且能够定位业务成功的关键之处，并为之塑造所需能力。

- **业务与人**。传统上，人们进入 HR 行业是因为他们"喜欢'人'"。在 HR 的第三阶段，战略性 HR 标准已经被普遍应用，HR 专业人员被要求更懂业务。平衡"人"与"业务"之间的精力投入并不容易，走向任何一个极端都会产生问题。过度重视"人"的部分，会将营利性商业机构变成社会机构，丧失满足市场需求的能力；而过度重视"业务"则会导致重视结果却忽视了是什么驱动了结果的达成。解决该矛盾的办法是成为"可信任的活动家"，既能获得员工的信任，又能在提高经营绩效方面发挥积极作用。

- **组织与个人**。近年来，不断有人提出，要为 HR（人力资源）重新命名，要强调"人才"的重要性，他们的建议包括"人力资本管理""劳动力管理"或"员工管理"。我们完全同意个人能力对企业成功具有重大影响，同时，我们也坚信员工的团队工作方式和组织文化对企业的成功有着至少同样重要的影响作用（假使还算不上"更关键"的话）。我们在运动场上经常能看到这样的例子，拥有超级巨星的队伍干不过那种只有一流运动员但团队合作超强的队伍。所以，我们认为"组织与个人"这一关系中的关键点在于：如何掌控好精英人才与团队合作、个体能力与组织能力、员工素质与组织文化等之间的平衡关系。HR 专业人员要评估并优化组织中的人员流动情况，同时还要通过组织文化的创新、传播来鼓励团队合作。要知道，组织文化是由员工塑造，同时又会反作用于员工的。HR要能够找到发展个人能力与发展组织能力这两者的最佳结合点，从而成为高效的组织能力构建者。

- **整体与局部**（过程和事件）。HR的工作不应被视为一个个孤立的活动（如培训、沟通、人员配置、薪酬计划等），它们其实是形成具有可持续性的集成方案的整个过程。现在的HR专业人员往往会关注人力资源方面的"大事件"，HR领域充斥着各种"灵丹妙药"、时尚概念、速效解决方案等，HR专业人员要想不为流行事物所迷惑其实不太容易，有相当多的人在考察某些HR创新并以此作为最佳实践进行学习时，却忽视了这些创新项目背后的相关环境与背景因素。流行之风确实容易令人情绪振奋，但如果不能将它们固化为可持续优化的管理程序，这些激昂的情绪将很快转变成失望及嘲讽。所谓可持续优化，意味着这种实践具备长远性的考虑，也有整合性的解决方案，组织也拥有在实践中持续学习改进的能力。协调这一对关系的方法是成为HR的创新整合家，从而将不同的独立活动拧合成紧密相连的整体方案。

- **未来与过去**。随着年龄的增长，人们会获得更多的经验，这些经验会对他们现在的决策产生影响。过去的经验当然有价值，但也会有其局限性。如果HR专业人员习惯于依赖过去的经验进行决策，他们就难以学习新知识、适应新变化。如果他们拒绝过往的经验，只相信当前，那他们就不得不从头做起，而对于一家正在面临未知的未来挑战的企业，时间恐怕不会允许它缓慢地学习、准备。要摆正过去和未来的关系，这就意味着人们要从过去总结原则和方法，并且能够根据所预判的未来情境对这些原则方法进行调整；同时这也意味着企业对未来要有明确的期望目标，然后从这一期望入手，思考当下如何策划会有助于实现期望。要掌控好这一相对关系，HR 就要成为一流的变革助推者，明了过去与未来之间的变化关系，能够预测企业中的个体、方案及机制等方面的变化并对其进行管理干预。

- **战略性与行政性**。当我们问一个 HR 部门之外的员工"HR 部门对你来说有什么意义"时，我们得到的回答通常是以行政事务为主的：我的福利是 HR 发的；HR 给我交养老金；HR 给我发工资。的确，这些事务性工作必须准确且及时地完成，任何时候都不允许出现差错。但如今很多此类程序性的 HR 事务已经可以通过计算机等技术完成，既省时又高效。与此同时，HR 必须具有战略性，只有这样才能适应未来的多种商业情境。要同时实现这一组目标，HR 就需要知道如何利用技术完美地解决程序性事务，同时也能为更多的战略性工作提供信息。

找到行动方向

高效能的 HR，无论是 HR 个人还是 HR 部门，必须能够掌控以上六组矛盾，能够管理那些相互冲突的目标。表 1-4 可以用来评价 HR 部门当前的状况。例如，如果 HR 部门完全陷于人员录用、薪酬发放及社保统筹等事务，那么"行政性与战略性"那一项则选择"1"；如果 HR 部门已把此类事务完全外包，全力专注于组织长远的人才搜寻和发展需求，并在团队中起到一定作用，则此项选择"10"。当对每一项都完成评分后，你就知道 HR 部门的情形了。在图 1-4 中标出对应点数的位置，你就可以看出：HR 部门要想达到"HR 新标准"，应该朝哪个方向努力了。

表 1-4 HR 部门现状评价表

	我所在的 HR 部门更注重	
内部	1 2 3 4 5 6 7 8 9 10	外部
人	1 2 3 4 5 6 7 8 9 10	业务
个人	1 2 3 4 5 6 7 8 9 10	组织
局部	1 2 3 4 5 6 7 8 9 10	整体
过去	1 2 3 4 5 6 7 8 9 10	未来
行政性	1 2 3 4 5 6 7 8 9 10	战略性

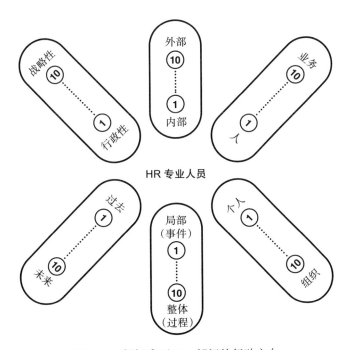

图 1-4 新标准下 HR 部门的行动方向

结论：人力资源接下来该怎么办

我们对 HR 的研究工作还在继续，我们仍将不断要求 HR 专业人员向我们描述他们的"业务"。我们希望在本书的影响下，HR 人员的回答能够越来越多地包含关于商业环境、利益相关者、经营战略等因素的深度探讨，同时也包含对 HR 部门创造价值所必需的能力要求的深刻理解。我们的研究也为如何提高 HR 的胜任力提供了一套框架和工具。我们乐观地相信，一旦 HR 专业人员了解并接受了"由外而内性 HR"的理念，他们将会对企业价值的提升做出更大贡献。

第 2 章

探索和发现

高效能的 HR 专业人员所应达到的标准，跟企业中的其他核心部门所应达到的高标准是一样的，即他们必须为客户和利益相关者创造明确的、实实在在的价值。这并不是一句单纯的希望或信念陈述，而是通过 25 年的实证研究得出的结论。我们的人力资源胜任力研究（HRCS）有世界上最大的全球 HR 专业人员胜任力数据库作为支撑。本章将重点解释此项研究中的五大主题。

1. 目标和愿景。
2. 胜任力方法的发展。
3. HR 胜任力的研究方法。
4. HR 胜任力模型的发展。
5. 2012 年的研究成果一览。

目标和愿景

在进行人力资源胜任力研究的这些年，我们一直致力于推动人力资源专业的发展。何为"发展"，我们有两个特定的定义。在个人层面，"发展"意味着 HR 专业人员整体效能的提高：我们帮助 HR 专业人员了解他们应该在哪些能力上提高自身的专业素质，从而可以被视为"有能力、有贡献"。在业务层面，"发展"体现在 HR 的能力和活动对经营成果的影响力有所提升：我们帮助 HR 专业人员明白何种能力能够让他们直接为经营成果做出贡献。

鉴于我们的使命是推动人力资源专业的发展，我们围绕以下五组问题展开人力资源胜任力的研究。

1. 在最基础的层面，人力资源这一职业已明确的胜任力有哪些？为了便于能力的发展和应用，它们又是被如何归类的？

2. 精通人力资源各功能模块的 HR 专业人员认为哪些胜任力对提升个人效能的影响力最大？

3. 哪些胜任力对经营成果的影响力最大？在这里，我们对胜任力做了区分：一类是进入 HR 领域所必需的入门级的；另一类则是可直接标识"成功" HR 的。大多数专业测评标准都集中于前者，而或多或少忽略了后者。举例来说，通过律师资格考试可以证明你拥有成为律师的基础知识，但是并不能表明你能成为一名优秀的律师。我们的工作所关注的就是那些可以指引你成功的细节。

4. HR 领域是如何发展和演变的？进一步发展的"机会区"是什么？所谓机会区是指这样一类工作：在多数企业中这类工作完成得都不好，但在成功企业中它们却都完成得很好，并且显示出它们在增强企业的竞争优势方面所具有的巨大潜力。

5. HR 专业人员和 HR 部门如何提高人力资源的专业性，又怎样能够为个人职业生涯及自己所在的企业创造最大的价值？

我们一直致力于提高 HR 的职业规范标准。我们知道，有一些能力和活动在提升个人效能、帮助业务成功方面很有价值，我们希望帮助 HR 专业人员发现这些能力和活动所在，从而使整个 HR 领域能够创造出更大的价值。当然，我们也给出了具体的措施建议。

案例：BAE 系统公司

BAE 系统公司（BAE Systems）的案例，向我们展示了如何以强有力的方式同时实现前文所述的五项目标。1999 年 11 月，英国宇航公司（British Aerospace）和马可尼电子系统公司（Marconi Electronic Systems）合并为 BAE 系统公司。作为一家国防项目承包商，它的口号是"保护那些保护我们的人"。公司合并后，HR 部门被划分为三块：共享服务中心、总部管理中心、"客户端 HR"⊖（client-facing HR，即直接面向业务高管提供支持的 HR 专业人员）。在重组过程中，BAE 的 HR 高管意识到，"客户端 HR"最重要，但当时这类 HR 专业人员所具备的知识和技能尚未达到业务部门所需要的水平，无法为业务部门做出更大贡献。为了解决这一问题，HR 高管层推动了一个针对 63 位面向关键"客户"的客户端 HR 人员的重点能力发展项目。

能力发展小组的首要任务是建立一个 HR 胜任力模型。最初的胜任力模型来源于小组成员的个人经验及咨询顾问对行为事例的洞察。当小组成员看到我们 HRCS 的实证研究成果后，他们就对最初的胜任力模型进行了修正，增加了 HR 助推业务成果达成的胜任力。然后，他们根据这个新能力模型的要素建立了一个定制化的能力发展干预（development intervention）项目。该项目包括拓展业务知识、制定业务导向的 HR 战略、构建关键的组织能力（尤其关注文化塑造的能力）、管理变革、推行 HR 最佳实践等。参与人员还完成了两个应用型任务，在过程中将课堂所学的基于胜任力模型的知识、技能和工具实际运用于解决重大的业务问题。

这个发展干预项目开始前，并且在 HR 不知情的情况下，高级 HR 执

⊖ 定位类似于 HR 业务伙伴（HR business parterner，HRBP），HRBP 不是一个标准的岗位名称，因此在本书中我们将会看到在不同公司中对此类角色的不同称谓。——译者注

行官邀请一位外部审计师对业务部门的执行高管做了一次关于HR对业务结果影响度的预测试。一年后（也就是项目开始几个月后），审计师又进行了一次学后测试来评价HR效能。效果相当显著。业务高管普遍认为，HR在"对业务决策和战略具有影响力"一项上的得分翻倍增加，在"提供创新性的业务问题解决方案"一项上得分提高了85%，"理解业务部门的KPI"的得分提高了68%，"提供高质量的HR专业建议和支持"的得分则提高了67%（见表2-1）。据我们所知，这是已公开的衡量HR发展干预项目效果的方法中最严格的一种。

表2-1 BAE系统公司内部HR客户满意度审计结果及提升幅度 （%）

	预测试	学后测试	可感知的提升幅度
对业务决策和战略具有影响力	30	66	+120
提供高质量的HR建议和支持	51	85	+67
理解业务部门的KPI	47	79	+68
提供创新性的业务问题解决方案	33	61	+85

BAE系统公司这一实例告诉我们，将HRCS的实证研究结果用于提升HR的胜任力（特别是那些能助推业务成果达成的HR胜任力），对于提升企业绩效具有巨大的潜力。这正是我们希望通过胜任力研究想要实现并且已经实现的目标。

胜任力方法的发展

在研究的早期阶段，我们就做了一个明智的决定：对HR专业人员的研究要采用"胜任力"逻辑模型。事实证明这一决定对我们的成功起到了至关重要的作用。要理解这一点，我们需要追溯一下"胜任力"这一概念的演变进程。

对"胜任力"的研究最初始于一个在某一狭窄专业的范围内为特定任务选拔人员的项目，经过40余年的发展，胜任力的管理已经发展为诊断、构建和改善 HR 管理体系诸多方面的一种重要方法。与最初相比，它的目的、重要性和用途已经有了相当大的拓展：

1. 胜任力使人们明白，要想做得更好，就需要掌握什么和做什么。

2. 胜任力可以进行沟通交流，因此可传授、可习得。

3. 与胜任力有关的绩效可被衡量和监测。

4. 对于复杂工作，要预测哪些员工可能会拥有优秀绩效，胜任力相比诸如与任务相关的技能、智力水平或资格证书等因素来说，是更有效的判断依据。

5. 胜任力可以优化员工与工作的匹配度。

6. 胜任力的定义与构建过程都以战略为基础，因此可以作为竞争优势的重要来源。

7. 可以以胜任力为主线，对碎片化的管理体系及 HR 实践进行整合。

8. 胜任力具有长久性地维持组织稳定性和灵活性的作用。

9. 因胜任力可以被衡量，所以可以将它作为测量要素之一，用来衡量 HR 个人在各职能子模块或流程（如人员配置、绩效管理、能力发展等）中的工作效能以及 HR 部门整体工作效能。

10. 以胜任力为基础建设 HR 部门，使 HR 部门成为具有高增加值的部门。

11. 因为胜任力最终是通过"员工应该做什么"而不是"员工应该是什么样"来体现的，即更看重行动，而非性格、倾向等个人特质，所以它在保持员工多元化方面有重要作用。

鉴于以上优势，胜任力理论的应用仍在持续快速发展中。其实在最早的组织与管理的相关文献中，就有关于使用胜任力方法管理组织的记载。事实上，古罗马军队就采用过"胜任力"的管理方法：记录下表现卓越的指挥官特质，并利用它们来挑选有成功潜质的优秀士兵和军官。

在近代，弗雷德里克·泰勒（Frederick Taylor）普及了科学管理思想，这为开展 HR 胜任力研究铺平了道路。在寻求标准化的过程中，提高人工效率的一种机制就是，明确任务和完成任务的动作要求，然后确保工人都是被挑选和培训过的，根据工人的动作达标程度（即动作完成数量多少）发放奖金。

在工作环境中大规模使用胜任力方法，最早发生在第二次世界大战时期。美国陆军航空兵团（US Army Air Corps）在挑选和训练战斗机飞行员时使用了胜任力逻辑模型。该方法的重大突破在于研究者对方法进行了修改。他们不是鉴定一名合格的飞行员应当具有何种素质，而是询问飞行员遇到异常飞行状况时该如何行动。由此得到的数据就是优秀的飞行员在过往遇到问题时实际是如何做的，而不是人们认为他们该如何做。第二次世界大战后，这个空军特别任务组内的核心人员约翰·弗拉纳根（John Flanagan）将此法大规模用于通用汽车集团下属的德科瑞美（Delco-Remy）分部。

20 世纪六七十年代，胜任力的研究方法不断改进，直到 1973 年，美国哈佛大学教授戴维·麦克利兰（David McClelland）在其文章中首次提出胜任力概念。他的咨询公司——麦克伯咨询公司（McBer，创始人为 David McClelland 和 David Berlow，由此命名），受聘为美国国务院甄选驻外联络官，即鉴别通过哪些行为和技能可以判断一名年轻外交官是否具备优秀潜质。

1982 年，麦克伯咨询公司的理查德·博亚特兹（Richard Boyatzis）出版了《胜任的管理者》（*The Competent Manager*）一书。这对于胜任力方法的普及产生了巨大影响，因为那是当时将胜任力用于衡量、预测及建立有效的管理绩效最为严谨的一种方法。博亚特兹关于胜任力的定义被广泛接受了，他是这样说的："胜任力是能在工作中持续完成杰出业绩的人所具有的个人特征。"

许多公司，如英国石油公司（BP）、曼彻斯特国际机场（Manchester

Airport)、吉百利（Cadbury）、加拿大壳牌石油公司（Shell Canada）等都为自己量身定制了管理胜任力模型。在那段时期，随着针对管理者的胜任力模型得到越来越多的应用，这项技术也开始应用于 HR 专业人员。

尽管已经很难找出第一家将胜任力的管理方法用于 HR 部门的公司是哪一家了，但我们已知有许多早期的研究界定了培训总监的不同职责及必要技能，包括 1976 年安大略培训与发展协会的研究成果，还有 1967 年由美国培训与发展协会（ASTD）赞助的研究。对 HR 胜任力的早期全面研究是在 1983 年由帕特·麦克拉根（Patricia McLagan）为美国培训与发展协会所做的，该项研究具有重要意义，记录了 HR 专业人员可能担当的各种角色，并仔细调查了在人力资源开发（包括培训、发展、组织发展及职业生涯发展等）领域所涉及的胜任力细节。

1987 年，麦克拉根再度和美国培训与发展协会合作，开发 HR 的胜任力模型。这次她的关注点更广泛，她聚焦于 HR 部门通用的发展性职能，其中包括 HR 的绝大多数角色（不包括 HR 的研究与资讯服务、工会关系、员工援助、薪酬与福利）。该研究建立在两次调查的基础上，每次调查的对象都是超过 1000 名的"实战专家"，由此收获了丰富的研究成果。这次胜任力研究的结果发表于《人力资源开发实践模型：研究报告》（*Models for HRD Practice*: *The Research Report*）之中。

从那时起，我们的 HR 胜任力的研究逐渐成形。1987 年，戴维·尤里奇、韦恩·布罗克班克和他们的同事对 600 名 HR 专业人员进行了访谈，以此为基础开发出了一套 HR 胜任力模型。这一模型成为次年密歇根大学 HR 胜任力研究的基础，接下来的众多研究工作都建立在这个模型的基础上。

1991 年，托尔斯（Towers）和佩兰（Perrin）与 IBM 合作，访谈了 3000 名各类人员，包括 HR 专业人员、业务部门执行高管、咨询顾问和商业学者。托尔斯和佩兰发现一个规律，即业务部门高管希望 HR 专业人员精通计算机，学者希望HR专业人员能够展现其在人力资源方面的知识和远见，咨询顾问希望HR专业人员可以预见变革的后果，但是HR专业人员却认为对业务部门管理者的教育与影响力才是他们最重要的胜任力。

1996年，杨国安、帕蒂·伍尔科克（Patty Woolcock）与加利福尼亚战略性人力资源合作中心的同事共同开发了一个HR胜任力模型，该模型建立在对10家公司的10位HR高管的访谈的基础上。该模型强调了四个方面的胜任力：领导力、人力资源专业知识、咨询能力和核心竞争力。该研究的目的是探寻何种能力才是未来的HR所必需的。

康奈尔高级人力资源研究中心的赖特（Wright）、斯图尔特（Stewart）和摩尔（Moore），则在2009、2010和2011年分别对56、72和172名首席人力资源官（CHRO）进行了调查。2011年的数据显示，无论是欧洲的还是美国的CHRO，都将人才视为企业面临的最严峻挑战，紧随其后的是成本控制、继任者计划、文化和员工敬业度（欧洲和美国的CHRO在具体问题上的反应略有不同）。他们还发现，在赢得CEO对HR工作的支持方面，构建HR的胜任力是最困难的一项。提高CHRO效能的最常用活动包括：从外部网络中学习，有明确的业务重点，参加自我提升的活动以及建立有效的HR流程。他们还界定了CHRO的八大角色及在每一角色上应投入的时间比例，这八种角色分别是：战略顾问、辅导者、密友和教练、董事会联络人、人才构建师、HR职能领路人、员工动态感知器、企业代表。

波士顿咨询集团（Boston Consulting Group）与世界人力资源联盟（WFPMA）、欧洲人力资源联盟合作开展HR行业的年度研究。在2011年的研究中，它们对欧洲35个国家的2039位执行高管做了调查。以执行高管对HR的"当前能力"和"未来的重要能力"的评价为基础，研究人员得出结论：HR的四个最关键主题是管理人才（招聘、能力开发和人才保留)、提升领导力开发能力、使 HR 转型成为战略性业务伙伴、战略性人力资源规划。它们还为这四个主题定义了五项关键的 HR 能力(此即我们所说的"胜任力"):HR 转型为战略性业务伙伴、掌控 HR 流程、满足招聘需求、组织重构、提升领导力开发能力。它们还强调了科技和社交媒介的重要性。

过去几年里,高绩效组织研究中心(The Center for Effective Organizations)一直在研究 HR 部门的效能问题。其最近的研究成果显示,HR 专业人员需要迎接六种趋势或转变:

- 从英雄式领导到集体领导。
- 从独立的知识产权到灵活的联合创造。
- 从雇主的组织价值主张到员工的个人价值主张。
- 从无差异性到细分。
- 从疲于变革到持续改善。
- 从说教到结构化的培养训练。

它指出,这六点转变与外部社会的发展趋势相对应,也与组织自身的演化进程相对应。它还建议改变 HR 部门的组织架构和胜任力,以适应这些发展趋势。

德勤咨询公司(Deloitte)将 HR 胜任力总结为三大类要求:业务能力(商业意识、业务敏锐度、客户导向、人力资源与业务整合)、人力资源能力(员工关系管理、分配基础权利、人力资源专业知识与技能、人力资源指标设定、变革管理)和咨询能力(协商调解、被信任的指导者、冲击力和影响力、引导和教练技术、领导力、项目管理)。德勤公司认为,只要 HR 专业人员具备以上能力,他们就足以成为业务合作伙伴,帮助业务取得成功。德勤的这些建议来自其服务客户的相关案例。

另一家咨询公司翰威特（Hewitt）也进行了研究。它对来自不同公司的共计 85 个人进行了调研，目的是研究这些公司是如何管理 HR 工作的优先级和胜任力的。结果表明，HR 专业人员需要在组织设计、服务交付与技术、管控与指标设定、战略与项目设计这几方面进行能力培养。当 HR 专业人员掌握以上四组技能后，他们就能对公司业务提供服务。

罗菲帕克学院（Roffey Park Institute）是伦敦的一家研究组织，它为验证企业 HR 业务伙伴模型（the business partnering model for HR）的效度和相关性，对 171 位 HR 专业人员进行了调研，并对 7 位领域专家和 6 位业务部门管理者进行了访谈。结果显示，人际关系处理能力和业务知识是 HR 专业人员的成功关键。它还定义了 14 项具体的行为型 HR 胜任力，并认为能预测 HR 成功与否最为关键的前两项是：持续稳定地交付成果；建设 HR 信誉度。

在过去几年中，美国人力资源管理协会（SHRM）使用多种方法进行了一系列研究。1990 年，SHRM 聘请汤姆·劳森（Tom Lawson）采访了 20 位 CEO 和 50 位 HR 管理者，主要内容是了解 HR 当前的职能，以及如何改进才会更具价值。劳森发现，HR 需要重点建设的管理能力包括领导力、影响力、业务知识和熟练掌握新技术的能力。1998 年，SHRM 又发起了另一项由斯蒂芬·斯库诺弗（Stephen Schoonover）主持的 HR 胜任力研究。这一新胜任力模型建立在长达 7 年的研究基础上，该研究对 21 家公司的 HR 专业人员进行了 300 次访谈。研究确定了 HR 胜任力的三大方面：核心胜任力，包括个人特质、管理能力、领导力和 HR 职能的专业知识和技能；对应不同层级的胜任力，包括高管、团队领导和管理者、个人贡献者等不同层级；对应不同角色的胜任力，包括 HR 通才、HR 战略家、HR 产品和服务专家。

英国特许人事发展协会（CIPD）绘制了一幅 HR 专业地图，为人们提供了一个全面视角来了解 HR 专业人员如何对业务提供有价值的见解和解决方案。这张地图围绕八个实践领域展开：组织设计，组织发展，资源和人才规划、培训和发展，绩效与奖励，员工敬业度，员工关系，服务交付，信息管理。

以上研究都存在各自的优势与局限。总体来说，它们的主要贡献在于使 HR 领域开始关注到非常重要（却经常被忽视）的一点，即如何使 HR 专业人员明白自己所承担的角色，明白自己需要知道什么、做什么，以及如何使他们具备相应的能力。

同时，这些研究也普遍存在四方面的缺陷。第一，大多数关于 HR 胜任力的研究方法都是基于自我认知而非他人认知的，它们要求 HR 专业人员汇报的是他们自己认为高效能的 HR 应该知道和应该做到的；第二，大多数研究仅仅研究了小规模的样本，然后就将结果扩展到大范围，有以偏概全之嫌；第三，地理范围基本局限性在北美地区——这些研究预设了一个前提，即最好的 HR 实践和 HR 专业人员都集中在北美地区；第四，时间局限性，这些研究局限于某个特定的时间点，似乎忽略了胜任力的动态性，所以缺少对商业环境变化所带来的胜任力变化的研究。

以上就是我们在过去 25 年的 HR 胜任力研究中发现的问题。为了成为世界上最全面的、全球性的以及以业务为导向的 HR 胜任力研究项目，我们将从其他研究中吸取经验，取其精华，去其糟粕。

HR 胜任力的研究方法

起初，我们的研究（HRCS）是为了识别出高效能的 HR 专业人员的在实践和胜任力方面的领先点。为保持其前瞻性，HR 胜任力的调研特意将业务部门管理者、前沿学者、人力资源协会组织和人力资源理论实践者紧密联系起来。研究中利用了 HR 专业人员和业务经理的知识、技术、能力和经验，利用了学者所掌握的新兴研究成果、理论与关于组织和人力资源的概念，也利用了优秀的实践者对新兴的概念、理论在不同情境下的适用性和相关性的检测能力。

我们在1987年进行了第一轮研究，然后每隔五年做一轮（1992、1997、2002、2007和2012年），总共做了六轮。⊖在每轮研究之前，研究小组都会先完成三步准备工作：第一步，全面阅读HR实践和胜任力与业务发展趋势相关的文献；第二步，通过个人面谈或半结构化的主题小组讨论方式，同数百位HR专业人员、业务高管、学者和咨询顾问等进行交流；第三步，在1987年之后的研究中，我们着重关注在之前的几轮研究中所发现的最为重要的内容。

做好准备工作后，我们便着手为该轮研究设计调研方案。因为我们想考察哪些胜任力与"个人效能"和"业务成功"两个结果最为相关，所以我们针对这两个结果变量设计了调查表。我们测量个体效能的方法是：针对每位调研对象，即HR身份的参与者（以下简称"HR参与者"），询问他的同事（包括HR同事和非HR同事两类）如下问题："同你所知道的其他HR专业人员相比，此人的表现怎么样？"对"业务成功"的衡量则是通过一个七维度的综合指数来完成的，具体包括盈利能力、劳动生产率、新品开发、客户满意度、对核心员工的吸引力、合规性和业内排名。其中"业内排名"是通过询问以下问题得到的："同你所在产业的主要竞争者相比，你所在单位最近三年的财务绩效表现如何？"

业务 VS 业务单元

在我们的研究中，"business"（业务）这个词用于表示HR专业人员为其提供服务的组织单位。它是在企业内部可识别的、符合常规概念的机构单元。因此，它可以是某公司的总部办公室，也可以是一个小组（如家居用品生产组）、一个部门（如软件部）、一个生产工厂（如

⊖ 第七轮调研于2016年完成，并对模型做了新的调整。——译者注

安娜堡制造厂)、一个职能部门(如金融服务部),再或者是一个区域机构(如亚太大区)。

我们避免使用"business unit"(业务单元)这个词,因为在不同的企业它有不同的含义。例如,在某些公司,"亚太大区"指的是某个 HR 专业人员所服务的一个区域,但在公司的文化中,它并不是一个真实的"业务单元"。研究小组决定将重点放在 HR 参与者所服务的"业务"上而非整个公司,因为即使在同一家公司也会存在这种情况:对某项业务比较重要的 HR 实践和胜任力,对另一项业务却不那么重要。

我们还问了一些关于 HR 部门的问题:哪些利益相关者是人力资源部最为关注的?人力资源部最聚焦的活动有哪些?人力资源部的总体效能如何?相对于其他职能部门,人力资源部的影响力体现在哪些方面?

除此之外,我们还问了两个与商业环境变化相关的问题:相关产业的变化速度,HR 参与者所在公司的变化速度。再有,考虑到环境的持续变化,我们在评价 HR 胜任力对"个人效能"和"业务成功"的影响时,也是针对不同环境分别进行评价的。

在每轮研究中,我们都采用了 360 度评估法。首先,我们会发一份"参与者调查问卷"给参与研究的 HR 专业人员,让他们自己填写。我们同时会另发九份调查表给他们,让他们自己分发给他们的"相关答卷人":平级同事、下属、上级、内部客户或其他熟悉他们所承担的 HR 职能的同事。这些参与调查的"相关答卷人"中,有一部分是 HR 专业人员,还有很多是非 HR 部门的内部客户,包括业务部门高管。因此,最后我们得到了三类答卷人:HR 参与者(对自我进行评价的 HR)、HR 答卷人(对 HR 参与者进行评价)、非 HR 答卷人(对 HR 参与者进行评价)。

在早期研究阶段(1987、1992 和 1997 年),HR 参与者大多来自北美地区。从2002年起,我们开始在世界其他地区寻找HR参与者。首批参加的国家和地区包括印度、欧洲和拉丁美洲。也就是说,从2002年起,我们的研究开始国际化,我们为拥有这么多来自世界各地的杰出同僚而深感荣幸。2012年的研究范围进一步拓展,有更多世界领先的人力资源专业机构加入,它们分别是澳大利亚(AHRI)、中国(前程无忧)、印度(NHRD)、拉美地区(AIE)、中东地区(ASHRM),北欧(HR Norge)、南非(IPM)和土耳其(SCP)。我们还借助了我们在北美地区的网络,包括密歇根大学的罗斯商学院。

到目前为止,我们已经从55 000余名答卷人(包括HR参与者与其相关答卷人,他们代表了3000多个"业务")处收集了大量信息。2012年的调查有20 000余名答卷人(见表2-2)。

表2-2 HRCS答卷人的分布情况

	1987年	1992年	1997年	2002年	2007年	2012年
答卷人	10 291	4 556	3 229	7 082	10 063	20 013
业务单元	1 200	441	678	692	413	635
相关答卷人(包括HR答卷人和非HR答卷人)	8 884	3 805	2 565	5 890	8 414	17 385
HR参与者	1 407	751	664	1 192	1 671	2 628

从各年的数据中,我们可以直观地看到HR参与者的特征变化趋势,如表2-3所示。

表2-3 HRCS研究的数据集(1~6轮)

轮数/时间	第一轮 1987年	第二轮 1992年	第三轮 1997年	第四轮 2002年	第五轮 2007年	第六轮 2012年
HR参与者的性别						
• 男性	77%	78%	70%	57%	46%	38%
• 女性	23%	22%	30%	43%	54%	62%

(续)

轮数/时间	第一轮 1987年	第二轮 1992年	第三轮 1997年	第四轮 2002年	第五轮 2007年	第六轮 2012年
HR参与者的受教育程度						
• 高中	3%	7%	4%	4%	9%	3%
• 专科	5%	7%	5%	9%	12%	7%
• 本科	48%	43%	42%	42%	37%	39%
• 研究生	44%	43%	48%	45%	41%	51%
HR参与者的职位级别						
• 专员	20%	24%	29%	24%	28%	34%
• 经理	36%	41%	34%	34%	30%	39%
• 总监	36%	29%	30%	31%	20%	19%
• 最高主管	8%	6%	7%	11%	21%	7%
HR参与者所在公司的规模（人数）						
• 1～499	15%	17%	22%	25%	31%	19%
• 500～999	10%	9%	13%	15%	14%	33%
• 1 000～4 999	25%	22%	34%	33%	28%	10%
• 5 000～9 999	11%	12%	11%	9%	6%	10%
• 10 000及以上	39%	40%	20%	18%	20%	28%
HR参与者在HR领域的工作年限						
• 5年及以下	10%	14%	13%	25%	24%	25%
• 6～9年	14%	19%	15%	18%	20%	18%
• 10～14年	26%	24%	21%	22%	23%	25%
• 15年及以上	50%	43%	51%	35%	32%	32%
HR参与者的主要职能						
• 福利/医疗/安全	6%	5%	5%	4%	3%	3%
• 薪酬	5%	4%	4%	6%	6%	7%
• 人力资源规划、战略、反歧视行动	6%	8%	5%	8%	14%	14%
• 劳动关系	6%	8%	5%	6%	5%	4%
• 组织、发展、研究、效能	2%	5%	3%	13%	7%	9%
• 招聘	3%	6%	4%	4%	6%	11%
• 培训、沟通	7%	14%	6%	12%	9%	11%
• 通才	61%	45%	60%	48%	49%	40%

从表2-3中我们可以发现，在HR领域，女性人数持续稳定增长。我们还看到，拥有研究生学历的HR参与者、专员级别（即没有直接下

级）的 HR 参与者和在 HR 领域工作年限较短的 HR 参与者的人数有所增加。也就是说，在我们的样本中，女性、拥有高学历的新手和专员级别的人数都在上升。同时，专于某一职能的 HR 专业人员人数也上升了，而"通才"人数则下降了。中小型企业的 HR 参与者人数比例上升，而这些来自不同规模公司的 HR 参与者样本，使我们能够从中总结出不同规模企业中的 HR 情况。

表 2-4 为 2012 年人力资源胜任力研究中答卷人的角色分布情况。最新调查数据包括了被调查人员（HR 参与者）的自我评价，HR 身份的同事（HR 答卷人）的看法，以及业务部门管理者、普通同事和内部客户（非 HR 答卷人）的看法。因此我们的研究结论不仅包含 HR 人士认为重要的事情，还包括 HR 之外的人士对此的见解。从表 2-3 中我们可以清楚地看出，在过去的 15 年（1997～2012 年），HR 参与者中的男性所占比例从 70% 下降到了 38%，而女性比例则从 30% 上升至 62%。更有趣的是，非 HR 答卷人中有 69% 是男性，这就意味着在我们的样本中，与女性 HR 专业人员共事的通常是男性员工。

表 2-5 是不同地区答卷人的比例。该表中的数据提供了一些非常重要的信息：样本数据反映的是当今世界的主要地区的情况。虽然研究数据还是大比例地集中在北美地区，但是其他区域的数据已是各个区域同类数据库中最大的，即使某些国家或地区的答卷人数占比很小。从全球来看，我们的数据也是同类数据库中最大的。

表 2-4　2012 年答卷人的角色分布情况

答卷人角色	定　　义	答卷人总数 F= 女性所占百分比 M= 男性所占白分比
所有答卷人	完成问卷上 139 道题中的大部分题目的答卷人	20 013
HR 答卷人	在 HR 部门工作的答卷人	9 897 F 65% M 35%

（续）

答卷人角色	定　　义	答卷人总数 F= 女性所占百分比 M= 男性所占百分比
非 HR 答卷人	不在 HR 部门工作的答卷人	7 488 F 31% M 69%
HR 参与者	参与研究的 HR 专业人员，每个参与者都有相关评价者	2 638 F 62% M 38%

表 2-5　答卷人的地理区域分布比例

国家或地区	在所有答卷人中占比 （样本总数 20 013）
北美（美国和加拿大）	35%
拉丁美洲	16%
欧洲	12%
中国	7%
澳大利亚和新西兰	6%
印度	8%
土耳其	3%
非洲	1%
东亚	7%
中东	2%

表 2-6 是不同行业中的员工总数与 HR 人数比，可以明显发现不同行业之间数据的差异，从比例最高的农业 163∶1，到比例最低的采矿业 43∶1。

表 2-6　员工总数与 HR 人数比

行业	农业	银行业	化工业	建筑业	食品业	制造业	采矿业	制药业	公共管理业	服务业	公共设施管理业	批发零售业
员工总数与HR人数比	163	83	80	75	103	110	43	67	65	81	56	92

在表 2-7 中，我们将答卷人按国家、地区和行业进行归类。该数据中，服务业、制造业和银行业的比例较高，但地区间的差异很有意思。中东地区在化工行业（包括石油化工产业）的数据最为突出，澳大利亚在公共管理业的数据最抢眼，欧洲和亚洲在银行业的数据比较突出，非洲在服务业以及土耳其在批发零售业的数据都是表现突出的。

收集完以上数据，我们便可以进入分析阶段。为达到研究目的，我们采取了以下七个步骤。

1. 计算 139 项个人胜任力项、部门状况、人口统计学特征和其他环境因素的平均分。

2. 对 139 项胜任力项进行初步因素分析。此轮分析要确定六个因素，以此划分出六个域。

3. 在每个域内，对胜任力项做第二步分析。这一步会从数据库中分析总结出一个模型。为便于说明，我们将第一步分析的结果称为胜任力大类，第二步分析的结果则为胜任力大类的构成要素。

4. 对每个胜任力大类及其构成要素分别取平均值。这些平均值可以帮助我们判断参与研究的 HR 专业人员（即前文所说"HR 参与者"）实际展现出来的效能高低，这既包括我们的模型所包含的那些胜任力大类和构成要素方面的效能，也包括在个人问卷量表中反映出的其他胜任力项上的效能。

表 2-7 按国家、地区和行业分类的答卷人占比

行　业	总计 100%	美国和加拿大	拉丁美洲	欧洲	中国	澳大利亚和新西兰	印度	土耳其	非洲	亚洲	中东
农业	1	1	1	1	0	2	1	0	1	0	1
银行业	15	6	14	28	10	14	2	11	16	26	12
化工业	3	3	2	5	5	1	2	1	1	1	20
建筑业	3	1	6	6	3	2	3	1	0	1	1
食品业	4	6	7	4	1	4	2	6	4	0	2
制造业	20	22	14	14	29	5	31	26	12	13	17
采矿业	3	2	9	1	0	1	0	0	4	0	8
制药业	5	9	8	2	3	1	3	24	37	2	0
公共管理业	4	3	0	6	1	28	0	0	7	2	1
服务业	31	37	29	19	36	31	43	3	51	45	32
公共设施管理业	5	4	5	3	2	6	10	1	3	1	3
批发零售业	7	7	5	9	11	6	1	25	1	7	1

5.采用回归分析，考察每一胜任力大类和每一构成要素对业务成果的影响大小。

6.再次采用回归分析，我们得到另一组数据，即在HR答卷人和非HR答卷人看来，HR参与者在每一胜任力大类和构成要素上的表现，分别在多大程度上影响他人对此HR参与者的综合胜任力水平的判断。

7.为便于解释、对比模型中的胜任力大类和构成要素对个人效能和业务成功所产生的影响，我们把标准化回归系数转化为百分制。

HR胜任力模型的发展

随着时间的推移，我们的发现也在不断更新。企业的经营动态在变化，人力资源管理工作也随之变化。因此，我们的HR胜任力模型也在不断升级。

1987年建立的HR胜任力模型主要由三大类组成：业务知识、HR实践交付和变革管理。HR已经摆脱传统的行政事务型工作，转为追求职能专业型实务工作，他们当中的先驱者此时已开始投入企业业务，致力于帮助业务部门应对刚露端倪的环境动荡（见图2-1）。

图2-1　1987年的HR胜任力模型

到了1992年，个人信誉成为HR胜任力的一个重要大类。若想进入HR领域，个人信誉成为一道门槛。"信誉"的影响要素有三项：与高层领导的良好合作、出色的沟通方式，以及令人放心的成果交付。在这个竞争愈加全球化的环境中，高绩效企业中的HR专业人员往往会花费更多的时间和精力在战略性的人力资源事务上，而业绩不佳的企业中的HR专业人员依旧是以HR的操作性事务为主（见图2-2）。

图2-2　1992年的HR胜任力模型

1997年，该模型又有所改变，文化管理第一次进入模型，如图2-3所示。文化管理作为一项重要能力，主导着组织的集体知识、思维模式和整合行动。高绩效的企业中，HR专业人员在识别和贯彻组织文化方面占据中心地位，而这种高绩效的组织文化能够帮助企业赢得市场地位、成功实施经营战略。

随着文化要素的兴起，另一种重要的趋势也出现了——基于实证数据改进管理。实证数据为企业文化赋予了实质内容和方向指引，同时也成为HR领域未来发展方向的先导。通过实证分析，我们那时已能够验证：传统的HR专业人员对外部市场的动态变化知之甚少，但是高绩效企业中的HR专业人员对外部环境（即客户、竞争者、行业趋势和全球化）的了解程度要远远高于低绩效企业中的 HR 专业人员。我们也能验证 HR 具有外部视角的重要性，即 HR 不能仅了解企业的内部情况，更重要的是要了解企业的外部环境（见图 2-3）。

图 2-3　1997 年的 HR 胜任力模型

2002 年，模型中又增加了战略性贡献者这一角色，如图 2-4 所示。战略性贡献者这一胜任力大类是由三个构成要素整合而成：快速变革、战略性决策制定，以及以市场为导向的信息连通。"以市场为导向的信息连通"在 HR 领域是一个新概念，据我们所知，以往的胜任力研究工作中从未有过对此的定义或解释。该因素的内涵包括：HR 专业人员从商业环境中识别重要信息，在整个企业范围内增强此类重要信息的扩散，提供具体方法措施使整个企业都了解到这些关键的市场信息并围绕这些信息开展工作，剔除非重要信息——因为这类信息会干扰人们集中精力关注那些更重要的市场信息。通过这样的行动，HR 专业人员可以帮助企业成功应对来自客户、竞争者和企业利益相关者的不断变化的需求。

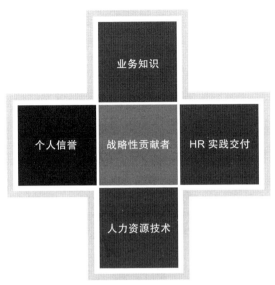

图 2-4　2002 年的 HR 胜任力模型

在本轮研究中出现了另一个趋势,即关于"HR 专业人员所应具有的业务知识"的本质开始凸显出来。在之前的研究中,对于"HR 专业人员所应具有的业务知识"这一点的理解是围绕多种经营性职能(金融、市场、信息技术等)而展开的。2002 年的研究发现,HR 专业人员所应具有的业务知识开始向企业的价值主张和完整价值链聚焦。HR 专业人员已经开始按更实用的模式来储备他们所应具有的业务知识。

在 2007 年的研究中我们发现,构建组织能力成为决定性特征,如图 2-5 所示。构建组织能力的过程是三大方面的整合:第一,作为战略架构者,HR 专业人员帮助企业制定并实施以客户为中心的业务战略;第二,构建组织能力,并通过文化和变革管理加以呈现;第三,使人才、组织设计活动等与组织能力的要求保持一致,而这一组织能力是以客户为中心的业务战略所必需的。我们发现,要使这三方面的整合最优化,HR 专业人员就必须成为能够驱动经营成果实现的"可信任的活动家",而这比以往任何时候都要付出更多。有趣的是,非 HR 答卷人与 HR 答卷人相对比，前者更期待 HR 专业人员多关注外部客户。除此之外，我们还发现人才管理和组织设计之间有非常重要的一体性的关联。然而，当前有种趋势，即 HR 不考虑组织设计因素、完全从人才管理的角度来计划 HR 的日常工作内容，这样做很可能会降低 HR 为业务带来的价值贡献。

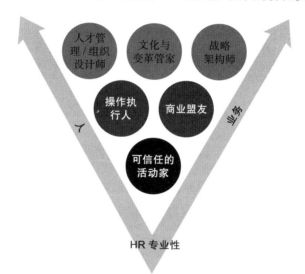

图 2-5　2007 年的 HR 胜任力模型

2012 年的研究成果一览

在过去几年里，2012 年的调研希望找到下述四个问题的答案：

1. 对于 HR 专业人员来说，首要的胜任力大类和要素是什么？

2. HR 专业人员在胜任力各大类和各构成要素方面的表现如何？

3. 在 HR 答卷人、非 HR 答卷人看来，HR 专业人员的哪些胜任力对其个人效能影响最大？

4. 哪些胜任力对业务成功的影响最大？

在 2012 年，我们明确了 HR 胜任力的六个大类（见图 2-6），下面是这六大类的详细解释：

图 2-6　2012 年的 HR 胜任力模型

- 可信任的活动家（credible activist）。高绩效企业的 HR 专业人员可以起到"可信任的活动家"的作用。他们言而有信，说到做到，对成果交付承诺的高可信度成为其个人信用的基础，进而转变为其职业诚信度。他们拥有出色的人际交往技能。他们善于与利益相关者打交道、建立良好的关系，并能利用这种良好关系创造出对经营业绩的正面影响。他们能够获取重要的信息、提供有深度的意见，由此他们在经营事务的决策中能够占有重要席位。

- 战略定位的参与者（strategic positioner）。高效能的 HR 专业人员对全球的商业环境十分了解，包括社会、政治、经济、自然环境、技术、人口等与业务相关的变动趋势，而且可以将这些趋势转化成对业务的启示。他们也了解本行业的业务结构、商业逻辑，以及目标市场的潜在竞争动态（包括客户、竞争者和供应商），然后他们能够利用这些知识为自己勾画出关于企业未来的远景。他们会参与制定以客户为中心的业务战略，也要参与将这些战略转变为企业的年度经营计划和目标的过程。

- 组织能力的构建者（capability builder）。在组织层面，高效能的 HR 专业人员能够协助确定和构建组织能力，由此来创建、纠错并协调好一个高效强大的组织。组织能力代表的是一个组织的优势所在、口碑所在，可以保证企业中的管理者个人及管理系统在行动或者绩效方面具有长期的竞争力。这里的能力包括创新、速度、以客户为中心、效率、营造关于工作的意义感和使命感等方面的能力。HR 专业人员能够帮助业务部门管理者梳理清楚工作的意义，从而使组织能力可以反映员工的深层价值观。

- 成功变革的助推者（change champion）。高效能的 HR 专业人员会使组织具备拥抱变革的能力，利用这一能力促成有效的变革流程和架构。这类 HR 专业人员能够确保变革过程实现无缝整合，而这种无缝整合的能力则能为企业带来可持续的竞争优势。高效能的 HR 专业人员会以市场和商业现实为基础发起变革，同时会采取措施克服对变革的抵制，具体来说就是将关键的利益相关者拉入关键的决策过程，并获得这些利益相关者对实施过程的支持承诺。另外，为保证变革持续进行，他们还要有获取必要资源（包括时间、人员、资金和信息等）的能力，以及从失败和成功中抓取经验的能力。

- HR 创新与整合者（HR innovator and integrator）。在组织层面，高效的 HR 专业人员需具备的主要能力之一是，针对特定的关键业务问题进行 HR 实践活动的创新和整合。困难在于：如何使 HR 团队作为一个整体的效能高于 HR 个体效能的总和。高效能的 HR 专业人员会确保企业期望的经营成果具有清晰且精准的首要级定位，并确保企业必需的组织能力能得到明确定义及有效实施，确保 HR 实践、流程、结构和步骤能够根据组织能力的要求进行调整，由此就可以创建并维持事先已确定的组织能力。由于上述过程保证了纪律性和一致性，HR 专业人员就能使 HR 的整体实践对经营成果产生最大的影响。HR 实践、流程和结构的创新整合促使 HR 专业人员更加关注如何影响经营成果。

- 信息技术的支持者（technology proponent）。很多年前，HR 专业人员已经将技术应用到 HR 的基础工作中。HR 信息系统已得到广泛应用，从而提高了 HR 管理工作的效率，包括福利发放、薪资给付、医疗基金管理、档案保存和其他行政服务类的工作。在 2012 年这轮 HR 胜任力研究中，我们见证了技术在 HR 专业领域所带来的巨大改变。除此，从组织层面来看，高效能的 HR 专业人员的工作还涉及两项技术的运用。首先，他们需要应用社交网络技术帮助人们保持联系。他们引导公司内部员工之间以及员工与公司外部人员（特别是客户）之间建立起连接关系。其次，在高绩效的企业中，HR 专业人员正逐渐加强他们在信息管理中的作用，包括确定需要重点关注的信息，将这些重点信息嵌入企业现有的知识体系，再将这些知识应用于决策过程中，然后保证这些决策得到清晰传达并被付诸行动。这不仅能提高运营效率，还能为组织增加大量的实质贡献。

表现情况

HR 专业人员在胜任力大类各方面的表现如何呢？

剩余的三个问题会在表 2-8 中得到解答。该表展示了 HR 专业人员在首要的胜任力领域的表现，以及各项胜任力对个人效能和业务成功的相对影响。

表2-8 HR专业人员的感知绩效及其对个人效能和业务成功的影响度

角色	HR胜任力平均得分（1~5分）	对HR个人效能的影响度[①]	对业务成功的影响度[①]
战略定位的参与者	4.23	22%	14%
可信任的活动家	3.89	17%	15%
组织能力的构建者	3.97	16%	18%
成功变革的助推者	3.93	16%	16%
HR创新与整合者	3.90	17%	19%
信息技术的支持者	3.74	12%	18%
多元相关系数（R^2）		0.425	0.084

① 标准化回归系数转化为百分制。

表2-8的第二列表示的是HR专业人员在各胜任力大类上的表现得分。可以清楚地看到HR专业人员做得最好的是"可信任的活动家"这一角色。他们通过建立信任关系、有效沟通关键业务及HR的相关问题、积极支持有建设性的观点来推动业务发展等方式，有效地树立起自己的信誉度。

他们在"战略定位的参与者""组织能力的构建者""成功变革的助推者"和"HR创新与整合者"这几个胜任力核心大类中则表现出了较低的有效性。在高绩效的企业中，HR专业人员能够帮助建立以客户为中心的业务战略，然后将业务战略转化为重要的组织能力，再通过规范有序且全面整合的HR创新活动来建立并维持组织能力，同时他们还会使组织具有足够的弹性和适应性以实现经营成果。

从表2-8可以看出，在HR专业人员应具备的胜任力中，最弱的一项是"信息技术的支持者"，即在理解及运用技术促进HR的工作效率优化、推动社交网络的价值最大化和管理战略信息方面，还有很大的提升空间。

HR 胜任力对 HR 个人效能的影响

在 HR 专业人员的业务部门同事和本部门同事看来,哪些胜任力对这位 HR 的个人效能有最为深刻的影响呢?

表 2-8 中的第三列数据显示的是从 HR 参与者各自的 HR 答卷人和非 HR 答卷人角度来看,六个 HR 胜任力大类对 HR 专业人员的个人效能的影响程度。可以看出,HR 专业人员要想使自己被视为"胜任力高",就应当展现出本章前面提到的"可信任的活动家"的能力。而另外四项核心 HR 胜任力彼此间是紧密相关的,这意味着,若想在这几项上都被视为"胜任力高",HR 专业人员必须通过一种整合的方式来展示这四项核心 HR 胜任力。

在 HR 专业人员的相关答卷人看来,"信息技术的支持者"这一项影响力最弱。这可能是因为 HR 专业人员对该领域不太关注,也缺少相关的经验。

HR 胜任力对业务成功的影响

哪些 HR 胜任力对业务成果具有最大的影响呢?

表 2-8 中第四列的数据所显示的结果十分有趣也有些出人意料。HR 专业人员作为"组织能力的构建者"(18%)和"HR 创新与整合者"(19%)对业务成功的影响度十分接近,该结果强化了我们的猜想,即 HR 实践必须整合起来创造并保持组织的核心能力,这样才能最大限度地促进业务成功。结果还揭示了一点:"信息技术的支持者"与上述两项胜任力处于同一水平。这表明 HR 正处于一个前所未有的信息爆炸环境之中,新兴的各种社交媒体就是例证。

为确定到底什么能造就"强有力"的 HR 专业人员,我们研究了这些 HR 胜任力大类的构成要素(共计 20 个),如表 2-9 所示。

表2-9 影响个人效能和业务成功的HR胜任力之构成要素

角色（HR胜任力大类）	构成要素	平均分（1~5分）	对HR个人效能的影响度	对业务成功的影响度
战略定位的参与者	解析全球商业背景	3.83	4.4%	4.2%
	解码客户期望	3.83	4.4%	5.2%
	合作制订战略计划	3.96	6.3%	4.6%
可信任的活动家	通过结果交付赢得信任	4.36	6.9%	4.0%
	影响他人并与其建立联系	4.24	7.0%	4.1%
	提升自我认知能力	4.08	6.5%	4.7%
	加强HR的专业性	4.13	4.4%	2.9%
组织能力的构建者	使组织能力产生效益	4.03	5.4%	5.3%
	保持战略、文化、实践和行为协同一致	3.94	5.3%	6.2%
	创建有意义的工作环境	3.94	4.2%	5.2%
成功变革的助推者	发起变革	3.94	5.4%	4.8%
	落实变革	3.91	4.7%	5.7%
HR创新与整合者	通过人力资源规划和分析优化人力资本	3.95	5.5%	5.6%
	培养人才	3.83	4.0%	5.3%
	塑造组织和沟通体系	3.94	5.8%	5.6%
	驱动绩效	3.87	4.7%	5.2%
	建立领导力品牌	3.87	4.9%	5.4%
信息技术的支持者	通过信息技术提高HR活动的效用	3.72	2.9%	5.0%
	善用社交媒体工具	3.68	2.7%	4.7%
	通过信息技术连接各方	3.77	4.6%	6.3%
总体相关系数（R^2）			0.431	0.108①

① 与表2-8相比，R^2出现细微差别，原因在于所统计的因变量一个是6项，一个是20项。

从以上结果我们可以得出更多的结论：HR胜任力的哪些构成要素表现最佳，哪些构成要素对个人效能和业务成功的影响最大。

战略定位的参与者："合作制订战略计划"被相关答卷人认为是体现

HR 在"战略定位的参与者"角色中的个人效能的最重要内容，而对业务成功有更大影响的则是"解码客户期望"。

可信任的活动家：在相关答卷人看来，这一角色所包含的各种要素的完成情况都很好，也都会对 HR 专业人员的个人效能产生较大的影响，但相比而言，它们对业务的作用就小得多。

组织能力的构建者：在对业务成功的影响方面，现有的"使组织能力产生效益"和"创建有意义的工作环境"属于平均水平，"保持战略、文化、实践和行为协同一致"的影响作用在所有六大类 20 个要素中排名第二，但这一项的绩效表现（平均分）显示：多数 HR 处于中等水平。这就意味着，这一区域将是 HR 未来工作的重点关注区。

成功变革的助推者：这一胜任力在构成要素层面所反映的结果同样引人注意。若要被大家认为是一个有能力的个人贡献者，HR 专业人员应该"发起变革"。但要想为业务成功做出贡献，"落实变革"（持续推动至成功）则更加重要。

HR 创新与整合者：这一胜任力对个人效能和业务成功都有着十分重要的影响。在所有的胜任力大类中，这一项的各构成要素对业务成功的平均影响力是最大的，对个人效能的影响也仅次于"可信任的活动家"。这一大类中的各构成要素对业务成功的影响旗鼓相当。显然，这意味着：HR 专业人员必须保证他们的各项实践活动要有创新性，也要有整体性。

信息技术的支持者：这一胜任力的构成要素层面所反映的结果也很有趣。各构成要素的绩效表现（平均分）在所有 20 项要素中是最低的，但这些要素在对业务成功的总体影响力上仅次于"HR 创新与整合者"，尤其是"通过信息技术连接各方"这一要素对业务成功的影响位居所有 20 个要素之首。这一发现意义深远，在如今这个信息爆炸的社会，高绩效企业里的 HR 专业人员正逐渐成为管理信息方面的专家。他们在通过信息技术将外部利益相关者和内部员工进行关联方面，完成出色。

为便于理解，我们将结果制成图，如图 2-7 所示。

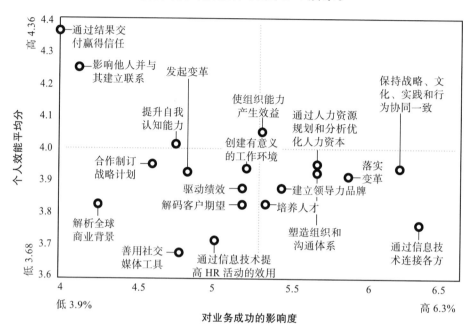

图 2-7　HR 胜任力行动优先排序矩阵

该矩阵为我们生动地呈现了目前 HR 的效能得分和业务成功之间的关系。值得注意的是，个人信誉的要素在左上角，说明 HR 在这一项上展现出了高水平的成绩，但它对业务的影响却很小。因此，HR 专业人员如果想在加强其个人信誉方面追加投入的话，就需当心了。我们的数据表明，他们应该将精力转移到其他能带来更多价值的地方。正如前文指出的，具有迷惑性的危险就在于：尽管"可信任的活动家"这一角色对业务成功的影响力最低，但它却是最容易让他人觉得 HR 个人是有能力的。也就是说，该胜任力表面所呈现的知识、技巧和能力并不能真正帮助业务成功、创造组织价值。

根据重要性排序，我们列出了对业务成功的影响力最大的几个要素：

- 通过信息技术连接各方；
- 保持战略、文化、实践和行为协同一致；
- 落实变革。

此外，HR 专业人员在这些胜任力上所表现出的效能仍处于中等水平以下。因此，这些方面就是 HR 专业人员可以为企业做出更大贡献的机会所在，这就是 HR 专业人员所应重点关注之处。

总结：提升胜任力以提高竞争力

能够持续对 HR 领域的演变发展进行研究和贡献是我们的荣幸。我们正在并将会继续关注 HR 胜任力在现实商业社会中的发展趋势。我们希望，通过确定影响个人效能和业务成功的 HR 胜任力，我们能够推动该领域的积极变革。这些研究成果为我们和国际合作伙伴提供了一些模型、工具和实践方法，帮助那些充满激情壮志、想为业务成功做出更大贡献的 HR 专业人员将愿望变成现实。

第 3 章

战略定位的参与者

战略定位可以使 HR 在企业内的效能产生巨大差异。以下是三个案例。

MOL 集团：吸引年轻人加盟的新策略

MOL 是一家位于东欧（匈牙利、斯洛文尼亚、克罗地亚）的综合性石油天然气公司，正面临着人才挑战。它雇用大约 34 000 名员工，但是其劳动力队伍在过去的 20 年里持续老龄化。年轻人对这个行业的工作普遍存在负面看法，新员工补充很难跟得上老员工的自然减少，尤其严重的是，在那些愿意在能源类企业工作的人当中，难以找到合格与胜任的员工。

HR 团队成员想要找到更好的方法来招聘年轻员工。他们知道，必须提高自然科学对中学生的吸引力，这些学生随后就可能会进入大学进行自然科学研究。他们启动一系列措施，支持自然科学教育，吸引未来可能加入本行业、本企业的潜在员工：

- 他们实施了"Freshhh"计划来吸引未来员工的兴趣和参与。他们举办了一个名为"青年 Freshhh"的在线竞赛，吸引了 900 个团队（来自 5 个国家的 2500 名学生）在数学、化学和物理方面展开竞争。这些竞赛是在脸书、领英（LinkedIn）及其他社交媒体上推进完成的。

- 他们设置了面向自然科学教师的奖金项目。获得提名的 300 多名科学和数学教师来自 120 个不同的学校。
- 他们针对科学主题创建了一个在线教学工具（Freshhh EDU），服务于教师和学生。
- 他们与教师协会建立了战略伙伴关系，并在定点大学设立了奖学金。
- 他们发起对话会议，让那些对自然科学的教育感兴趣的人可以将他们的教学方法向中学和大学的教师进行分享。
- 在大学，他们设立基金用于科学和数学研究，具体形式包括教师赞助、学生实习（超过 200 名学生参加），以及更多的学生竞赛（来自 60 多个国家的超过 3500 人参与）。
- 他们邀请 Freshhh 大学竞赛的优胜者继续参加 MOL 的"毕业生计划"（GROWWW），这一计划为参加者提供了 MOL 内的特有职业机会（每年 300 名员工）。

这些人才增长项目耗费 374 000 欧元，但带来了极大的价值。他们接触了超过 25 000 名学生，所以平均每位学生仅耗费 14 欧元。MOL 在这些措施之后的调研显示，30% 的中学生想要申请工程类和地球科学类项目，这是巨大的进步。在 Freshhh 计划方面，MOL 在每位参与者身上投入的平均费用仅为 32 欧元，但它雇了至少 10 位最有才华的候选人。自这些措施启动之后，MOL 公司每年的职位申请人数翻了 30 倍之多。通过 GROWWW 计划加入公司的这些新员工留任率达到 92%，并且有 25% 的员工在过去 4 年内晋升至管理层岗位。MOL 的 HR 领导计算了一下，他们节省了至少 50 000 欧元，因为他们并未使用外部猎头机构来帮助搜寻这些职位所需的人员。还有很重要的一点，他们提升了全体员工的敬业度。

新加坡建屋发展局：住房政策如何促进国家发展

近期去新加坡访问时，我们对这个国家文化多元性印象深刻，实在是不可思议。我们发现人们对不同宗教的节日都能快乐地庆祝，甚至超过对他们自己的宗教或传统节日。在圣诞节，我们可以看到穆斯林和印度教教徒快乐地唱着圣诞歌曲。斋月和开斋节是穆斯林的节日，我们看到佛教徒和基督教徒也会对这样的节日表示认同。这也转化为工作场所中不同寻常的和谐和建设性关系。

新加坡能稳定发展，核心之一就在于多元文化的和谐统一。我们了解到，新加坡是一个岛国，自然资源极其稀少。政府、工商界和教育界的领导人都意识到人力资本可以成为国家竞争力的关键来源。由于当地的生育率是平均每个妇女生育 1.1 个孩子，远低于 2.1 的更替生育率（即维持每一代人人口数量不变的生育率），那么这些领导人就很清楚：人力资本增长必须通过外来移民实现。新加坡全国有 520 万人，由 380 万本地居民和 140 万外来移民构成。它的文化传统是由不同国家的文化、宗教信仰、语言等混合而成的：主要的族群包括华人（74%）、马来人（13%）、印度人（9%）；宗教方面则包括佛教（33%）、基督教（18%）、伊斯兰教（15%）、道教（11%）、印度教（5%）以及无宗教者（17%）；语言方面，英语、汉语普通话、马来语和泰米尔语是官方语言，还有许多其他语言也在使用着。

在很多国家，如果有如此多的文化背景，人们可能会彼此依据文化形成独立的群落，构建自己的社会网。但在新加坡，由于 85% 的新加坡人生活在公共住房中，建屋发展局——实质上可看成这个岛国的 HR 部门，要求每个居住区域的居住人群能够体现种族多样性，由此促进多元文化的形成。政策分别设定了街区级别和社区级别的族群比例上限，鼓励居住上的多种族混居。不同背景的人们共居一个区域，人们之间会有更多交往，这就打破了文化壁垒。新加坡认为，它的快速发展部分源于整个国家的去种族化以及对多元文化的认同。

诺华制药：全球化公司所面对的挑战

诺华制药是一家全球性的医药企业，在不同的国家有不同的增长战略。它的新兴市场运作横跨四大洲的 50 多个国家，每个国家均有自己不同的需求、优先任务和挑战。它的 HR 高管需要评估在每个国家所要面对的阻碍运营的问题，比如中东政局不稳、牙买加经费不足、独联体国家（苏联时期）腐败不堪等都是突出问题。而宏观经济问题，比如地方保护主义和汇率波动也是不小的外部挑战。另外，在中东、亚洲、独联体、中美洲和加勒比地区的许多新兴市场严重依赖公共医疗体系，私营市场很小，诺华制药必须首要考虑的是与政府的合作，而这除了政府监管所关注的事项之外，许多政府更加关注通过制造业来增加就业数量。

公司已经屡创佳绩。例如，在尼日利亚，它发现了一个价值巨大的私人市场，规模在 1000 万人左右，这些人得益于石油业的蓬勃发展而相对比较富裕。但是，它在运营中需要应对该国较为严重的腐败现象，也面临着许多内部挑战，例如，有些核心管理者与当地军阀有血缘关系，导致了猖獗的任人唯亲和裙带关系。诺华制药的管理层决定进行人员清理，从零开始打造团队、配置职业人士。它精简了业务组合以更好地聚焦目标市场，对分销商网络进行了清理，然后进一步扩张，评估并精简了当地的组织机构，引入熟悉业务、坚持国际准则的当地人员，从而显著提升了当地的管理水平。整项工作比预计时间缩短了 40%，在 18 个月内就结束了。

在新兴市场，诺华制药必须采用由外而内的视角，采取关键的战略性强制举措以构建组织能力（包括个人能力与集体能力）。这意味着加快实现人才本地化，不再依赖外籍人员支持。HR 高层认识到，如果某项流程不能让本地员工运作并承担责任，它就不会真正产生效果。另外，在推动整个公司——从销售团队到管理层——向高绩效公司转型的过程中，诺华制药的 HR 专业人员发现，他们必须持续优化自己接触市场的方法，并在组织设计方面保持足够的灵活性以满足特定的需要。

什么是"战略定位的参与者"

在前面所描述的每个案例中，确定组织实践的过程都包含了明确的由外而内的思想。MOL 集团认识到它的人才赤字问题可以部分通过以下方法得到解决：投资于中学和大学的教育、改善自然科学的形象以及提出具有诱惑力的员工价值主张。新加坡政府领导人认识到，他们的人力资本困境可以通过引入外国移民而得到部分解决，但是那会带来多元族群，需要学习彼此协作以保持生产活力，于是他们制定了公共住房政策为这一协作提供基础。诺华制药认识到全球增长战略需要其对当地情况保持清楚认知和敏感性，但也需要高管人员将公司的价值观带到当地的环境中，确保他们的 HR 工作既能适应当地环境又能引导改变当地环境。

高效能的 HR 专业人员以由外而内的方式来思考和行动。在过去 25 年里，"由外而内"这一概念已经不再限于知悉业务的财务结果，而是指向调整战略、服务利益相关者、应对商业环境变化等与"外部"相关的事项。

1987～2007 年，我们的研究发现（已有其他研究提出类似观点），HR 要提高效能就必须要了解业务。我们提出过一个面向 HR 专业人员的业务知识水平测试，以确认他们是否具备与业务人员进行深入交流的基础。以下是与之相关的一些问题：

- 谁是我们最大的竞争对手，为什么客户愿意从它们那里买东西？
- 我们的股价是多少？
- 我们的市盈率（收益率）是多少？

- 我们分部/公司去年的利润和收入是多少?
- 董事会有哪些人?每个董事会成员的优先事项和兴趣点是什么?
- 我们的市场份额是多少?
- 我们的细分市场是在增长还是在缩小?
- 我们所在行业的新兴技术趋势是什么?
- 我们业务领导者本年度最重要的两三项优先任务是什么?
- 谁是我们最大的客户,他们为什么会从我们这里购买?
- 我们的主要竞争对手是谁?它们做哪些事情比我们更有优势?我们在哪些方面做得比它们好?客户最在意的价值点在哪里?
- 哪些社会和政治趋势可能会对我们行业产生破坏性影响?

我们还发现,HR专业人员在业务知识方面得分不高(满分5分,2002年平均分为3.37,2007年平均分为3.39)。许多人,包括我们的研究人员,都认为HR专业人员必须深度了解业务,也只有当他们真正能够了解业务,他们才有可能成为真正的业务伙伴。如果不懂这些,HR专业人员就不能深度参与到与业务相关的对话中。

在2012年的研究中,"了解业务"这一胜任力变为"成为战略定位的参与者"。我们深思熟虑后选择了"定位"这个词。以个人为例,人们要想了解某人的个人"定位"时,经常会向其询问这样一些问题:

- 你在家庭中的位置是什么?这里既是指你在兄弟姐妹中的出生顺序,也是指你在家庭中扮演的其他角色与地位。
- 你在团队中的位置是什么?这可能是指你的正式任务,也可能是指你对团队做出的非正式贡献。
- 你如何定位自己未来的财务安全?此处,定位是指今天为明天的机会所做的投资。

- 你在工作中处于什么位置？（例如，你在这个大学里的职位是什么？）这里可能是指某个角色或职务头衔，也可能指你在某个群体中的地位或声望。
- 为了获得成功，您现在定位如何？这通常是指自己为未来职业前景的准备程度。

HR 专业人员作为战略定位的参与者，要帮助组织明确自身在所处商业环境中的位置。所谓"定位"是一个行为，它的对象既指正式的产品和服务，也指非正式的声誉。定位本身包括了对新兴趋势的识别、预测和利用，所以"定位"的关注点是创造未来。定位又要具有灵活性和适应性，要能够及时发现机会并进行反应。定位的过程不仅仅意味着要进行组织转型，它的重点更在于组织如何转型才能跟上目标市场的发展变化，并能顺势塑造未来机遇。

成为战略定位的参与者，需经历四个阶段，每个阶段要掌握的重点不同，分别是财务、战略、利益相关者和商业环境（见图 3-1）。这些阶段并非割裂的，他们渐次包括了完整的业务范畴，这是我们经过几轮研究之后形成的结论。

在我们的早期研究中，业务知识强调业务语言的使用，通常聚焦于财务，但也包括其他对企业成功至关重要的业务知识。许多 HR 专业人员会逃避学习基础的财务知识，因为对数学或财务公式有种恐惧或厌恶。然而，就像人们学习第二语言一样，尽管他们不用说得像母语那样，能掌握完美的发音和大量的词汇，但他们也必须对新语言有足够多的了解才能过关。HR 专业人员必须学习业务语言，能够通过上文给出的业务知识水平测试。业务知识还包括业务的核心技术知识，这些核心技术知识可能需要高端培训的支持（如通用汽车的汽车工程、英特尔的电子工程、沃尔玛的统计和物流）。

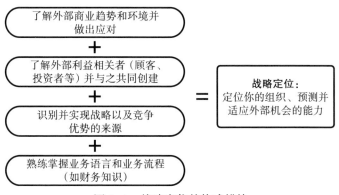

图 3-1 战略定位的构成模块

在我们研究的第二阶段,我们认为"业务"也包括企业的战略以及企业如何创造差异化的竞争优势。在 2002 年,我们将这一胜任力大类命名为"战略贡献",它是一系列的能力组合,包括文化管理、战略决策、快速变革和基础架构设计。在 2002 年,满分 5 分的"战略贡献"平均分为 3.67,对业务成功的影响高于对个人效能的影响。在 2007 年,我们将这一胜任力大类称为"战略架构师",那时其平均分为 3.62,对个人效能和业务成功都有中等的影响力。

在第三阶段,我们进一步将 HR 工作聚焦于外部的利益相关者:客户、投资者、社区和监管者。HR 知道了在设定 HR 的胜任标准时应该依从于外部利益相关者的视角。客户期望将决定谁被雇用或晋升、决定绩效管理如何定义、决定哪些培训和发展项目要完成以及决定领导者应有何种行为表现。我们的大量工作成果显示:与目标客户的协作会带来可持续的价值。另外,除客户之外,我们也提倡将投资者信心与领导力、人才和组织能力等无形资产相关联。我们对投资者的研究已发现,他们对某个机构未来收益的信心,有 1/3 是来自他们对领导力质量的感知。

我们现在进展到第四阶段,关注的是当 HR 专业人员了解外部业务趋势并将之转化为内部决策和行动时,会发生什么。他们要理解对其行业和地理区域产生影响的一般商业环境(包括技术、政治和人口统计学趋势)。就如 MOL 集团、新加坡政府和诺华制药，它们将这些趋势转化为组织行动。

通过掌握战略定位的这四个阶段（理解业务基础，贡献并参与构建战略，与外部利益相关者保持一致，以及预测外部趋势），HR 专业人员不仅仅是通过参与讨论来对业务做出贡献，而且可通过前瞻性地定位组织以赢取未来。参与"战略定位"显著提升了 HR 专业人员的门槛。在这一点上，一个 HR 专业人员如果无法阅读和解读财务报表，不知如何贡献于战略构建，不能识别外部关键利益相关方并提供有效服务，也不能预测业务趋势并做出反应，那么他是难以参与到对业务的深度讨论之中的。仅仅了解财务或战略，已经不够了。

在 MOL 集团、新加坡政府、诺华制药，人才和组织的发展举措能够取得成功，是因为 HR 专业人员掌握了战略定位所有四个层级的要求。

"战略定位的参与者"胜任力的构成要素

基于我们过去和当前的研究，我们识别了 35 个可以描绘"战略定位的参与者"这一胜任力特点的具体知识和行为条目。这 35 个条目可以划分为三类构成要素（见表 3-1）。

表 3-1 "战略定位的参与者"胜任力的构成要素

构成要素	平均分（1～5 分）	对 HR 个人效能的影响度	对业务成功的影响度
解析全球商业环境	3.83	29%	30%
解码客户期望	3.83	29%	37%
合作制订战略计划	3.96	42%	33%
相关系数（R^2）		0.332	0.062

表 3-1 表明，相对于"解析全球商业背景"和"解码客户期望"（3.83分），HR 专业人员普遍在"合作制订战略计划"（3.96 分）方面做得更好。同时，"合作制订战略计划"对个人效能的影响比对业务成功的影响更重

要（42%比33%），对业务成功的影响力更多来自HR专业人员能够解码客户期望（37%）。再对照图3-1中的战略定位构成模块，可以看出：HR专业人员通过熟悉财务和战略可以使个人效能更高，但是只有当他们能够与利益相关者（尤其是客户）合作、能够应对商业环境时，他们才能对业务成功有更大的价值。

我们现在来看看各个构成要素的相关知识和行为。

要素1：解析全球商业环境

"所有的新闻都是当地的"这一传统的媒体时代的观点戏剧性地、不可逆转地发生了变化。脸书已变成了世界上第三大国家，技术上的可接入性取代了地理上的相邻性，成为定义边界的首要因素。"阿拉伯之春"、占领华尔街运动、希腊债务危机或者伊朗石油政策等新闻在全世界范围内实时传播，社交媒体成为全球新闻的快速传播渠道。据BBC预测，美国大学发生学生枪击事件后，全世界大约70%的18~25岁的年轻人是通过社交媒体而非传统媒体知晓这起事件。尽管人们对于身边的事仍旧很感兴趣，但是越来越明显的趋势是，地球村正在重塑村民的生活。那些质疑地球村事实的人们只需要问问那些20多岁的年轻人是如何称呼他们私人与工作上的伙伴就很清楚了。很显然，年轻一代是融合多元文化的，他们通过社交网络持续发生关联并维持关联。

HR专业人员需要更敏锐地意识到其所在组织所处的复杂、不断变化甚至有时候是不可抗拒的全球化商业背景。只了解你所在的部门、企业或行业是不够的，HR专业人员需要了解他们工作的商业环境，这样他们才能定位未来的组织。现在，这需要具备业务基本知识、能与利益相关者建立联系，并能掌控商业环境。

具备业务基本知识

不了解组织的运作规则就很难定位未来的组织。财务是商业的通用语言，它是业务基本知识的基础。HR 专业人员应该能够解读组织的利润表、资产负债表以及财务分析报告。他们应该知道他们所在企业是如何创造财富的以及如何掌握财富创造的发展动向。提升业务基本知识就像学习一门新语言，包括以下几个步骤：

- 每次员工会议都要从回顾财务业绩数据开始，不只是回顾数据，还要逐步提升 HR 员工的财务知识。详细回顾竞争对手的财务情况也很有益处。
- 与 HR 团队分享在董事会上汇报的年度行业和竞争对手分析报告，这样 HR 的团队成员可以和公司领导层得到相同的信息。
- 开发一门非财务经理的财务课程，邀请 HR 高管来讲授这门课程，这样他们能更自如地运用财务信息。
- 录制投资者季度电话会议，以在 HR 内部会议上播放或者供 HR 专业人员个人学习。
- 在发送给公司领导人的财务报告和行业趋势分析的邮件的收件人列表中，加入 HR 专业人员。
- 确保 HR 专业人员能够掌握企业的商业模式，这样他们就能够理解核心的技术要求是什么。
- 要求所有的 HR 专业人员参加财务训练课程，就财务和会计标准对他们进行认证。

25 年来，我们一直有些困惑：HR 专业人员为什么会试图回避商业语言和逻辑。就像那些想要移民到新国家却不想学习新语言和逻辑的人一样，这样的 HR 专业人员会始终待在自己的孤岛之内。

与关键利益相关者建立联系

凭借业务基本知识，HR 专业人员不仅能与业务部门的员工和高管一起讨论业务问题，也能与外部的利益相关者进行商务对话。在第1章中，我们为HR专业人员绘制了一幅利益相关者地图，可用于指导这些沟通对话。要成为战略定位的参与者，HR专业人员也要和客户、投资者以及组织运营所涉及的社区建立联系。

研究表明，一个企业大约50%的市场价值来自广义的"无形资产"。在我们的研究中，我们建立了一个关于"无形资产"的架构，包含持续达成目标、拥有清晰战略、实现技术竞争力、创建组织能力。在对投资者的近期调研中，我们发现29%的投资决策是基于所投资企业的"领导力水平"做出的，即使他们并没有合适的方法去定义、应用或追踪这一质量水平。我们相信，当HR专业人员能够与企业的投资者一起进行组织定位时，无形资产回报率（return on intangibles，ROI）就会成为对HR的新衡量指标。

HR专业人员能够从多个途径了解投资者的期望。他们可以参加投资者电话会议，阅读企业和行业的分析报告，采访关键的行业分析师以了解他们是怎样做出投资决定以及是如何评价企业的。更加积极的方式是，他们在培训项目设计中可以引入一些有分量的行业分析师（这既能强化培训内容，又可以增加这些分析师对于企业未来收入的信心）。他们也可以关注一些评级机构[如穆迪投资服务公司（Moody's）、美国机构股东服务公司（ISS）]是怎样评价企业的，他们还可以持有自己企业和竞争对手的股票，这会使这些信息对于自己更有意义。

通过了解所在企业近10年的市盈率及其与竞争对手的比较情况，我们帮助HR专业人员更加清楚投资者是如何"定位"企业的。这种了解投资者视角的方式是一种高层面且较简单的方式，但是这很好地展现了投资者是如何看待一家企业的。表3-2呈现了一家大型全球性企业（XYZ）与5家竞争对手（A～E）的市盈率（P/E）。该表显示，这家企业的市盈率大概落后于行业平均水平30%（10∶13）。该企业的市值约300亿美元，但其无形资产评估让它面临着 90 亿美元的损失。

我们通常将这些数据用作测试管理层是否乐于变革的试金石。有时候,当我们分享这些数据时,企业领导者会比较抗拒,经常会质疑度量标准或我们的分享方式。这些领导者是不可能为他们的企业赢得未来投资者的信心的。不过在更多情况下,领导者会予以建设性的回应,他们认可这些数据,并且会询问:"我怎样才能做出显著的改善?"

表 3-2　某企业与竞争对手的市盈率比较(2002 ~ 2011 年)

(单位:10 亿美元)

	2002	2003	2004	2005	2006	2007	2008	2009	2010	2011	平均
XYZ	32.6	n/m	n/m	n/m	13.2	7.7	n/m	25.6	13.3	10.1	10.25
A	15.6	15.5	13.1	14.1	13.4	13.6	8.4	18.1	12.0	10.6	13.44
B	16.0	14.0	14.4	14.7	14.7	12.4	11.0	14.8	14.5	11.0	13.75
C	14.1	14.0	15.1	17.5	15.4	12.0	10.8	21.8	15.0	11.7	14.74
D	n/m	28.6	14.7	19.2	11.0	12.6	9.1	18.9	14.5	11.9	14.05
E	14.8	13.0	12.2	12.3	12.8	16.2	6.7	12.2	11.5	10.5	12.22
XYZ 总市值 306 亿美元								行业平均市盈率			13.075

要了解投资者对企业的定位,我们要借助于"无形资产审计"的方法。在无形资产审计时,要与投资者和客户见面,以发现企业在多大程度上完成了诸如兑现目标承诺、遵循清晰战略、部署技术能力,以及建立组织能力这些工作。当 HR 专业人员承办、牵头或协助无形资产审计时,他们不仅能了解财务结果和投资者期望,还能帮助领导层对组织进行合理的"无形资产"水平定位。在某一企业内,高管总是认为他们已经拥有了非常优秀的无形资产,因为他们认为自己一直在遵守承诺、有清晰的战略清晰、投资于强有力的核心技术竞争力并且也在发展组织能力,然而,当他们从投资者和客户那里收集到信息时,他们发现,与客户和投资者的感知相比,他们严重高估了自己。在最初的防御反应后,CEO 就开始聚焦于如何建立投资者和客户更期待的能力了。

掌控商业环境

最终，作为战略定位的参与者，HR 专业人员需要具备展望未来并为之做好准备的能力。我们辅导过（与 HR 一起）一位负责 150 多个国家业务运营的高管。他投入了大量时间视察这些国家，但他觉得这并未产生价值，原因在于他无法深入了解这些国家的具体环境。他请我们帮他准备了一个问题模板，以便他能够通过提问来诊断每个国家的商业环境。基于琳达·格拉顿（Lynda Gratton）及其他研究"未来工作"的人员的工作成果，我们框定了表 3-3 所列的六个方面，他可以据此提问并了解该市场或行业的商业环境。

表 3-3　商业环境评估与洞察

相关领域	问题
社会	这个国家或行业的社会趋势（生活方式、宗教、城市化、家庭模式）是什么
技术	技术将从哪些方面改变这个国家或行业
经济	这个国家的经济指标是什么（GDP、失业率、债务），这些指标如何影响某个特定行业
政治	这个国家或行业的政治和监管环境是怎样的
环境	影响这个国家或行业的环境趋势是什么（如碳排放量或社会责任）
人口结构	这个国家或行业正在发生怎样的人口结构变化（年龄、教育、全球多元化）

HR 专业人员可以通过多种方式解决这些问题。他们可以帮助准备提交给董事会的外部趋势报告，阅读行业协会的预测报告和相关出版物，研究领先的竞争对手并预测它们将有何行动，也可以阅读最新的商业出版物（比如《华尔街日报》《经济学人》和《金融时报》等），还可以跟进最好的行业趋势观察员（例如，法里德·扎卡利亚——美国《外交》刊物的主编和电视秀 GPS 的负责人；半岛电视台——优质的关于中东的信息来源；穆罕默德·埃尔埃里安——全球最大的债券投资基金 PIMCO 的 CEO）。

掌握业务基本知识、与利益相关者建立联系以及掌控商业环境，这将有助于解析全球商业环境，洞悉在全球市场中如何定位企业。

要素2：解码客户期望

我们的研究表明，在所有的潜在外部利益相关者中（投资者、监管者、供应商等），客户值得特殊关注。显而易见，没有客户购买产品或服务，组织就无法存在。我们在研究中发现，HR专业人员应该通过掌握以下行为来解码客户期望：

- 理解客户的购买标准。
- 帮助明晰客户价值主张，以此指导组织的内部行动。
- 协助建立与客户、股东和员工相关的企业品牌。
- 确保商业文化（企业品牌）被外部利益相关者（客户、股东等）认知。
- 将文化聚焦于满足外部客户需求。

证据表明，如果客户越多地参与到组织实践中来，组织实践越多地以客户视角来设计和交付，那么客户亲密度和客户份额就会越高。在表3-4中，我们提出了一个以客户为中心的组织行动分层模型，每一层都将组织和客户进一步绑定并互相黏合。

表3-4　客户亲密度对应的组织行动六阶段

客户关联阶段	获取客户份额的成果与应用	对客户亲密度的影响
6——文化	共同的思维模式：以市场所认知的企业品牌来塑造工作场所的文化或价值观	展望或预测
5——领导力	领导力品牌：客户期望成为领导力的基础	引领或塑造品牌
4——HR实践	HR附加值：客户参与管理人员、绩效、沟通和组织实践	校准方向或治理
3——技术	技术协同：客户通过共享技术与企业保持连接	信息共享或联网
2——战略	战略联合：客户帮助形成战略或者竞争优势的独特来源	合伙或协作
1——产品或服务	市场份额：客户帮助定义他们感兴趣的产品或服务	研究或倾听

通过处理以下三个问题，HR专业人员可以共同打造客户亲密度，并引导他们的组织聚焦提升客户份额。

1. 谁是我们的目标客户？HR专业人员可以与市场和销售人员一起，基于收入、购买模式、渠道、规模和机会等对客户进行细分。我们共事过的一些HR专业人员就曾将"市场细分"放进培训项目中，以使整个组织的参训人员都能够认知目标客户。

2. 目标客户重视什么？也就是说，什么是他们的购买标准？HR专业人员可以协助定义目标客户的价值主张（价格、速度、服务、质量、创新或价值）。HR专业人员为市场和销售人员提供培训，以帮助他们开展市场研究、收集客户评价数据。当内部员工学会做市场研究（而非求助于市场研究顾问）时，员工对客户购买标准就会变得更加敏感。

3. 组织如何与目标客户建立可持续的关系？HR专业人员可以改进表3-4中所列的六个客户亲密度阶段中的每一个。特别是，HR专业人员可以检查并调整HR实践以做到"以客户为中心"。如果客户会参与以下这些工作，企业就建立起了以客户为中心的HR：参与设定招聘标准，参与面试潜在的职位候选人（特别是在较高层级），参与确定绩效衡量措施，作为参训者或授课者参与培训，参与分配财务奖金，参与沟通论坛，以及监督组织决策制定。

要建立客户关联，HR专业人员需要与销售、市场和其他职能领域的人员协作，以便以一致的方式来增加客户份额。通过开展以下活动，我们观察并辅导HR专业人员更好地解码客户期望：

- 开展主要客户的价值链分析，包括：定义谁是你们的客户，他们的购买标准是什么？他们目前从哪家购买？与主要竞争对手相比，你们最强和最弱之处在哪里？
- 成为跨职能小组中的一员，这一小组的任务是识别客户的购买习惯，并推荐能够提升市场份额的步骤。
- 花时间与客户（以及客户的客户）在一起。如果这不太可行，就花时间与销售和市场部的员工在一起，翻阅客户反馈，定期在呼叫中心接听电话，由此可得到关于客户在想什么、关心什么的第一手信息。我们建议 HR 专业人员将他们 5% 的时间用来与客户或他们的代理人进行直接接触。
- 阅读客户绩效数据以感知客户期望。
- 与市场部门一起，让员工更多地参与到市场研究活动中。确保通过这些活动收集的信息被用于解决客户问题，提升客户满意度指标。
- 减少对于低附加值信息（内部报告、审批、书面工作、会议）的关注，增加对于客户导向的信息的关注。
- 购买并使用你们公司的产品和服务。
- 检查你们的 HR 实践，以确定它们在多大程度上体现了客户期望。
- 在全公司分享客户信息。

基于对客户的理解和对客户期待的解码，HR 专业人员推动组织行动，帮助组织着眼于未来的成功进行明确定位。正如表 3-1 所示，当 HR 专业人员在这些领域做出改进时，他们更有可能帮助业务取得成功。

要素 3：合作制订战略计划

作为战略定位的参与者，HR 专业人员将参与战略研讨会。多年来，HR 一直在寻求机会参加战略会议。他们获邀参与这类会议，并在会上谈论 HR 如何执行战略；现在，他们必须为共同制订战略计划做出贡献。几年前，一家保险公司以 10 亿美元现金出售了四个主要业务。很明显，它不能将这 10 亿美元记在资产负债表上，否则很容易被恶意收购。也很显然的是，公司可能会将这些钱投资在股息、股票回购和收购上。在这一时点，HR 团队本应主动开始围绕着组织和人才议题做好收购的尽职调查准备。然而，HR 领导却把 HR 战略会议的重点放在现有 HR 实践的再造上。HR 团队并未被要求考虑收购的可能性，他们自己也并未提出这一事项。不出意料，几个月后，这家公司启动了一项收购。HR 部门没有被邀请参加早期的收购会议，部分是因为它没有预料到并为之做好准备。收购工作不断推进，但是 HR 部门只能作壁上观，却还在纳闷为什么自己成为业务决策的局外人。

在与业务领导一起制定战略的过程中，我们观察到一些大家共同要面对的挑战：

- 面对业务的复杂性，保持战略的简洁性。
- 面对外部多变性，保持内部战略的敏捷性。
- 鼓励思考多样性、行动统一性。
- 制定宽泛的、全球化的、通用的战略，配以小单元的、本地化的、具体的行动。
- 确保战略执行得到足够的重视，至少要跟对战略制定的重视程度一样。

为了能在公司的战略研讨中贡献自己的力量，HR 必须掌握克服以上挑战、赋能战略执行的能力。我们的研究已确认：HR 可以为战略决策贡献的是其分析判断"是什么样、应知什么、应做什么"的洞察力。HR 对业务战略制定的首要贡献是帮助勾画业务的未来愿景。HR 寻找促进业务成功的机会，通过简单有效的方式表达复杂的理念。在这个过程中，他们协助对风险的识别及管理，为业务问题提供备选意见。他们将业务战略转变成一套人才（员工管理）或文化（工作场所管理）方案。

在帮助 HR 专业人员将这些个人能力用于共同制定战略的过程之中，

我们发现他们需要扮演三种角色：

- 讲故事的人；
- 解读战略的人；
- 推动战略的人。

讲故事的人

恰当的故事可以为确保战略统一做出很多贡献。为了简化战略以便为其赢得理性的认同和感性的支持，需要将复杂的需求表述得简单清晰。很不幸的是，人们倾向于认为如果能将东西写在一张纸上，它就足够简单、清晰了，但是情况并非如此。我们曾经共事的一家公司的高层团队花了6个月时间努力工作，最后形成一份一页纸的文件，包括愿景、使命、价值观、战略、目标、任务及优先事项——几百个单词用小号字挤在一张纸上。高层团队将这份文件传达给5万多名员工，同时配了一份工作手册和视频进行宣导。结果没有发生任何改变。员工草草看了一眼文件，然后用往常的方式继续工作。这样的公司远不止一家。最近一项对450家企业的全球性调查发现，80%的企业认为它们的员工不能很好地理解企业的战略。

相较于"花心思罗列所有的重要内容"这种方式，你可以使用最有力量的统一思想的工具——讲述战略故事。好故事通过令人难忘的"点"引导行动。故事要有场景（地点和时间，可以帮助听众假想事情发生的背景）、主人公（受到战略影响的客户或员工）、事件（出现的挑战、危险或机遇）、结果（主人公如何受到影响）、情节（故事中的人物如何达成他们的目标）。"老海军"（Old Navy）是Gap旗下的一个品牌，做了一项不可思议的工作：它创造了一个名叫Jenny的女性顾客，年龄在30岁上下，根据预算购物，希望穿着漂亮精致。当公司考虑产品选择时，它会问：

"Jenny 会怎么看？"

作为讲故事的人，HR 不应当只是展示幻灯片、做宣讲，而是要精雕细琢个性化信息，对员工的影响要从头脑到心灵。人们更容易记住的是故事而不是事实，这就要求讲故事的人掌握并深入理解公司的愿景，并能将愿景转化为特定的经历体验。加拿大帝国商业银行（CIBC）是加拿大的一家一流银行，正致力于改善客户服务。它有客户服务统计数据以及广告语"做重要的事"。当由客户讲述自己的"故事"时，这样的沟通便能产生更加深远的影响：银行如何帮助新婚夫妇得到第一栋房子的贷款，如何帮助一个商业领袖为初创企业得到资金和其他支持，又是如何帮助一家大型公司为其并购战略获得资金支持。

解读战略的人

解读战略的过程中，HR 的目标就是将战略转变成关于人才、文化及领导力的具体工作，但是这需要主动的参与。我们认识的一位 HR 经过数月的努力终于得到了战略规划会议邀请。在第一次会议中，讨论的是资本结构和金融契约；第二次会议讨论的是新兴市场的全球化战略；第三次是关于创新的商业化阶段。三次会议都引起了这位 HR 的兴趣，但是他不知道该做些什么，只好保持沉默。他没有被邀请参加第四次会议。HR 应该在那些会议上谈论什么？对于那些会议上研究的议题，他都不是专家，但是，围绕着宣导战略和推动战略所需的人才、文化和领导力要求这些内容，他可以提出有深刻见解的问题或探寻替代方案，从而成为一个积极的参与者。任何战略都需要合适的人在合适的位置才能实施。

HR 专业人员可以找出企业中关键的财富创造岗位以及胜任这些岗位所要具备的能力。他们可以启动一场讨论会，研讨与战略项目相关的人才风险与机遇。一家人寿保险公司想在越南开展业务，负责为这个项目招募员工的 HR 意识到，能帮助公司进入越南市场的本地精算师非常少。他的洞察力帮助公司认识到了在人才方面的需求。其他一些公司在发现先前未被发现的需求后，会把寻找、准备相应人才作为进入新业务的一个途径。例如，联合包裹服务公司（UPS）供应链解决方案的提出是因为 UPS 的领导者意识到，运输服务是计算机维修业务不可分割的一部分，因此他们对相关人才进行投资以打造未来业务。UPS 现在能提供各种类型的服务来改善客户供应链。

但是，人才只是战略图卷中的一部分。一些 HR 专业人员倾向于称自己为"人力资本专家"，目光仅仅聚焦于人才。我们强烈反对这种观点。我们认为，与人才相比，广义上的"文化"对支持业务成功即使不是更重要，至少也具有同等重要性。关于人才的议程关注的是将聪明的人才安排在合适的位置，文化则关注建立能够最大化地利用聪明人才的"聪明"组织。HR 专业人员应该是文化人类学家，观察并营造支撑战略的工作环境。接下来，他们可以围绕文化来推行 HR 实践，比如采用能够强化文化价值观的方式来进行雇用、晋升、付酬与培训等工作。例如，一家银行通过有机增长和多元化战略在两年内将规模扩大了两倍。首席人力资源官及其员工非常关注如何维持并发展公司所需的文化。他们努力完成了对公司想要的文化（或者说特征）的阐述，并致力于如何与新员工分享这种文化、如何将文化融入所有的 HR 实践。

最后，领导力是"人才"议题中的重要子集，它也是文化的驱动器。高管层、高层领导及高潜力的员工会树立起标杆，持续指引其他人的跟随。HR 专业人员可以研究企业所需要的领导类型、技能要求、人才可得性及增加领导梯队储备的方式。

我们倡导并强烈建议，HR 专业人员要探究任何战略议题所涉及的人才、文化和领导力的内涵，以此来解读战略。当这样做的时候，他们就是在合作制订战略计划。

推动战略的人

管理战略执行的过程需要耐性和投入。在最近的经济低迷期，很多领导者感受到越来越重的业绩压力。在艰难的环境下，领导者容易回归直觉。许多企业的领导者在做战略讨论时越来越局限于在少数信得过的核心人员，而真正决策时则少有其他人参与。即使这些选择经过了仔细论证和深入思考，但仍然存在不小的失败可能性。可以说，制定战略的过程和战略本身一样重要。如果领导者将自己孤立起来下达指令，那么这常常意味着他们将企业孤立在客户和投资者之外。

当然，某些时候，在确定一些比较激进的新方向时，为了避免群体性思维，这种孤立有可能是必需的。但是，更多的时候，让更多的人以适当的方式参与到战略制定过程中，战略获得的认可度就会越高，也就越有可能得到更好的结果。

作为战略执行的推进者，HR 专业人员要非常善于对内部管理关系的判断与运用。基于对客户与竞争的深入洞察，他们清楚地知道需要制定什么样的决策、需要由谁来制定决策及应当什么时候做出决策。他们拥有出色的组织协调能力，知道应当在什么时候引入怎样的团队。他们具备深思熟虑的政治头脑，从而能在适当的时间与适当的人交谈，以获得他们的支持。他们拥有团队建设技能，从而确保团队成员有清晰的目标与牢固的关系，以便有效地推进战略。

我们建议那些受到邀请参加战略讨论的 HR 专业人员能很好地了解以下与会议有关的事项：

- 参会人选是否合适？
- 最后的战略决策是基于客户与竞争对手的现实情况的吗？
- 会议上的谈话与会议外的谈话是一样的吗？（例如，人们在走廊或在茶歇期间所讨论的是与正式会议不同的议题？）
- 在形成战略选择的过程中会权衡理想与现实的差距吗？
- 参会者聚焦的是战略选择（或决策）而不是模糊的理念？

- 有合理的流程将会议中形成的观点思想传递给组织吗？
- 还有谁需要参加哪个层级的战略思考（如战略的制定、执行、跟踪或具体的投资）？
- 需要哪些后续行动与责任安排来确保人们履行承诺？

当 HR 专业人员开始推动战略时，他们就成为这个过程中不可分割的一部分。上述战略定位的过程说明了这一点。我们认识一位总经理，当他要求他的员工加入"参与式管理"活动时，员工们只是在背后窃笑，然后工作方式一如往常。这种虚伪的命令所带来的更多的是员工的嘲讽、而非实质支持。

总结

我们中的大部分人都曾用全球定位系统（GPS）找出我们所在的位置。同样，作为战略定位的参与者，HR 专业人员要帮助他们的组织知道：在商业趋势和利益相关者背景下，他们的组织适合在什么位置，如何识别、预测客户期望，以及怎样推动战略的制定。HR 专业人员掌握了这些能力，就能赢得个人信誉。

第 4 章

可信任的活动家

要理解"可信任的行动力",我们先看两个案例。

哈门那公司

总部位于美国肯塔基州路易斯维尔的哈门那公司(Humana),是一家提供医疗保健服务的业界领军企业,在美国和波多黎各共拥有4万名员工。哈门那公司提供不同范围的保险产品和健康保健服务,旨在为客户提供整合的终身健康福祉保障计划。哈门那公司在发展历程中抓住机遇,不断重塑自己以满足不断变化的客户需求。

2000年,哈门那公司曾经历了一场失败的并购,当时它的股票暴跌,成本呈指数式上升。新上任的CEO迈克·麦卡利斯特(Mike McCallister)请公司的首席人力资源官邦妮·海斯卡克(Bonnie Hathcock)提供支持,制定新的战略以实现转机。结果证明海斯卡克确实是一个可信任的活动家。她与高层团队紧密合作,创立了哈门那领袖学院(the Humana Leadership Institute),在这里将公司的高层聚在一起共同参与构建"哈门那之梦"的学习型论坛。所谓"哈门那之梦",即公司要成为终身健康福祉事业领域的领导者,而这一目标在情感与理性层面对员工都有足够的吸引力,从而能够唤起员工的激情和奉献精神。"哈门那之梦"已经成为公司内的一项运动，它激发了员工追求自身健康福祉的热情，由此带来积极的成果，并成为促使员工思考如何吸引客户的主要引导力。

自那时起，哈门那公司许多由 HR 牵头的项目都表明，对"健康福祉"的关注在提升员工敬业度与健康身体方面具有很强的驱动作用。例如，公司有一个逐步减少公司员工肥胖率的项目，显示员工的健康状况得到了提升。对员工健康的关注也带来了工作环境的调整及重新设计。公司还鼓励员工相互介绍有利于健康的群众运动项目，从健康博览会到诸如爬楼梯运动之类的体育锻炼项目，种类多样。这些措施的直接效果就是员工的敬业指数超过了 75%。海斯卡克说："我们知道，对'健康福祉'的关注能为我们公司的业务带来巨大的效益，并且研究结果也证明了这一点。"

如今，对终身健康福祉的关注已成为哈门那公司新品牌特征的基石，而且公司已将关注点从医疗保健费用拓展到预防性保健和改善健康方面。麦卡利斯特在一次采访中对《财富》杂志（2011 年 3 月刊）的记者说："我们要帮助人们改善健康、比现在更健康，正是这一点驱使我们向前，当然，我们也觉得这是我们的大生意。"

奥尔森合伙人公司

奥尔森合伙人公司（Olsson Associates）是一家工程咨询公司，1955 年成立于内布拉斯加州林肯市，到 1987 年，它已经发展成为一家拥有 40 名员工，为州内的小型城市的市政当局提供咨询服务的公司。

这家公司曾经一度站在十字路口，但它后来赢得了迄今为止最大的一个项目——市内一家主要污水处理厂的扩张计划。这个项目为公司的成长提供了跳板。公司新总裁罗杰·塞维林（Roger Severin）利用这个机会开始着手创立公司的新风格，把公司的优秀的传统与新的态度、实务进行有效的结合，形成新文化。公司人力资源总监帕蒂·麦克马纳斯·科科伦（Patty McManus Corcoran）拜访了公司的客户（包括奥尔森和其他公司的客户），以确定"卓越的服务"是由哪些实践和行为构成的。在塞维林的支持下，她开展了一个项目，研究什么样的公司最容易吸引并留住那些（貌似天生的）能为客户提供卓越服务的员工。

在接下来的10年间，塞维林和麦克马纳斯·科科伦两人并肩作战，使公司发生了重大的变化。他们建立起强大的团队合作氛围；他们为那些业绩出色而又年轻的员工提供开始领导项目或服务的机会；即使在公司迅速发展之际，他们依然保留了小公司的感觉——公开的财务系统、面向所有员工的利润分享和员工持股计划。结果，公司在20世纪90年代这10年间的变革为它在21世纪的发展奠定了良好的基础。公司目前拥有超过600名员工，在全美有20个分支机构，公司88%的业务来自回头客。

这些旨在创建一家提供卓越服务的企业的变革措施，为其成功奠定了坚实的基础，麦克马纳斯·科科伦在其中扮演了重要角色。2005年，她被任命为公司总裁，随后她又接受了一项新的挑战——创建OA（办公自动化）学院，这一培训计划的目的在于帮助员工成为更好的领导者，助其理解奥尔森的价值观和文化，以及获得工作成功所需的任何东西。

什么是"可信任的活动家"

高效的HR都是可信任的活动家。这种信任来源于HR专业人员将他们的时间和精力放在与业务相关的重要事项上，说到做到，履行义务，实现承诺，能够与业务部门管理者及其他HR同事进行有效的沟通。并建立良好的信任关系，同时展现出他们的一种意愿，即愿意承担专业的及个人的风险来为企业创造价值。哈门那公司的海斯卡克与奥尔森公司的麦克马纳斯·科科伦都是"可信任的活动家"的杰出代表，原因如下：

- 她们能够交付非常出色的结果。
- 她们都与公司CEO和高管团队建立了良好的信任关系。

- 她们能够接受风险，跳出自己的安全区（自我保护区）来挑战当下的实务体系，为公司新战略的实施和重点发展项目做贡献。
- 她们拥有由外而内的视角，能够从外部的变化趋势中识别出机会与威胁，并且知道如何利用它们。在哈门那公司的例子中，这一点表现在"追求健康福祉"上，奥尔森的例子则表现在"创建更卓越的服务文化"上。
- 她们在推动工作时，主动出击且直接有效。
- 无论是作为 HR 专业人员还是领导者，她们都在持续提升自己对组织的贡献。

成为一个可信任的顾问能够帮助 HR 专业人员建立更富成效、更令人满意的人际关系；更重要的是，如果没有建立信任，任何人都很难具备真正的影响力。作为活动家，HR 专业人员要有自己的观点，不能仅限于现有的 HR 实践，还应包括客户、投资者和其他利益相关者的期望，以及为了满足这些期望 HR 可以担当什么角色。可信任的活动家擅长对他人产生影响。他们会做大量的基础工作和对内外部的分析，这使他们能够基于对机会、威胁和劣势的评估判断出应优先处理的改善项目。他们通过清晰的、前后一致的、高影响力的沟通，有效地叙述事实，并在行动方案上促成一致。

可信任的活动家对他们作为 HR 所做的贡献感到骄傲。他们不断在这一专业领域进行投入，保持接触本领域的新观点、新创新，寻找优化人才、文化和领导力的更好方法。他们以专业能力而闻名，付出与回报相当，他们很有可能会活跃于行业或社区的人力资源协会。

个人信誉与行动力

可信力与行动力的结合使 HR 专业人员能够与业务部门管理者及其他

HR同事建立起信任关系。对于值得信任但非活动家的那些HR专业人员，人们也许会钦佩他们的见解和专业性，但是他们没有太大的影响力。而那些重视活动能力但不值得信任的HR专业人员也许有好的想法，可是别人不会关注。

"可信任的活动家"胜任力的发展过程

过去的25年里，在建立和保持HR专业人员的信誉方面，我们看到了一些有趣的变化，这有三个明显的阶段。

第一阶段：信誉是属于个人的，并基于个人与业务部门管理者的关系。与业务部门管理者有良好的关系，并能对这些管理者的需求做出回应的HR专业人员被认为是拥有个人信誉的。在20世纪八九十年代的HRCS研究中，我们发现个人信誉是核心的胜任力。

第二阶段：2002年，"战略贡献"取代"个人信誉"，成为HR的主要胜任力，"个人信誉"退居次要地位。在此阶段，与业务部门管理者和HR同事建立良好的关系也很重要，但仅有这种关系是不够的，对业务的贡献越来越多地影响着个人信誉的建立。

第三阶段：2007年的HRCS研究中，"可信任的活动家"开始出现，也可称其为1.0版。2007年，对HR专业人员的绩效期望已经进一步演变，开始反映在一个复杂度更高、竞争更激烈并且挑战更多的经济全球化环境里运营所面对的挑战。重心已经从"个人信誉"转移到"可信任的行动力"上，强调HR专业人员在制订HR计划时的主动程度和对重点业务的贡献度，而这些都建立在他们对内外部需求和挑战的理解程度上。哈门那公司和奥尔森公司做出了表率，它们的HR部门在主动采取措施时展现出了勇气与领导力，而且它们这种"可信任的行动力"所针对的是整个业务而非仅仅是HR部门的需要。

作为"可信任的活动家"的一个附加因素是"有积极态度的HR"，

这意味着 HR 专业人员对整个业务及 HR 事务都有明智且具有前瞻性的观点，使其意见具有较高的影响力。HR 所获得的这种"前瞻性"地位，标示着 HR 不断增长的职业自豪感，对 HR 在最终业务成果中越来越重要的战略角色的认可，以及 HR 对绩效、增长与紧随其后的发展等方面所存在机会的敏锐度。两个例子都显示，HR 不仅战略贡献增大了，而且接受风险的意愿、战略贡献所对应的回报也都更高了。

当前的研究可看作"可信任的活动家"这一胜任力在"HR 新标准"下的修订和完善，暂称为 2.0 版。2.0 版"可信任的活动家"的描述更加细致入微，其着重点显而易见，即聚焦于"通过结果交付来建立信任"。支持性因素对主要绩效的支持作用主要体现在创建对业务的影响力：让合适的人在恰当的时间，以正确的方式做正确的事情。此外，持续改进、自我认知和自我发展都越来越重要，现在，积极参与行业协会等专业组织的价值也日益增长。仅仅将自己看成 HR 的一员远远不够，如今还需要更多地参与推动专业领域内的进步，以及更密切地关注其他组织、其他地区、其他行业内的创新活动。HR 专业人员不仅需要扮演战略性更强的角色并与业务部门管理者和 HR 同事建立更加融洽的关系，还需要建立对自身优势和需求的自我认知，以及充分利用好成长、发展和提高能力的机会，就如奥尔森公司的麦克马纳斯·科科伦所做的那样。

"可信任的活动家"（1.0 版）的构成要素

在 2007 年的 HRCS 调查中，"可信任的活动家"（1.0 版）这一胜任力大类的核心，是通过成为高效能的 HR 来提升个人信誉，其中包括以下四个要素。

1. 正直诚信、交付结果：HR 专业人员首先需要具备一种值得别人信任的、公正的判断力，来正确判断事情的优先顺序，并运用技巧，以恰当的方式来处理这些事情。通过这种办法，HR 专业人员便可建立起自己的业绩记录。

2. 信息共享：信息共享始于与人进行口头及书面有效沟通的能力。这也要求在企业内部建立广而深的人际关系网，当然这不是限于HR部门内的。

3. 建立信任：建立信任的重点是与业务部门管理者和其他HR同事建立起牢固的关系。

4. 有积极态度的HR：行动力是2007年研究中新提出的内容，它表明HR的个人信誉和行动力对于其能为组织做出多大贡献是非常重要的。

"可信任的活动家"（2.0版）胜任力的构成要素

在2012年的HRCS调研中，"可信任的活动家"再次被认为是成为高效能HR专业人员至关重要的一项能力。不过我们也观察到，"可信任的活动家（或行动力）"一词的具体含义和要求发生了一些有意思的变化。表4-1显示了2012年那次调研结果中"可信任的活动家"的构成要素。

表4-1 "可信任的活动家"胜任力的构成要素

构成要素	平均分（1~5分）	对HR个人效能的影响度	对业务成功的影响度
通过结果交付赢得信任	4.36	28%	25%
影响他人并与其建立联系	4.24	28%	26%
提升自我认知	4.08	26%	30%
加强HR的专业性	4.13	18%	19%
相关系数（R^2）		0.405	0.056

要建立起一种可信任的行动力，需下列一些最重要的要素：首先是通过结果交付赢得信任，其次是要能有效地影响他人并与其建立联系。接下来是在个人方面和专业方面的能力持续提升：提升自我认知，切实采取行动来持续锻炼和发展专业方面及人际交往方面的技能。最后，高效能

的 HR 专业人员不但要能高效地完成自己的本职工作，还要能帮助他们的 HR 团队、组织乃至范围更广的职场圈来高效地完成工作。

正如第 2 章所指出的，在成为高效能 HR 专业人员所需的各项能力评分中，可信任的行动力是至关重要的。这项能力也是我们所调研的 HR 群体在所有能力项的打分中得分最高的一项：它的平均分在六项能力中最高。参与调研的 HR 答卷人与非 HR 答卷人对这一项的打分结果也比较一致（分数最高），也就是说，不管是 HR 还是业务部门的调研参与者，都认可这项能力的重要性。

"可信任的活动家"在 HR 专业人员所应具备的胜任力中得分最高，这一结果在不同区域都是一致的：在关于 HR 专业人员需要扮演一个什么角色方面，各区域均把此项评为最高分；在来自不同职位层级的答卷人的评分中，此项得分也最高。同时，此项也是衡量 HR 专业人员的专业效能的各因素中，方差最大的一项。可信任的活动家是和个人效能最相关的一个因素，但是它并非影响"业务成功"的首要因素。要实现业务成功，我们还需要参考其他的胜任力项目。不过，可信任的行动力是一个入门项目，是必要条件但不是充分条件，是能力的基础而不是能力的全部。作为一个可信任的活动家，HR 专业人员能够接触到业务领导并和他们建立起信任关系。其他五个胜任力大类则主要是关于当 HR 专业人员与业务领导接触上之后，应该怎样发挥自己的作用。

要素 1：通过结果交付赢得信任

被认可的工作效能以结果为始、以结果为终。高效能的 HR 专业人员通过实现承诺来赢得信任。在"可信任的活动家"的四个构成要素中，这一项是大家评分最高的。很明显，世界各地的 HR 专业人员已能和他们的业务领导建立起信任关系。

任何领域的高效能人员都很清楚，要实现承诺就需要不断地实现一种平衡：一方面要对工作目标进行澄清并确保其前后一致性，另一方面又要在面对变化时保持灵活性和敏捷性。对 HR 专业人员来说，保持敏捷性尤为关键：HR 专业人员总是在一种随时变化的环境下工作，他们需要推进并实现既定的目标，同时又要审时度势地根据变化随时调整任务的优先顺序。比如，当公司丢了一笔大单时，可能就要求公司在任务的优先顺序上做出重大调整，以便让公司在一个苛刻的时间段内对组织架构和人员配置做出相应调整。又如，当公司完成了一项并购或者被其他公司并购，则要求全公司所有的资源和注意力都要集中在并购这件事情上来。

通过结果来赢得信任涉及以下三个元素：

- 明确期望；
- 实现承诺；
- 展示诚信。

明确期望

结果（目标）是基于事先计划的，而计划是有必要变动的。高效能的 HR 专业人员会使用一种类似服务协定的方式，通过与业务人员定期讨论和反馈，来确保计划的一致性和灵活性。这种协定不一定是非常正式的法律文本形式，可能就是非常直接明了的一句话："我们将每月定期会晤，共同回顾业务表现，修正目标，并寻找最有效的办法来提升我们的绩效。"

实现承诺

可信任的活动家是能够实现他们的承诺的。他们通过履行诺言并在规定的期限内交付正确的结果来建立起他们自己的信誉。玛氏食品公司巧克力业务部门的首席市场官简·韦克利（Jane Wakely）曾经讲过一个故事：一名 HR 部门分管合同的员工在参与一个重大项目期间，曾有一次，直到被推进手术室前 15 分钟还在开一个重要的电话会议。这是一个极端的例子，但是它很好地说明了实现承诺可以帮助你建立起良好的信誉。可信任的活动家希望周围的人经常地和非常有针对性地对他们的工作给予反馈，他们知道在某种程度上说，是否实现了承诺是由被服务的对象说了算的。优秀的 HR 专业人员渴望知道别人对他们的工作的评价，并经常性地寻求别人的反馈，来提升他们的工作质量或改善与别人的关系。

可信任的活动家很清楚，要通过结果建立信任，不能仅仅着眼在那些大事情上，各种细节也很重要。实现承诺包括了一些很基本的东西，比如守时、事前要做准备、注意力要集中、主动地解决问题或克服障碍。

展示诚信

通过结果赢得信任意味着，与合适的人在适当的时间以正确的方式做正确的事情。但是，深入剖析下去，诚信（道德）会是至关重要的一个方面。作为企业文化的推动者，HR 专业人员有一项特殊的义务：充当组织文化冀望的典范——让企业的员工知道，应如何对待客户、供应商、合作伙伴以及彼此。展示个人诚信是成为可信任的活动家的关键因素。业务伙伴对 HR 专业人员（的人品）不够相信的话，就不会把重要和敏感的任务交给 HR 专业人员，并会将关系局限在处理一些事务性、行政性的工作上。对于战略性的问题，HR 以外的业务人员希望和他们信任的专业人士合作，他们可以依靠后者的判断。

以下是 HR 专业人员可以采取的措施用来强化组织内的道德准则：

- 起草一份公司行为准则或价值观的声明。
- 公开识别和讨论灰色地带的问题。这些通常是涉及诚信道德的问题，人们往往不太清楚公司在这类问题上的政策或自己最合适采取的行为，或者在"什么样算最合适"的观点上存在合理分歧的情况。
- 定期回顾组织的道德准则或价值观，并帮助人们将其应用到实际情景中去。借鉴其他组织的行为方式实例，并用我方公司价值观予以审视。正如库尔特·勒温（Kurt Lewin）喜欢说的那样："没有什么比一个好的理论更实用的了。"（即好的理论需要用实例去检验。）
- 帮助员工了解违规行为对组织和同事带来的后果。这样做还可以帮助 HR 专业人员（和其他人员）在正确的反应、如何在未来处理类似的情况，以及如果遇到有嫌疑的行为时应该如何应对上，形成一个更深思熟虑、更有洞察力的视角。
- 通过审视其他公司（竞争对手或其他行业的公司）的员工行为来帮助人们理解道德准则的实际应用。例如，展示英国石油公司和其承包商之间缺乏团队合作，在执行公司价值观方面无力，是如何导致该公司发生墨西哥湾史上最严重的石油泄漏事件的；或者，让员工了解一味的盈利驱动以及缺少核心价值观是如何导致企业破产的。

建立信任

新的研究结果进一步佐证了一条基本的道理，信任是与内部和外部利益攸关方建立牢固关系的关键因素。例如，戴维·梅斯特（David Maister，曾经是哈佛商学院的一位教授，后来建立了自己的管理咨询公司）在从事专业咨询服务的过程中建立起自己对信任构成要素的理解。他和他的同事们发现，建立值得信任的咨询服务关系，取决于四个因素：

$$信任 = (可信 + 可靠 + 亲密) / 可感知的个人利益$$

梅斯特的工作成果很好地结合了以结果导向建立信任这个概念。高绩效的 HR 专业人员通过以下方式来赢得信任：展示出为实现业务和职能部门目标所需的见解、技能及专业知识（可信）；通过承担责任、实现承诺及兑现诺言来建立自己的信誉和信用记录（可靠）；建立高效的人际关系（亲密），以及在与人沟通中确实做到坦诚和清晰。在所做事情及如何做事上，尽量避免给人造成哪怕是一点点的爱算计或自私的感觉。

根据表4-2给自己做个测试。用上述的信任公式，给你自己打分，然后去采访你的HR同事和其他部门的同事。让大家非常坦诚地回答出这些问题可能有点难度，但这个练习给大家提供了树立榜样和愿担风险持续改进的机会。当你回顾测试结果时，确定你所看到的可以优先改进的机会项。

表4-2 信任度评估

要　素	自我评分 （1：低；5：高）	利益相关者评分 （1：低；5：高）	可改进的地方
可信			
可靠			
亲密（人际关系）			
可感知的个人利益			
平均分			

例如，很多HR专业人员发现在推介公司人力资源解决方案时会感到颇有压力。典型的例子就是，一个策略方案在某个地区是合适的，拿到另一个地区却可能造成问题。以下是几种更有效处理此类矛盾的办法：

- 明确并公开讨论大家同意和不同意的地方。
- 帮助业务部门管理层理解：采取变革措施可能导致的影响，并切实评估因此可能造成的问题及其严重性和影响。
- 和业务部门管理层一起，明确确定HR专业人员可能需要重新审视决策的某个方面的问题，然后推动适当地回顾和分析。
- 帮助业务部门管理层理解更大格局，以及公司在决定采取这些变革时背后的逻辑。
- 帮助公司总部人力资源了解当地管理层对变革措施的顾虑，并向其提供建议，让相关的应对措施或变革措施更有针对性。
- 避免选边站队。HR专业人员的角色是在公司总部和当地管理层之间保持平衡，而不是倾向于某一方。
- 在决定做出和行动实施后的 60、90 或 180 天予以评估，并将评估结果告知双方。

要素 2：影响他人并与其建立联系

特蕾西·查斯顿（Tracy Chastain）是麦克森公司（McKesson）某事业部的 HR 副总裁，也是首席人力资源官乔治·费乐德（Jorge Figuerdo）的手下，在"可信任的行动力"的第二个维度"影响他人并与其建立紧密联系"这一点上，做了一个很好的示范。她所在的事业部需要撤销 200 个 IT 类岗位。人员裁减是必需的，但她想尽量避免出现如下后果：失去有才能的员工，影响公司的雇主品牌，打击公司士气（员工会开始猜疑：接下来被裁掉的会是我吗），以及数百万美元的离职补偿金费用。查斯顿和她的团队没有采取直接发出裁员通知的方式，而是与麦克森公司其他有 IT 类岗位招聘需求的事业部通力合作，为这些失去工作岗位的员工找到新的空缺，将其安排到合适的岗位上。重新安置员工的费用仅仅是之前预估员工遣散成本的一小部分，为公司节省了近千万美元。同时，员工非常赞赏公司在处理这件事上的灵活性，公司履行了对员工的承诺，对公司业务的影响也降至最小。这个计划执行时面临过挑战和非议，但是查斯顿和她的团队成功了，他们解决了众人所关心的问题，节省了成本，说服公司领导和业务部门负责人相信这一方案会对员工和社会带来的积极影响。在这一过程中，她和她的团队展示了如下能力：

- 他们提出了虽更为困难和复杂但更为有效的解决方案，并且承担了相应的风险。
- 他们做了大量细致的工作，分析这项计划可能牵涉的相关事宜，并且审核了收益与成本。

- 他们预估了潜在的问题，提供并实施了可行性解决方案。
- 他们预估了会出现阻碍的地方，并提出能克服这些阻碍的实际措施。
- 他们承担责任并接受对成果的问责。

这是基于信任公式说明 HR 专业人员与业务部门及其他 HR 同事建立有效关系的重要性。假如查斯顿没有与她所在公司的各级负责人建立起良好的信任关系，仅凭她们团队，为近 200 人另外再找到空缺职位需求几乎是不可能的。此外，假如她没有与其他部门的 HR 同事建立起紧密联系，在人员重新安置过程中，那些 HR 同事可能会很少帮忙，或者很难让他们相信这些需重新安置的 IT 员工平时绩效表现良好。

在通过结果赢得信任之后，接下来最重要的因素就是影响他人并与其建立联系。正如数据所表明的那样，高绩效的 HR 专业人员能够与上下级、整个组织内部甚至跨组织的人员都建立广泛而深入的关系，这样在迎接挑战时就能有一个由外而内的视角。这些关系是基于"给予—得到"的互惠原则建立的。持续的关系意味着双方都会从彼此的角度考虑问题，就像私人之间的（朋友）关系一样。那些已建立起良好声誉，被看作值得信任的 HR 专业人员通常被描述为以下形象：

- 致力于帮助业务部门管理者及团队提升绩效，与业务部门保持经常联系，对业务绩效保持真诚且持续的关注，积极提供有用信息，给予帮助。
- 能够提出深具洞察力的观点，因为他们具有由外而内的视角，并能帮助业务部门管理者理解人力资本对其工作计划及重点任务有何影响。他们会收集竞争对手处理类似问题的做法，以及采取不同方法的优缺点。他们也会提供业内领先公司是如何处理类似问题的信息，并会密切关注和更新相关数据。例如，他们会特别关注某些关键问题上，特定行业或更广范围的研究结论，利用相关数据库，如 RBL 集团 / 翰威特公司的"最具领导力公司"研究内容，来识别公司里的人才管理和领导力发展实践的改进需求。
- 珍惜与其一起工作的其他人的时间——当今职场生活中最有价值的资源。无论是书面表达还是口头讲解，能够用清晰、简洁的方式与他人进行沟通是非常重要的，对于想要提升对他人影响力的 HR 专业人员尤其如此。如果有必要，可以利用诸如演讲俱乐部这类机构来锻炼、提高自己的沟通技巧。
- 与他人在工作中友好相处。同你喜欢的人一起工作时友好相处很容易，但与一些经常质疑你或者与你有不同观点的人一起工作就比较困难了。高绩效的 HR 专业人员会找到一种能够表达不同意见但又让人容易接受的工作方式。他们不是避免冲突，而是在求同存异的基础上管理冲突，事实上这样反而可以加强双方之间的关系。我们经常会说，建立在优势互补基础上的关系，能够使双方受益并发展。与他人一起有效地工作，帮助建立良好的团队工作模式，当然可归入此类情况。
- 愿意为了组织承担一定风险。冲突往往意味着个人面临风险，尤其是在挑战老板或者某个业务高管的观点时。职场中这种风险在所难免，但是可以通过预估分歧、周全计划来弱化冲突。风险大小可用期待成功的意愿强度与害怕失败的意愿强度之比来表示。当获胜动机和愿望日益增强，而对失败的恐惧却因为知道失败后不会被惩罚而减少，这时个人所面临的风险也就增大了。

当 HR 专业人员能够做到以下几点时，这种风险会进一步降低：能够理解业务部门管理者的关注点和长远计划，能够总结出自己所提方案的收益和潜在问题，能够提出让其方案收益最大化的操作方法，以及备选的行动方案。此外，当为讨论所做的准备工作更多的是基于客观事实而不是假设或带有偏见时，风险还能再减小。倾听，而后通过总结、改述、识别重要的隐含信息等方式来表明自己的理解，也能减小风险。很明显，基于目标达成而不是在争论中取得输赢才是最好的解决方法。换句话说，重点在于如何让每个方案都行之有效。

谈到能带来影响的人际关系，"利益相关者关系盘点"是一个有用的方法。优秀的 HR 专业人员会在其 HR 同事、业务部门管理者以及其他重要员工间建立广泛的人际关系基础。利益相关者关系图可以清楚地显示：你都与哪些人有关系？你需要与他们保持怎样的关系，这种关系现在是否还是空白或是不够牢固？为改进关系，你首先需要做什么？表 4-3 为我们提供了一个利益相关者关系图的例子，假设这是某家集团公司。

表 4-3 利益相关者关系图

个人	为什么重要	当前关系状态	改进措施
比尔·史密斯	关键业务伙伴	强	保持定期联系
柯米特·海文斯	CFO	良好	每月共进一次午餐（根据他的时间安排）
茱莉亚·麦	制造部门负责人	弱	参加她所在部门的月度员工例会
杰奎琳·费罗	销售主管	一般，但需要改善（2012 年的重点计划所需）	在优先解决事项上达成一致，与她的团队一起制订一个共享的和支持性的计划
马克·托莫西奇	高级研发专家，非管理者但很有影响力	需要开始建立联系	向他建议每月会谈一次
杰夫·吴	HR 的强力支持者	强	针对他的兴趣点，发送相关文章
奥里莉亚·洛佩兹	直言不讳批评 HR 者	一般	帮她解决她的首要任务

如果你要绘制自己的利益相关者关系图，记得完成下述行动：

- 寻求指导，帮助你确定哪些人际联系需要发展和维持。你可能没有完美的眼力——很少有人能对哪些人会影响自己的绩效这一问题了解得一清二楚。找个教练指导一下会有所帮助，你还可以与更多的经验丰富的业务部门管理者或其他 HR 同事进行沟通，核对你的想法。

- 要求获得定期反馈，以帮助你提高你的人际关系质量。不要以为你和某人有定期的工作接触，你就一定是值得他信任的业务伙伴。问问自己：当这个合作伙伴需要帮助时，我会在他考虑的首选对象之列吗？我的影响圈——被相关人邀请、参与合作的范围——正在扩大吗？

- 长线考虑。不要仅仅局限于你现在需要联系的人际关系，要长线考虑。问问自己：明年、后年，我将需要哪些关系？怎样开始最为合适？

- 制订联系计划。多久联系一次是合适的？联系计划中主要的日程议题有哪些？讨论产生的结果能否被执行，会产生什么影响？对于那些已经明确必须要加强的关系，做到什么样才算是"足够好"的？

- 确保每个关系都是双向的。你可以回想一下，一份合伙协议是什么样：它会定义出双方各自期望的和应承担的，但都是基于"建立一个紧密的业务伙伴关系"这一出发点之上的。例如，沙特能源巨头沙特阿美石油公司（Aramco）近期完成了一项创新性尝试，目的是加强"可信任的行动力"。公司已经在提高 HR 专业人员的业务伙伴能力方面进行了投入，现在则开始培训管理者，以使他们也成为 HR 的高效合作伙伴。阿美石油公司已经意识到合作伙伴关系是一个双向的过程，业务部门和 HR 部门双方都需要学会双向交流的技能。

- 最后，问问自己：我要如何持续建立人际关系网络？有大量的工具可以帮助你。你多长时间会加强一次你的人际关系网？你可以采用的方式包括提供对方所需信息、分享对方所关注主题的相关资料，或者交流其他公司的 HR 创新实践案例等。人际联系网络是一个活的有机体，必须通过不断地投入和活动对它进行滋养。在这个网络中，我们通过信息共享、彼此互动及相互支持来实现它。

要素 3：提升自我认知

提升自我认知在"可信任的活动家"这一胜任力大类中的新增要素，是 2012 年这一轮 HRCS 调研成果的重要补充。自我认知在个人提升中的益处是显而易见的，它也是通过结果建立信任、建立更强大的人际关系的关键（情商的作用已经得到证明）。提升自我认知水平还有另一个价值：HR 有责任以身作则，不断强化"个人必须保持进步并要对自己的职业发展负责"这一理念的重要性。

自我改善是非常困难的。试想一下那些承诺在新的一年要减肥或者锻炼的人，最终成功的人数很少（只占 12%）。一个成功的自我改善计划具备五个元素。

1. 认可改变的必要性。
2. 改善行动具有明确的目标、时间框架和行动计划。
3. 采取行动之前、过程中和之后获得支持。
4. 严格监控进展。
5. 来自一个观察者或受到自己尊重的某个人的帮助，这个人可以强化你的改变动机及决心。

自我改善需要自我认知以及对改变必要性的深信不疑。但是，自我认知不同于谦卑，它是对当前自我优劣势，以及达成目标所需要的长期实力的全面深入理解。尼采有句名言："杀不死我的，只会让我更坚强。"此言意味着：发展总是伴随着风险——时间风险、成本风险、绩效风险和职业风险。正如其他的创新形式一样，自我发展也会挑战现状、唤起质疑。

风险需要从情感上给以拥抱，但同时也要管理和控制风险。一个经验之谈就是从系统整体开始考虑问题。风险/报酬分析告诉我们，拥有高风险的不确定回报不可能获得人们的支持。下面几个方法可以降低创新风险，它们既适用于提升自我认知过程中的创新，也适用于业务方面的创新：

- 检验努力的价值。问问这件事情是否值得我们花费宝贵的时间和精力去做。
- 目标要具体而清晰。用SMART原则，即目标应该是具体的（specific）、可衡量的（measurable）、进取性的（ambitious）、能够实现的（realistic）和有时限的（time-bound）。
- 收集正确的数据，推动问题的解决。
- 考虑意外情况，预期在哪些地方可能出现困难、挑战和怀疑。然后，在实施过程中向那些可能会受到影响的利益攸关者寻求帮助。
- 向业务伙伴寻求帮助。和与你共事的业务部门管理者说，"我正在提高自己的业务知识，需要你的帮助。能否让我参加相关的会议，或者能否帮我引荐一些有经验的同事，他们可以帮助我理解业务，帮助我理解HR应该在何处以及如何更为主动地提供帮助"。用这样的方式来寻求帮助或反馈时很少被人拒绝，它显得十分有用。这样做除了能够获得具体的信息，也能有助于使你和业务部门管理者更紧密地工作，让你们的关系更进一步。
- 庆祝小的胜利。赫伯·谢泼德（Herb Shepard）在他的著作《组织变革的规则》（*Rules of Thumb for Change Agents*）中写道，变革意味着很多小磨难和小步伐，与你自己个人的成长和发展过程有很多相似之处。这些小步伐，或者称为"小的胜利"，应该予以回顾并庆祝。这些是学习的源泉，也是力量和信念的源泉。

个人和职业发展好比一项身体接触性运动，需要很多的技巧手法。与任何一种身体接触的运动一样，竞技场上会有一位观察员，场上的每个人都能因此受益，因为这位观察员能够帮助我们学习、成长，并使我们保持平衡。过去20多年的研究指出，拥有观察者是大有裨益的。如果你还没有导师，那就去给自己找一个——这个人要能帮助你了解情况，搞清楚为了组织的利益，该把精力放在哪里。这就是高管教练业迅速发展的原因所在；在当前这样一个经济上变化如此激烈的年代，领导者受到各种挑战毫不足怪。

那些顶级企业会运用多种工具来确保HR专业人员清楚他们自己的优势和弱点，并能积极地采取行动来实现提升和发展。我们将在第9章详细描述这些工具，它们都聚焦于HR专业人员的职业化发展战略。在这里先提一下其中最有用的几个工具：

- **胜任力框架**。自我认知始于对绩效标准的理解。《财富》杂志刊登的RBL集团/翰威特公司的联合研究报告指出，70%以上的组织拥有胜任力模型。具备这样的标准，并实际运用和广泛宣传它，对组织来说是至关重要的。
- **个人发展计划**（IDP）。绩效提升既是自身的努力，也是一项团队活动。顶级组织都会确保管理者与HR专业人员能够进行高质量的沟通，以了解自身优势，识别优先改善事项，制订计划，并在结果产出方面达成一致。
- **培训**。要通过自我认知来实现个人提升，培训是必不可少的。最好的培训都是激发活跃思考、引人入胜，并且高度聚焦于被培训者在面临实战时应该如何应用理论和工具的问题。
- **实践社团**。把拥有共同兴趣及角色的专业人员聚集在一起——可通过实体形式，也可通过虚拟形式，形成一个实践社团，进行分享式学习。

- **反馈**。360 度反馈或 MBTI（迈尔斯 – 布里格斯类型指标）这样的工具可以帮助人们进行自我认知。这类信息也是制订个人发展计划的重要基础。
- **教练和指导**。许多组织现在都在利用内部或外部的教练，来协助领导者和其他专业人员了解该如何提高自身效能。
- **事后回顾（AAR）**。AAR 是由军队发明，用来回顾某个行动带来的影响，识别哪些是按计划实行的、哪些出现了偏差，以及下次哪些部分可能或应该予以调整。高效的事后回顾会采用描述性而非评价性术语（例如，对于某项行动计划的回顾，会说"××实际做了如下工作……"而不是"××做事失败了"），由此使人们将注意力集中在个体和团队的行为上，并且为个人通过自我认知来实现提升提供了一个有用的渠道。
- **外部经历**。最后，外部经历是自我认知的主要构成部分。任职于宗教机构或本地慈善机构的理事会，或者加入本地社区的某类促进会等公益服务机构，都能为自我发展提供巨大帮助。

表 4-4 总结了涉及自我认知的几项胜任力以及相应的提升行动。

表 4-4 提升自我认知

认知和自我提升的原则	HR 专业人员可采取的行动	HR 领导和团队可采取的行动
从失败与成功中学习	建立个人的事后回顾规则	规定将事后回顾作为 HR 部门的关键绩效项
承担适当的风险（基于对成本与收益的清楚认识）	提高对风险的评估能力：某件事情要想成功，哪些必须做对，哪些允许出错；监督和跟踪结果的方式如何；当出现问题时，采取什么行动最可能让事情回到轨道上	建立并实施潜在问题的分析规则

(续)

认知和自我提升的原则	HR 专业人员可采取的行动	HR 领导和团队可采取的行动
树立"影响他人"的意识，此处"他人"包括其他 HR 同事和业务部门同事	充分利用 360 度反馈或其他方法的结果，进一步了解他人对你的印象	建立基于数据的 HR 胜任力模型，采用年度 360 度反馈方法，结果将应用于针对 HR 部门的绩效管理和能力发展
拥有个人领导力品牌，有助于聚焦在学习和自我提升上	定义你想如何被 HR 部门和业务部门同事看待，根据你的定义来重点关注需提高的优先事项	确保每一个 HR 团队的成员都有个人的领导力品牌，以及相关的发展与提升计划

要素 4：加强 HR 的专业性

正如前文所述，可信任的行动力像其他胜任力一样，体现了由外而内的取向。知道"在我们公司，我们要如何开展 HR 工作"是 HR 专业人员在组织中取得绩效的必要条件，但如果你能知道在其他公司和行业中，这些组织的 HR 专业人员如何解决与你相似的问题、如何站在组织的角度进行创新，以及在面对环境挑战时如何应对时，你的职业必然会因此而受益，因为你的专业知识已得以拓宽。没有这些知识，一家公司的"明星"很容易在另一家公司失败，正如哈佛教授鲍里斯·格鲁斯伯格（Boris Groysberg）所观察到的那些金融专业的从业者一样。

加强 HR 的专业性，包括以下四方面的行动。

1. 参加 HR 专业组织。高效能的 HR 专业人员知道，专业组织是思想和创新的一种独特而丰富的源泉，不论这些思想或创新是被组织直接采纳还是调整后采纳。我们鼓励 HR 加入线下和线上的此类组织，例如，RecruitingBlogs.com 这样的网站，是为那些关注人员配置与招募的 HR 专业人员提供的网上交流平台。

2. 帮助提高其他 HR 同事的某些技能。最好的学习者也是最好的老师。花时间帮助 HR 同事构建某种技能，这需要你自己先行精通某一专题领域、工具或技术。

3. 建立强大的外部关系网。你的关系网够强大吗？你是否有广博而深厚的人际关系，能够快速收集你需要的信息，同时你能对内容的准确性充满自信？如果不能，你恐怕需要下力气改善你的关系网络，你需要加强学习，了解其他组织的 HR 是如何进行创新的。

4. 参与重要的 HR 社群活动。如果说 HR 专业人员在一两个星期内没有机会去倾听知名的 HR 专家或者高级别的 HR 专业人员谈论他们的工作或者挑战，这可算是很反常的情况了。除了一些公开研讨会，TED 或者其他新媒体也提供了很多在线或虚拟机会。我们鼓励你去参加，最好是和你的同事一起参加——这样你们内部就可以共同讨论这些课程内容，并考虑如何应用授课者所讲的内容。把网撒得更大一些：海量的各国网站和博客可以使 HR 专业人员直接学习关于战略性 HR 在不同行业、不同国家、不同组织中如何运作等方面的第一手资料。以下列出了一些网站供你参考：

- TED，主要提供各领域的企业家或专家的演讲或访谈视频。
- 企业家联盟（Entrepreneurs' Organization，EO），提供企业家思考问题的视角及观点。
- 《麦肯锡季刊》（*McKinsey Quarterly*），你可从中获取来自麦肯锡咨询顾问和领导者的新观点（大多数咨询公司都有类似的网站）。
- Marketwatch，一个顶尖的商业网站。
- Frontline，一个卓越的商务展示平台。
- Hoovers'，关于企业的最新动态和重要事件。
- Career Journal，高端人才招聘网站。
- Motley Fool，兼具娱乐性与严肃性的网站，以投资视角提供相关公司的信息。

- Vault，人们以员工视角来描述其雇主公司。
- Multexinvestor.com，提供研究报告的相关信息。

心理学家斯坦利·米尔格拉姆（Stanley Milgram）提供了一个关于 HR 专业人员参与大型组织的有趣比喻。他曾做过一个有名的实验来证明个体间的"分隔度"：该实验统计在起始人并不知情的情况下，一张明信片在全国范围内从一人到另一人手里，需要经过多少人。脸书最近重新做了这项实验，发现社交媒体大大缩小了人与人之间的"分隔度"，从平均 5.5 或 6 个联系人（这就是"六度分隔理论"）减少到 5 个联系人。通过类似脸书和领英关系网的作用，世界正变得越来越小。留给 HR 专业人员的问题是：你的世界是否足够小、你的职业网络是否足够强大到可以快速而准确地找到你所需要的信息和指导性建议？如果不是，那么请加大投资，扩大你的外部网络，缩小你的职业"分隔度"。

总结

HR 专业人员如果想在工作中表现卓越，就需要成为可信任的活动家。"战略定位的参与者"这一胜任力或多或少也需要"可信任的活动家"能力的支持，因为当 HR 专业人员具备了这一能力，在他们帮助自己所在的组织理解和识别那些形成商业机会或威胁的关键外部趋势时，人们就会认真地对待他们的意见。高效的 HR 专业人员能够通过结果交付、建立信任关系、不断提升自我认知等方式，知道何时行动、如何行动以及与谁一起行动，由此建立起自身的信誉。

第 5 章

组织能力的构建者

当你走进一家餐馆、商店、教堂、银行，或者你所在组织的某个业务单元，你需要多久就能感受到它的氛围？通常只需要一会儿。这种直觉可以从很多方面感受得到：文化、风气、工作环境、期望、隐性规则、气氛、品牌、组织特征。不管你叫它什么，总之它是真实存在的，会影响来这里的客户的感受，也会影响在这里工作的员工的感受。

HR 专业人员如果能够成为我们所说的"组织能力的构建者"，就能深刻理解和体会这种直觉感受，并帮助创建高绩效的组织——一个有效且具有吸引力的组织，一个做"正确的事"的组织。在过去的 20 年里，我们曾与几十家企业的领导者合作，共同定义并努力实现高绩效的组织。以下是一些来自世界各地的组织和不同业务领域的例子：

- 国际劳工组织（联合国的专门机构）致力于引进和推广绩效问责制，这样各成员国就能在既定期限内完成它们承诺的事情。
- 通用电气的领导者致力于在公司的所有业务中都创建一种鼓励创新、想象和发明的组织氛围。
- 哈拉斯（Harrah's）致力于在所有员工心目中树立客户服务的理念，将客户体验作为区别于其他赌场的独特优势。

- 澳大利亚国民银行（NAB），作为澳大利亚银行的领导者，专注于打造自己在产品和价格方面提供"公允价值"的市场信誉。
- 昆泰（Quintiles），一家做临床研究和咨询的制药公司，强调社会责任及客户联结关系是其文化区别于其他企业的重要差异点。
- MTN 集团，一家领先的非洲电信运营商，它已用 1~3 年的时间专注于加强响应速度和人才队伍的建设，而其长远的重心将转向领导力和学习体系建设。

所有的组织——大的或小的、公立的或私人的、全球的或本地的、总公司的或事业部的，它们都发现，定义并创建一个可以影响员工、客户和投资者的独特组织氛围具有很大的价值。本章回顾了相关理论的发展历程及其影响，做了相应的澄清和定义，进而分享了我们的研究发现，我们还为 HR 专业人员提供了行动建议，即如何通过自身努力成为组织能力的构建者。

什么是"组织能力的构建者"

艾尔弗雷德·钱德勒（Alfred Chandler）在《看得见的手》（*The Visible Hand*）一书中，阐述了在组织创建的过程中，为响应市场力量这只"看不见的手"，管理所扮演的角色。他指出，工业革命后，组织在形成和实现业务战略的过程中是必不可少的。为了帮助 HR 专业人员构建高绩效的组织，首先要理解什么是"高绩效的组织"，这就需要对以前的组织理论进行简要回顾，如表 5-1 所示。

根据表 5-1 可知，HR 专业人员可以通过以下方式来创建高绩效的组织：通过流程再造来提高组织效率，通过组织设计来澄清角色和职责，通过组织机能审计来协同和整合组织内部的各个子系统，以及通过组织文化审计来定义和建立合适的组织能力。

表 5-1 创建"高绩效组织"的方法

组织演进的主题	创 建 者	组 织 特 征	组织改进重点	当前应用
效率 ↓	弗雷德里克·泰勒（Frederick Taylor）	组织是由各种部件构成的"机器"	标准化的操作流程	通过流程再造提高效率
层级制 ↓	马克斯·韦伯（Max Weber）、阿尔弗雷德·斯隆（Alfred Sloan）	组织有清晰的角色和专业分工，由此定义了它的结构和形态	通过明确角色和职责来清晰地划分责任	事业部制的公司，战略业务单元，矩阵结构，精简层级
系统思维 ↓	鲍勃·卡茨（Bob Katz）、丹尼尔·卡恩（Daniel Kahn）、杰伊·加尔布雷斯（Jay Galbraith）、戴维·纳德勒（Dave Nadler）、迈克·塔什曼（Mike Tushman）、戴维·汉纳（Dave Hanna）	组织需要与环境相匹配；相匹配的组织内部各系统相互整合	系统间相互关联性（比如通过社会技术手段实现）；对组织进行系统的诊断	以客户为中心的组织，扁平化组织，组织机能审计
能力	普拉哈拉德（C.K. Prahalad），乔治·斯托克（George Stalk），鲍勃·卡普兰（Bob Kaplan），戴维·诺顿（Dave Norton），戴维·尤里奇（Dave Ulrich），诺姆·斯莫尔伍德（Norm Smallwood）	组织内部的能力	诊断关键能力、投资关键能力	组织文化审计，流程优化

组织能力表明了组织是因为什么而被人熟知，什么是它最擅长的，以及它是如何通过各种活动来产生价值的。当我们赞赏一个组织时，往往赞赏的是它的组织能力，而不是它的效率、形态或者系统。但是，组织能力的建设是以其他能力为基础的。对于表5-1中"系统思维"这一流派，组织能力意味着如何将孤立的系统进行有效整合；对于"层级制"这一流派，组织能力代表着组织设计的结果；而对于"效率"这一流派，组织能力的分析逻辑则大大拓宽了组织产出的内涵，效率仅仅是其中的一个方面。因此，基于能力的视角来创建高绩效的组织，需要综合运用上述四种方法来进行组织评价（见图5-1）。

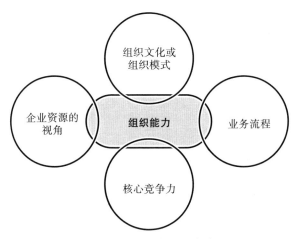

图5-1　组织能力的综合体系

从文化角度创建高绩效组织，应当制定合适的组织价值观、规范和行为模式（表5-2列举了一些典型的组织文化或组织模式）。通过流程来创建高绩效组织，需要识别和改进一些关键的流程，如新产品开发、持续改进、产品多样化、订单到回款、创新等流程。用平衡计分卡对组织协同性进行评估，这些流程通常就会凸显出来。采用核心竞争力的思考逻辑创建高绩效组织，则需要专注于主要职能活动的改进和提升，如研发、制造、质量、营销、供应链、HR和IT。从资源的视角创建高绩效组织，则要识别出组织创造价值所需的关键资源。HR 如果使用组织能力的思考逻辑，就可以更好地整合运用这些方法来创建高绩效组织。

表 5-2 组织文化或组织模式

丹尼尔·丹尼森 （Daniel Denison）	罗伯特·奎恩 （Robert E. Quinn）	亨利·明茨伯格 （Henry Mintzberg）
四种主要的组织文化（共有 12 种子文化，未列全）： • 使命 • 一致性 • 参与度（人） • 适应性	四种对立价值观： • 创造（委员会型） • 竞争（市场型） • 控制（等级型） • 合作（部落型）	五种组织模式： • 创业型 • 机械型（层级制） • 专业型 • 事业部型（多元化型） • 创新型（委员会型）

组织能力视角在 20 世纪 90 年代就被引进了 HR 领域，如今已经成为 HR 专业人员和业务领导者最优先考虑的事情。为此，HR 专业人员需要定义、审计和提升那些企业成功所需要的关键能力。2011 年，麦肯锡对 1440 名高级业务领导者进行了调研，接近 60% 的被调查者认为组织能力建设是其公司优先级最高的三大任务之一。

> 任何企业都可以通过建设基础能力来获得竞争优势……因此，就应当更加仔细地斟酌哪些能力能够真正影响业务绩效。
>
> ——《麦肯锡季刊》

最近几年，有许多专家学者对能力展开了研究和探讨，提出了一些通用性能力。例如，乔治·斯托克认为组织应该具备这样一些通用性能力，如速度、一致性、敏锐度（看到市场竞争格局的能力）、敏捷性以及创新精神；光辉国际（Korn Ferry）咨询公司认为组织能力构建起组织的战略效能，它将 20 项能力归结为以下七类：

- 战略执行；
- 管理创新和变革；

- 吸引、保留和激励人才；
- 创建并充分利用富有生产力的文化；
- 管理企业盈利并实现价值；
- 培养未来的领导者；
- 公司治理。

尤里奇和斯莫尔伍德则提出了组织应该拥有的 10 种核心能力，它们后来也被加入上述能力清单中。

HR 专业人员要建立高绩效组织，就需要定义、诊断，进而构建出企业所需要的组织能力。HR 成为组织能力的构建者是至关重要的，因为组织能力不依赖于单个领导者而存在，而且能成为持久的组织特征。

"组织能力的构建者"胜任力的构成要素

20 年来，我们一直都在研究组织能力。在 2012 年这轮研究中，我们识别了 HR 专业人员可以去培养和提升的一些能力（或文化）。我们总共找到 18 项胜任力，将它们归纳为三个构成要素，以此来说明怎样成为一个组织能力的构建者。在表 5-3 中，我们列出了这些要素、它们的平均分，以及它们对个人效能和业务成功的影响。

表 5-3 "组织能力的构建者"胜任力的构成要素

构成要素	平均分（1~5分）	对 HR 个人效能的影响度	对业务成功的影响度
使组织能力产生效益（7项）	4.03	36%	32%
保持战略、文化、实践和行为协同一致（8项）	3.94	36%	37%
创建有意义的工作环境（3项）	3.94	28%	31%
相关系数（R^2）		0.31	0.074

这些结果表明，HR 专业人员可以从三个方面提升自己，从而成为组织能力的构建者，帮助企业建立高绩效的组织。第一，使组织能力产生效益，这意味着他们需要结合组织的战略、利益相关者以及业务环境等背景条件进行能力（组织）审计，从而确定哪些能力最为重要。HR 专业人员如果能做到这一点，则不仅能提高他们的个人效能，还有助于业务成功。第二，将战略、文化与个体行为同时纳入视野，并保持三者协同一致。我们的研究表明，这一项对业务成功的影响更大。第三，这可能是一个新兴的趋势，HR 专业人员能够帮助企业创建一个有意义的工作环境。目前，HR 专业人员似乎更擅长诊断组织所需要的能力，而在建设相应的能力或者创建有意义的工作环境方面则相对较弱。我们的研究结果也表明，"保持战略、文化、行为的协同一致"这一能力对业务绩效的影响最大。

下面将会逐一讨论提高这三方面能力的方法和工具。

要素 1：使组织能力产生效益

组织设计一定要有助于企业战略的实现。为此，HR 专业人员和业务领导者应该视组织为一系列能力的集合，而不是流程、结构或者系统的集合。领导者需要确定战略方向，同时他们也必须清楚达成战略目标所必需的能力是什么——聚焦于这些能力，就能确保战略得以实现。HR 专业人员应该按照以下五个步骤开展组织机能审计。

1. **选择需要进行组织机能审计的组织单元**。这里所说的"组织单元"可以是整个组织，也可以是某个业务单元、地区或者工厂。只要在战略中明确了该组织单元的财务和客户目标，它就能够并且应该进行组织机能审计，但这不是一个自下而上的工作，进行组织机能审计必须得到该组织领导团队的支持。例如，如果你要审计整个企业，就需要获得董事会或者高级管理团队对这一项目的支持。HR 高管可能是组织机能审计的策划者，但这项工作必须由被审计组织的领导者或者变革小组来负责和发起。

2. **设计组织机能审计的内容**。这些内容应该包括需要被审计的各个方面。我们已提出了 13 项通用性的组织能力（见表 5-4）。在设计组织机能审计的内容时，审计小组应该考虑到这些通用能力，并根据组织的需求进行相应调整。要识别实现组织战略需要哪些组织能力，就不仅仅是我们列举的这 13 项了。如果想知道企业倡导哪些组织能力，可以去阅读和分析企业的公开文件、高管讲话、执行委员会的会议纪要、宣传广告以及企业的媒体声誉指数。通过分析这些公开资料，HR 专业人员可以找出那些目前企业所倡导的组织能力，并用组织特有的语言将这些能力记录和表达出来。这项工作最后会形成一个组织机能审计的模板，可以用来对被审计组织的具体能力提出建议。

表 5-4 通用性组织能力审计

在以下 13 项能力上，我们目前做得如何	目前的效果（在相应的分值上画钩，1 为最低，5 为最高）					挑选二项或三项最关键的能力
	1	2	3	4	5	
人才：我们擅长吸引、激励和保留有能力和有责任感的员工						
速度：我们擅长快速行动，我们有良好的敏捷性、适应性、灵活性、周期性和响应能力						
共同的思维模式：我们擅长管理或变革企业文化，包括对企业形象、企业股权、企业品牌、共享日程的转型						
学习：我们擅长通过知识管理和最佳实践分享来产生和总结有影响力的想法						
协作：我们擅长团队合作、跨界协作、并购整合以及信息共享						
创新：我们擅长在管理、产品、渠道和战略上进行创新						

(续)

在以下13项能力上，我们目前做得如何	目前的效果（在相应的分值上画钩，1为最低，5为最高）					挑选二项或三项最关键的能力
	1	2	3	4	5	
责任：我们擅长建立严格的绩效管理原则、设置清晰的绩效目标，并让员工对绩效结果负责						
领导力：我们擅长建立领导梯队，在各个层级培养那些始终坚信企业未来发展的领导者						
战略一致：我们能够清晰地阐述并沟通我们的战略观点、战略议程以及战略重点						
效率：在不影响质量的前提下，我们擅长通过重新设计、流程再造或重组来降低成本						
客户连接：我们擅长建立客户关系，且已建立客户导向的组织，与客户保持着亲密关系						
社会责任：我们通过降低碳排放量、开展慈善活动、宣传企业价值观，来展示良好的企业公民形象						
风险：我们擅长密切关注可能发生的混乱、无法预见的事件和各种变化，以有效管理风险						

3. 收集不同团队对被评价能力的现状及理想状态的评价数据。这些数据可以通过各种方式来收集，包括：

- 90度评估。只从被审计组织的领导团队那里收集数据。这种方式完成速度最快，但由于领导团队的自我报告往往存在偏向性，因此会产生一定的误导和欺骗性。
- 360度评估。从企业内部的众多团体中收集数据。由于每个团体看待问题的角度不同，因此各个团体可能会有很不一样的评价结果。

- 720度评估。不仅从企业内部收集信息，也从企业外部收集。外部评价者包括投资者、客户、供应商等。这些外部团体很重要，因为它们将最终决定该组织是否具有无形价值。我们尤其喜欢访谈关键客户，以确定他们期望的能力和他们在企业内部观察到的能力。

4. **综合各种数据，确定最需要关注的关键能力**。企业要将审计中收集到的数据提炼成关键信息，然后转化为行动。这需要对数据进行分析，在实现战略目标所需要的能力中挑选出最需要领导者关注的能力（至多三项）。在找出关键能力项后，需要进行优先排序，找出对组织影响最大并且最容易实施的能力。

5. **委派专门团队负责构建这些关键能力，制订行动计划，明确实施步骤和跟进实施的衡量标准**。能力建设计划应该是有重点和时限的，一旦确定好关键能力，就要设计一个长效的流程机制来定义和建设这些能力。我们看到过有的企业将高层召集在一起，召开一个半天会议（通常由 HR 主持），对关键能力进行如下讨论：

- 能力的定义。例如，通过构建"速度""人才"或"协作"等组织能力，我们需要达成什么结果？这些必须被清晰地阐述出来，并且能够衡量和跟踪。
- 关于能力建设的决策。关于某个具体能力的建设，我们现在就可以做的决策有哪些？
- 跟踪和监控能力建设过程的衡量指标。我们如何监控能力建设计划的进展？
- 需要采取的具体行动。作为领导者，我们可以对某项能力进行哪些投入？这可能包括：一些教育或培训活动，为一个项目或特别任务招聘或委派关键人员，为能力建设的负责人设定绩效标准，成立工作组或其他形式的专门组织来负责这项工作，跨界分享信息，在技术上进行投资以保持这项能力。

我们发现一个好的能力建设计划会利用好前90天的窗口期。也就是说，它会确定90天内要采取的具体行动和应产生的结果，目的是保证能力建设计划进展良好，能够按照既定的工作计划和节点进行。这种短平快的行动将会给组织带来一些重要和直接的改变。

从能力审计中学到的经验

我们为几十家企业进行过能力审计，积累了一些实用的经验，这些经验能帮助HR专业人员成为"组织能力的构建者"。没有哪两次审计看起来是完全相同的，但我们的经验表明，还是有一些通用性的好的和不好的方法。我们提出以下几条指导原则：

- **聚焦**。最好在一些目标能力上重点投入、达到优异，这比将精力分散到很多能力上要好。这意味着，考虑到必要的资源投入及相应的优先顺序，我们需要识别出哪些能力的影响最大。当然，审计中识别出的其他能力也应当达到行业的同等标准。投资者很少要求某一个组织在每一个领域都处于行业的平均水平或者略高于平均水平；相反，他们更期望组织有一个与其战略相协同的明显能力特征。
- **向最好的学习**。在你的目标能力上将你的组织与世界级企业对比。寻找一些相似的行业也会有帮助，这些行业中的企业可能在你期望的能力上已经具有突出的优势。举例来说，住宿业和航空业有很多不同，但当谈到几种驱动力时，它们是可比较的：扩充固定资产的规模、提升客户满意度、雇用提供直接服务的员工等。在自身行业以外寻找学习标杆的好处是，你可以模仿它们而不用与它们竞争。这些行业领先企业可能会比你所在行业的领头羊企业更愿意与你分享一些见解。

- **创建"评价—投资"的良性循环**。一套严格的评价体系可以帮助企业高管了解哪些能力是成功所必需的，这会帮助他们决定在哪里加大投资。随着时间的推移，这种"评价—投资"的良性循环就会在企业建立起标杆管理的基准。

- **比较有关"组织能力"的不同观点**。就像领导力 360 度测评一样，组织机能审计也可以反映出组织内部的不同观点，这对组织大有裨益。举例来说，高层领导者可能会发现，虽然他们的想法一致，但员工和客户的想法却和他们不同。另外，应该将利益相关者也纳入能力建设计划中。如果投资者认为企业的某项能力排名靠后，那么 CEO 或 CFO 就可以与投资者会面，共同讨论提升该项能力的具体行动计划。

- **避免对组织的无形资产投入不足**。通常，领导者都会有这样的误区：只关注容易衡量的而非最需要改进的。他们会关注那些能体现收入、经济增加值（EVA）或其他财务数据的资产负债表，但却忽略了其他能够增加价值的潜在组织因素。

- **不要混淆"组织能力"与"活动"**。组织能力是一系列活动的集合而不是一项单一的活动。因此，就好比领导力培训，我们需要从培训要去提升的那项能力的角度来理解它，而不仅仅是进行一项培训活动。我们关注的是领导力培训提升了什么能力，而不是有多少领导者接受了 40 个小时的培训。领导者如果关注组织能力，就可以避免用单一、简单的方案来解决复杂的业务问题。

展望未来

当 HR 专业人员能够通过组织机能审计得到明确的能力建设计划时,他们就成为组织能力的构建者。同任何技能的发展过程一样,组织机能审计常常从小处着手,这样发起者可以从中积累经验。所以,早期的能力建设工作可以关注小一些的事业部、职能部门或外部组织(如非营利组织或社团组织)。

要素 2:保持战略、文化、实践和行为协同一致

很多有抱负的 HR 专业人员正努力工作,期望能为企业的发展贡献价值,力图使自己的工作与业务目标保持一致。然而,在我们的研究中,我们发现要使业务环境、战略、能力、HR 实践、个体行为、衡量指标这几个方面都保持良好的一致性,说起来容易做起来难。经过多年的尝试与实践,我们总结了实现这一目标的七步法,HR 专业人员可以遵循这一方法来实现战略一致性。该方法的核心在于如何定义"能力",具体的七个步骤如表 5-5 所示,它可作为 HR 专业人员创建 HR 战略一致性的通用模式。当然,可以根据实际情况将一些细节内容也包括进来。

表 5-5 保持战略、文化、HR 实践与行为协同一致的七步法

步骤 / 问题	行　　动	结　　果
1. 业务:我们针对什么业务建立 HR 战略一致性	选择你想要创建 HR 战略一致性的业务。该业务可能已经有其独特的战略和绩效衡量指标	确定要建立 HR 战略一致性的具体业务
2. 环境:业务的发展趋势是什么	了解业务环境: • 识别未来可能会影响组织的主要发展趋势 • 了解每个关键利益相关者的期望	明确阐述可能影响行业和组织的外部环境发展趋势和利益相关者的期望
3. 战略:业务的战略驱动因素是什么	制定具体战略以应对外部环境变化: • 该业务想达到什么目标 • 该业务如何最好地服务客户 • 你的战略选择是什么?为实现该战略,你将如何定义绩效计分卡	用愿景、使命、目标和战略重点简单清晰地阐述面向未来的发展战略

(续)

步骤/问题	行　　动	结　　果
4. 组织：为支持业务发展，组织需要擅长做什么	识别关键组织能力并进行审计，确定优先级并明确其定义： • 挑选最重要的两三项组织能力 • 制定每项能力的行为描述	确定需优先考虑的两三项对于实现战略最重要的组织能力
5. HR 投资：HR 的优先任务是什么	确定关键 HR 实践的优先级并进行投资： • 列出有助于达成组织能力发展目标的 HR 实践类型 • 形成备选的 HR 实践 • 确定优先考虑的关键 HR 实践 • 针对关键的 HR 实践，制订投资计划（进行成本和收益分析）	确定一系列需要付诸实施的关键 HR 实践，以达成组织能力的发展目标
6. 行动计划：谁来做？做什么？什么时间？什么地点？如何做	为完成 HR 的优先任务，制订具体的行动计划（谁、做什么、什么时间、什么地点）	通过制定详细的任务、职责、资源需求、时间期限等，确保行动计划的执行
7. 衡量标准或指标：如何衡量我们的进展	确定一个包含衡量标准与指标的计分卡，用来跟踪能力建设目标的达成情况，尤其是关键能力	确保用恰当的衡量标准来跟踪行动的过程与结果

当 HR 专业人员使用表 5-5 提供的七个步骤来组织他们的管理团队进行此项工作时，一定要引导管理团队进行开诚布公的交流，确保能讨论出每个步骤的结果。这通常需要召开一个 1～2 天的研讨会，会上业务部门管理者与 HR 专业人员将进行充分讨论以在业务环境与管理行动之间建立起清晰的连接。同样重要的是，要循序渐进，不要跳过前面的步骤直接讨论 HR 的优先任务。我们的研究与经验表明，让管理团队认识到"能力"的重要性是这个方法的关键。

我们已经在几百个管理团队中应用过这一方法，并总结了一些行之有效的技巧。

1. **业务**：我们针对什么业务建立 HR 战略一致性？
   - 明确业务战略与结构：针对的业务是单一实体、控股企业，还是多元化经营的企业？
   - 使管理团队对业务的发展现状及未来发展方向形成一致看法。

2. **环境**：业务的发展趋势是什么？
   - 邀请那些擅长预测未来趋势的行业专家参与讨论、阅读他们发表的相关文章或向他们请教。
   - 根据这些发展趋势发生的概率及其对业务的影响程度，确定它们的优先级。
   - 考虑这些发展趋势可能导致的其他结果。

3. **战略**：业务的战略驱动因素是什么？
   - 请管理团队的每位成员"用 20 个或更少的词语来描述我们的业务发展方向"，以进一步澄清发展愿景，并达成共识。
   - 基于上述业务发展方向，确定产品、客户、财务、运营和组织等方面的关键策略。

4. **组织**：为支持业务发展，组织需要擅长做什么？
   - 与公司的高层领导者一起进行组织机能审计，请高层领导者思考组织需要擅长做什么，以及如何获得外界认可。
   - 同时从公司外部关键客户和投资者那里收集信息。
   - 优先考虑最重要的两三项组织能力，并进行相应的行为描述。

5. **HR 投资**：HR 的优先任务是什么？
   - 运用一些方法确定 HR 实践的优先级。例如，可根据影响力（由低到高）和实施难度（同样由低到高），绘制 HR 关键任务的宫格图，这样你就能发现哪些措施最值得关注。
   - 请管理团队的每位成员将总分 100 分分配给备选的 HR 优先任务。
   - 汇总大家的评分结果，找出最优先的 HR 任务。

6. **行动计划**：谁来做？做什么？什么时间？什么地点？如何做？
   - 确保每位员工都认识到：战略性 HR 工作将如何影响到他们的工作行为。要求每位员工都非常清楚哪些工作将会停止，哪些工作将要开始，哪些工作可以继续。
   - 对于优先级高的 HR 关键任务，应当明确责任、工作成果和时间期限。

7. **衡量标准或指标**：如何衡量我们的进展？
   - 询问管理团队：如果这些 HR 优先任务得以实施，他们期望看到更多的是什么，期望看到更少的是什么？将他们的陈述转变为衡量的标准。
   - 请管理团队的所有成员公开宣布他们将采取的行动，以及他们的行动成果将被如何衡量。
   - 跟踪并公布关键指标完成情况，以确定后续跟进措施并落实责任。

能够推动战略一致性流程的 HR 专业人员，应该已经具备了"构建组织能力"的能力，因为这些期望的组织能力正是战略 HR 流程的关键。

要素 3：创建有意义的工作环境

在这次研究中，我们发现，"创建有意义的工作环境"也是能够成为组织能力的构建者的一个独特因素，这既让我们感到意外，又觉得在情理之中。在 HR 领域，这是一个比较新的话题，但与之相关的概念在个人心理学以及营销学的相关文献中却很普遍。在表 5-7 中，我们展示了从心理学的角度使工作具有意义的驱动因素，思想领袖如宾夕法尼亚大学的马丁·塞利格曼（Marlin Seligman）认为，持久的幸福感来自发现某项活动的意义，而不是仅仅执行某项活动。与此类似，营销领域的思想领袖菲利普·科特勒（Philip Kotler）认为营销应当向价值驱动型转变，营销的最终目的是让世界变得更美好。表5-6将他们在建立员工连接方面的观点进行了对比。在表5-7中，我们总结了一些思想领袖的相关研究成果，他们在加强员工参与时，关注的不只是一些常规的影响因素，而是关注那些使工作变得有意义的一系列驱动因素，如幸福、快乐、魔劲⊖（mojo）以及工作动机。

表 5-6　建立员工连接的三类观点对比——"意义"的广泛所在

心理学家	员工	营销人员
幸福因素 如何帮助人们获得幸福	连接因素 如何帮助员工感受到与工作的连接	客户连接 如何建立与客户的亲密关系
马丁·塞利格曼	戴维·尤里奇和温迪·尤里奇	菲利普·科特勒
快乐 感官享受	满意 喜欢你的工作	产品 销售产品（市场份额）
参与 沉浸在活动中	参与 在工作中自愿投入更多的精力	客户 服务并使关键客户满意（客户份额）
意义 与深层价值观相连接	意义 找到工作的目的与充实感	价值驱动 使世界变得更美好（情感份额）

表 5-7　工作意义的驱动因素

	丹尼尔·平克	汤姆·拉思（盖洛普）	马丁·塞利格曼	马歇尔·古德史密斯	戴维·尤里奇和温迪·尤里奇
代表著作	《驱动力》（Drive）	《你的幸福可以测量》（Well-being）	《真实的幸福》（Flourish）	《魔劲》（Mojo）	《领导者如何建立成熟组织》（The Why of Work）
核心前提或问题	是什么在激励着人们	你最渴望的未来是怎样的	人们如何在生活中发现快乐	我们如何平衡生活与事业	人们如何在职业生活与个人生活中找到充实感

⊖　魔劲（mojo）是指我们对当下正在做的事情所抱持的一种由内向外散发出来的积极精神。——译者注

（续）

	丹尼尔·平克	汤姆·拉思（盖洛普）	马丁·塞利格曼	马歇尔·古德史密斯	戴维·尤里奇和温迪·尤里奇
关键要素	自主 专精 目的	事业 社交 财务 身体 社区	积极情绪 参与 关系 意义 成就	身份认知 成就 声誉 接纳	身份 目的 关系 工作 环境 工作挑战 学习 快乐

由此可以清楚地看出，如今，世界上各个国家的人们都想要从工作中得到更多，而不仅仅是工作本身，人们是为了一定的目的而工作。因此，那些想要构建可持续组织能力的 HR 专业人员，需要帮助所有员工找到工作的个人意义。

为了将创建工作意义变成 HR 专业人员的一项专业能力，我们建议 HR 专业人员使用表 5-8 来评价组织目前的"工作意义富足度"。一旦确定了工作意义的参照标准，就可以通过以下活动来提升它：

- 帮助员工确定身份认同：他们期望如何被外界认知，并且将这种对个人的认知与对公司的认知联系起来。
- 用激动人心的术语清楚地陈述组织的雄心壮志，以确立一个吸引人的发展远景。
- 帮助员工在工作中建立积极的人际关系，例如，关注他们共同的兴趣、管理冲突以及鼓励协作。
- 通过分享信息、信息透明化以及设置清晰的标准来创建积极的工作环境。
- 围绕"做什么、在哪里做以及如何做"来适度提升工作挑战性。
- 帮助人们从成功和失败中学习。

- 鼓励人们乐于工作并从中寻找乐趣。

表 5-8 组织的工作意义富足度评价

工作意义富足度的原则	需要考虑的问题 （我所在的组织 在多大程度上有下列表现）	评分 （1：低；5：高； 圈出相应的分数）
特征：别人如何认知我们 建立能帮助他人提升能力的优势（组织能力）	1. 对于我们在哪些方面能够被清晰地认知，在组织的内外部都有一致的认识	1 2 3 4 5
	2. 专注于能使我们在市场上区别于他人的关键的独特优势（或组织能力）	1 2 3 4 5
	3. 鼓励员工利用他们在工作中的突出优势来帮助他人提升能力	1 2 3 4 5
目标和方向：我们去向何方 目标必须同时满足社会责任和财务责任的双重要求	1. 清晰并持续地传递组织的社会目标与发展方向	1 2 3 4 5
	2. 使员工的个人目标与组织目标一致	1 2 3 4 5
	3. 帮助员工满足他们的工作动机	1 2 3 4 5
团队协作和人际关系：我们相处得怎么样 超越高绩效团队，成为强关联团队	1. 凝聚团队、共同解决问题并做出决策	1 2 3 4 5
	2. 培养能产生创造性成果的团队精神	1 2 3 4 5
	3. 促使团队成员建立积极的工作关系并解决冲突	1 2 3 4 5
员工参与和挑战性工作：什么样的挑战会引起员工的参与兴趣 鼓励员工不仅要用脑（能力）和手（履行承诺），还要用心（做出贡献）	1. 鼓励员工选择具有挑战性的工作任务	1 2 3 4 5
	2. 允许员工灵活地完成工作任务	1 2 3 4 5
	3. 帮助员工看到他们的工作对其他人的积极影响	1 2 3 4 5
紧密的员工连接：我们如何建立一个积极的工作环境 创建一个让员工相互认可和紧密连接的工作氛围	1. 建立一个积极的而不是相互指责的工作环境	1 2 3 4 5
	2. 利用时间和空间，建立能让员工相互认可并紧密连接的工作模式	1 2 3 4 5
	3. 提供资源，帮助所有员工满足工作中的资源需求	1 2 3 4 5

（续）

工作意义富足度的原则	需要考虑的问题 （我所在的组织 在多大程度上有下列表现）	评分 （1：低；5：高； 圈出相应的分数）
适应性：我们如何从变化中学习和成长 掌握成长、学习和适应环境的原则，以应对变化	1. 坚持人才开发和产品开发	1 2 3 4 5
	2. 鼓励人们从成功和失败中学习	1 2 3 4 5
	3. 出现问题时能够迅速弥补	1 2 3 4 5
工作乐趣和礼仪：我们如何为组织带来乐趣 什么样的活动能让员工感到幸福、感受到关怀并富有激情	1. 让人感受到工作环境的友好	1 2 3 4 5
	2. 鼓励员工从工作中寻找乐趣	1 2 3 4 5
	3. 尊重他人，礼待他人	1 2 3 4 5

HR专业人员可以围绕以上问题和业务领导者进行交流，并辅导他们成为工作意义的创建者。他们也可以根据这些标准来设计和开展HR工作，并将这些创建有意义的工作的做法进行推广。

当你完成表5-8的评价后，想想你所在组织的具体情况。如果是一家小型企业，可以对整个企业进行评价；如果是一家大企业，可以拿其中一个事业部、工厂、大区或其他的组织单元作为评价对象。

- 如果你的得分在85～105分，那么你正处在一个有意义的工作环境中，享受它，并尽量保持这种环境。
- 如果你的得分在70～84分，那么你正处于一个比较有意义的工作环境中。找出得分较低的问题，并进行改善。
- 如果你的得分在55～69分，那么你正离有意义的工作环境越来越远。
- 如果你的得分低于54分，那么你所在的组织在现阶段几乎不可能达到有意义工作环境的要求。如果你还决定继续留在该组织，建议你找出一两个可以提高的领域。记住，不要试图在同一时间做所有的事情。

总结

建立高绩效的组织将有助于战略和业务上的成功。从组织能力的角度来建立高绩效的组织，需要 HR 专业人员从以下几个方面入手：对组织能力的现状进行审计，保持战略、组织能力以及个体行为的协同一致，以及创建有意义的工作环境。作为组织能力的构建者，HR 专业人员需要清晰地认识到整体与局部相比的重要之处，并建立能持久存在且不依赖于个别领导者的组织特征。这样的话，当你进入一个组织时，你所感受到的氛围就不是随意性的，而是经过深思熟虑、运用了上述方法所产生的结果。

第 6 章

成功变革的助推者

随着生活中各方面变革步伐的加快,全球很多企业的 HR 专业人员已经成为成功变革的助推者,这通常会给其所在企业带来很多优势。我们先来看看两个例子。

希尔顿全球酒店集团

希尔顿全球酒店集团(Hilton Worldwide)是世界上最大的酒店管理公司之一:旗下拥有 10 个领先品牌,3750 家酒店(865 家在建),遍布 89 个国家,共 62 万间客房,拥有 14.2 万名自营员工及 36 万名特许加盟酒店的员工。回顾公司近百年的发展历程,2011 年是公司全球产业链扩张中的一个重要里程碑:这一年,公司在中国、俄罗斯、埃及、约旦、土耳其和沙特阿拉伯等国市场均取得了关键性增长。为了在这个瞬息万变的全球性竞争时代中取得先机,希尔顿的领导者已经将注意力锁定在新兴市场,并致力于推动旅行团与短期旅游的销售额在竞争日益激烈的环境中取得增长。

为了满足这些业务需求,希尔顿必须迎接一系列变革挑战:2010 年,公司将总部从加利福尼亚州迁到弗吉尼亚州,更换了总部 90% 的员工,前百位高管中有 70 位被新人替换。公司创立了两个新品牌——希尔顿全球（Hilton Worldwide）和希尔顿惠庭（Hilton Home 2 Suites），同时改造了希尔顿酒店（Hilton Hotel）和华尔道夫（Waldorf Astoria）等现有品牌，借助在新兴市场的新项目确保现有品牌的增长潜力。

自 2009 年 7 月开始担任希尔顿酒店集团首席人力资源官的马特·斯凯勒（Matt Schuyler）意识到，由于公司在品牌、共享服务与酒店运营三方面管理上采取的是矩阵式组织架构，任何一个部分都要对运营、客户服务和盈利增长承担共同的责任，因而公司管理变革的能力至关重要。为了更好地预测、应对和处理变革，HR 团队提出了以下举措：

- 提出了简明的、引人注目的、鼓舞人心的愿景（"让世界充满阳光，让大家都感受到热情和温暖"）、使命（"成为卓越的全球化酒店集团公司——客户、团队成员和业主的首选"）、价值观（"热情好客、正直诚信、领导团队、团队合作、主人翁精神、即时行动"——每个词英文首字母构成"HILTON"）。
- 探究业务，找到 HR 流程可以为之显著增值的领域，决定从招聘、人员流动、能力发展、人员评定、再就业辅导、奖金报酬和表彰认可等方面着手。
- 盘点 HR 总体流程和供应商，简化服务产品、改善成本结构。
- 精简 HR 政策和实践规范，使其自动化并增强灵活性。将 300 多项 HR 政策，简化成 3 项与业务需求相匹配的政策。
- 设计和实施基于业务目标的领导力测评系统，并把领导力行为与薪酬体系进行了关联。
- 开发了全面严格的高管人才测评系统，并采用全新继任计划体系。在此过程中，他们还提升了 HR 专业人员的变革管理技能，使其成为变革大师、变革推动者和专家。

在一定程度上，以上举措使团队成员变得更加敬业，也帮助希尔顿全球酒店集团取得了令人瞩目的成绩：客户满意度提升，2009～2011年集团的年度复合增长率高达30%；同时增加了15万多间客房和500家酒店。现如今，希尔顿全球酒店集团在酒店行业里拥有最多的新酒店和客房的储备量，无企业能出其右。正如马特·斯凯勒及其HR团队在回顾实践经验时所认识到的，一旦有了正确的方向指引，领导层适应变革的能力是超乎想象的——这意味着，HR部门和其他职能部门要提供有效支持，明确目标并配以有针对性的考核机制，那么所有的目标都会实现。

威特发

2000年，加拿大萨斯喀彻温省的粮农合作社（Wheat Pool）还只是一个背负着150万美元无担保债务的小型省级合作社。然而到了2011年，它已经发展成为加拿大最大的国有粮食加工企业。在此期间，它收购了农业联合公司（Agricore United），更名为"威特发"（Viterra），并实施了一项重大变革。

为了实现这项变革，粮农合作社的CEO梅奥·施密特（Mayo Schmidt）出售了业绩不佳的业务以大幅缩减公司的规模，募集了新的资本，解散了董事会。他的这些举措确实就是企业雇用他为CEO的初衷。但是，他的私人教练指出他不可能"通过减小企业规模而获得成功"，于是他开始考虑如何能够使企业成长。他决定建立一个新公司，旨在将其打造成为加拿大同类企业中最有能力的组织。在他的高管教练协助下，他推行了以下举措：

- 为了成为能使企业成功的领导者，施密特动用教练的资源，加入了哈佛大学的农业案例研究项目，与企业所有高层人员一起做了360度评估反馈，并且引进新高管来弥补自身的不足。

- 他提出一个新的愿景，与所有高管达成共识并取得高管的承诺，共同宣传直到愿景获得整个公司的理解和参与。
- 他把战略规划工作从由一人拍板变为整个高管团队共同参与制定。他们共同参与了一个富有创新氛围的问题解决工作坊，制定了一个全新的战略。
- 他从外部雇用了一家企业，来帮助公司消除内部的官僚作风与浪费，挽回了数百万美元的损失。
- 他创建了开放式 CEO 办公室，与营运部负责人和 HR 负责人一同办公。
- 他直接监督了几项新 IT 的引入项目，并开发了新的绩效管理系统，从而确保员工对目标和价值观负责。
- 他直接参与企业文化、价值观和指导原则的制定，帮助员工摆脱旧的合作社思维，以适应新的商业环境。
- 最后，他设立了临时性的管理系统，负责推动变革、制作并购手册等。

现今，威特发是世界上最大的工业化的燕麦供应商，它已经进入了油菜籽压榨行业，生产牛、家禽和猪饲料。由于具备充足的现金流，公司深受金融界青睐。施密特当选为加拿大年度 CEO。即使在页岩石油开采行业高薪挖人的情况下，威特发的员工流失率也非常低。公司的成功从 2009 年里贾纳市的一份新闻通讯稿中可见一斑："威特发本年度实现了 2.883 亿美元的净收入，与 2007 年同期的 1.165 亿美元相比大幅上升。"施密特则表示："我们对卓越运营的持续关注，加上我们在整合工作上的努力，使我们创造了本年度的历史佳绩。"

什么是"成功变革的助推者"

很幸运，我们有机会从业务部门管理者及前文所述的成功助推变革的 HR 那里获取第一手的经验，他们不断告诉我们如何将变革理论转化为实践。他们将其他人停留在口头上讨论的内容付诸实施，为变革理论与研究成果提供例证。不夸张地说，关于变革的书籍、文章、研究和理论有上百万种，本书的作者在组织变革领域拥有加起来超过 100 年的研究与实践经验。在读博士之前，韦恩的第一份工作是企业内部的组织发展（OD）顾问，帮助企业正视并解决变革问题。戴维早期写过一篇论文，题目是《组织发展部门何时、为何以及如何实现组织的发展》（*When, Why, and How Will OD OD*）。乔恩曾以企业的内外部顾问、业务高管等身份领导过组织变革。多年来，我们也有幸与几位变革研究领域的思想领袖共事。基于对以上渠道积累素材的深入研究，我们提出了 10 项有关变革的简明观点，透过这些观点可以了解 HR 专业人员怎么成为成功变革的助推者。表 6-1 罗列了这 10 项观点，并总结了 HR 专业人员要成为成功变革的助推者，在组织层面与个体层面分别应该考虑什么。后面将对这 10 项观点进行更为详细的说明。

表 6-1 我们关于变革的观点

观点	组织层面 组织在多大程度上可以……	个体层面 个人在多大程度上可以……
1. 变革经常发生	认识到并接受变革正在发生的现实及变革带来的压力	自如地应对变革压力，而不是忽视或躲避变革
2. 变革需要得到响应	构建满足外部变革需求的内部能力	采取与变化中的业务需求相符的新行动
3. 多数变革以失败告终	从失败中学习，并将其转化为指导未来变革行动的经验	直面失败并从中学习，以避免再犯相同错误
4. 变革事关重大	提升、衡量与跟踪变革能力，并与员工、客户、投资者共享这些信息	审视自身学习、适应与变革能力
5. 变革可赋能组织与个人	比竞争对手更迅速地开展关键的组织行动	视变革能力为达成个人目标的重要能力元素

(续)

观点	组织层面 组织在多大程度上可以……	个体层面 个人在多大程度上可以……
6. 变革需弥合知行鸿沟	了解关于变革的最新研究与最佳实践,将其成果应用于本组织,并根据组织特性进行调整	研究变革理论与实践,并使其适用于本人的工作情境
7. 变革可以渐进式演化,也可以激进式革命	是通过持续改进来平稳变革,还是支持大胆冒险、激发动荡的变革	在个人经历基础上持续改善,为所期待的未来而行动
8. 变革可被推动发生,也可被牵引启动	是从诱人的未来愿景入手,并将现状融入愿景,还是始于现状并渐进式推进(达到引爆点)	为工作设想一个远大的前景,并通过日常的行动接近那个前景
9. 变革发生于多个层面	变革措施是聚焦于个体层面、项目层面还是机制层面	明白个人的变革如何在当前的组织文化中塑造出自己想看到的结果
10. 变革遵循常规流程	有应用于变革行动的严格流程	有正规的自我变革日常流程

变革经常发生

变革的速度呈指数式增长,它存在于个人生活与工作的方方面面。在技术的推动下,有了越来越多的个性化定制、信息流及组织转型,客户与员工期望值也在提升。新知识通过互联网触手可及,这使得知识的半衰期变得前所未有的短暂。企业组织也经历了巨大的变化。1955年第一批《财富》500强企业中,56年后还独立存在的仅剩70家。在2000~2010年这短短10年间,看似稳固的大企业约有半数消失了。很明显,我们的个人生活领域与职业生涯都正发生着变革。

HR专业人员应该在这方面为企业提供帮助,使企业坦然面对、接受变革压力,对变革的压力保持开放的态度,而不应该躲避这种变革压力。

变革需要得到响应

组织(与个体)拥有不同的响应变革的能力。如果组织不能跟上外部环境变化的步伐，它将会落后、衰退甚至消失。组织内部变革的速度至少要与环境的变化速度保持同步。著名的商业思想家、伦敦商学院教授加里·哈默（Gary Hamel）建议企业管理者经常自问："如何建设一个能够快速变革——至少不比变革本身慢的组织？"

HR专业人员应定义并设计具有敏捷性、柔性以及对外部环境变化有高度响应能力的组织。

多数变革以失败告终

统计信息显示，个人与组织的变革都有大量的失败案例。在个人层面，有98%的人的新年志向并没有达成；70%通过房屋抵押贷款清偿信用卡的美国人在两年以后背负相同甚至更高的债务；尽管美国人每年在减肥上要花掉400亿美元，但20个人中有19个人花了钱却什么也没减掉。处于离婚边缘的夫妻，通过婚姻咨询能够挽回的还不到1/5。在曾发作过心脏病的人当中，做出切实努力改变行为习惯的人只有1/4。从长期来看，人们在克服诸如饮食失调、抑郁、焦虑、"宅"生活方式等个人问题方面成功率不高。

同样，组织变革的成功率也不高。结果显示，只有20%～25%的改善措施（力图改善诸如质量、客户服务、周转时间等方面）能够得到落实。大多数企业的转型始于满腔热情，最终却都偃旗息鼓，而领导者在最高职位上的任期也在持续缩短。

HR专业人员应直面变革可能失败的挑战，为改善上述不容乐观的数据而努力，诊断变革失败的原因，并从过去的失败中吸取教训并总结经验。

变革事关重大

懂得变革管理的领导者与组织更有可能达成目标。领导力研究结果显示，人们普遍认为能够快速学习的领导者更高效，能够更长久地留在领导者的岗位上。同时，高效的领导者也更容易在组织内推动变革，使战略落地。另外，组织变革研究表明：变革的企业更有可能生存下来，而不能随机应变的企业则将面临衰败直至灭亡。

HR 专业人员要帮助个体和组织在日常研讨过程中构建起变革能力，因为这些能力能够提升个人与组织绩效。

变革可赋能组织与个人

某些情况下，变革本身会成为领导者或组织追求的目标，但更多时候，变革能力被视为达成商业目的的辅助力量。也就是说，变革是达成目标的手段，而不是目标本身。所以，我们可以看到很多企业领导者努力构建快速创新能力、迅速全球化能力、敏捷客户服务能力、灵活合作能力、改变品牌标识能力和快速的战略制定与执行能力。在剧烈变革的时代，组织不仅需要定义什么是正确的目标，还要快速行动以达成目标。比如，在消费品行业有这样一个说法：首先推出新产品与新服务的企业将赢得该市场的半壁江山，而紧随其后的四家企业则可以瓜分剩下的市场。

HR 专业人员可以帮助企业领导者根据战略厘清当前任务，然后构建变革能力，从而能够快速创造产出。例如，威特发公司在减少其债务后，将自身战略定位从一个农产品运输商转变为在农产品生产的每一个环节帮助农民解决问题的企业。因此，在农民需要资金从威特发那里购买农业生产资料及种子等商品的时候，威特发便与银行合作以提供贷款；威特发还会帮助农民把握最好的收获时机，为农民运输农作物制成品，为农民和国外消费者牵线搭桥。

变革需弥合知行鸿沟

大多数过度饮食的人都知道自己需要减肥，他们甚至知道如何减肥——吃得更少、吃得更健康、多锻炼，但是他们却没有去做。这种情况也存在于个人和组织中。我们经常会要求参加研讨会的人就如下问题进行一分钟的头脑风暴："关于有效的组织变革，你知道什么？"我们发现，他们总是能够给出最好的变革书籍中列出的那些组织变革的举措。也就是说，我们其实知道该怎么做，但总是不去做。

HR 专业人员要为变革过程定下规则，确保大家将所知变为所行。他们可以运用"变革引航员备忘清单"，帮助组织持续航行在变革的航线上。

变革可以渐进式演化，也可以激进式革命

变革可以通过很多方式发起。演化性变革意味着严谨规划、事务性行动、小步前进、持续改进，直至达到变革引爆点。革命性变革则表现为：非持续性的变化、鼓励大胆的行动、拥有重大的转型结果、倡导立即行动、期望立即迈向崭新未来。

HR 专业人员应该帮助业务部门管理者决定什么时候发动演化性变革，什么时候选择革命性变革。

变革可被推动发生，也可被牵引启动

有些情况下，变革始于一个清晰的目的——特定的战略、目标或某种成果。这种目标的背后是有具体计划来帮助变革者到达未来目的地的。在另外一些情况下，变革始于某种方向指引——志向、价值观或导向，在这种指引下先迈出变革的第一步，边走边看，走向未来。目的性变革需要有设计师思维，明确变革最终状态，并确保每一个步骤都向最终状态迈进。方向性变革需要有拓荒者思维，以明确描述美好未来，然后快速行动以推动前进。

HR 专业人员可以帮助明确志向、定义行动，连接起现在与未来。

变革发生于多个层面

根据变革的目标不同,我们将变革分为三个层面:个体层面、项目层面和机制层面。个体层面的变革帮助人们改进行为与提升绩效;项目层面的变革意味着及时地完成特定项目(针对质量、创新、成本、服务、团队精神等);机制层面变革则是指为持续变革而进行的文化与工作环境的转型。

HR 专业人员可以成为个体变革的教练、项目变革的代理人及文化转型的管家。

变革遵循常规流程

在有关变革的文献中,推动变革发生的常规流程包括很多程序、举措、工具和行动。表 6-2 总结了一些领先方法,通常包括创建变革案例、定位未来状态、建立持续变革的承诺、变革机制化等。

表 6-2 变革流程

作　者	实　例	变革流程
沃纳·伯克 (Warner Burke)	《组织变革》 (*Organization Change*)	• 有自我认知 • 监控外部环境 • 确定变革需求 • 提供明确的愿景或方向 • 沟通需求 • 处理阻力 • 优化多头行动 • 保持一致性与持续性
约翰·科特 (John Kotter)	《领导变革》 (*Leading Change*)	• 建立紧迫感 • 创建指引联盟 • 制定愿景或策略 • 沟通变革愿景 • 授权员工采取行动 • 带来短期成功 • 巩固成果并制造更大的变革 • 锚定组织文化中的新方法

(续)

作者	实例	变革流程
戴尔·雷克 (Dale Lake)	《变革指南》 (Change Manual)	• 设计变革议程 • 评估当前状况 • 创造不满现状的感知或变革需求 • 激活成功变革的助推者 • 影响利益相关者 • 评估变革阻力并克服 • 构建团队与网络 • 创建成功型组织架构 • 进行项目管理 • 监控进展 • 持续学习
普赖斯·普利切特 (Price Pritchett)	《重大突破》 (Quantum Leap)	• 给出清晰的启动指令 • 敲定每一项工作 • 管理变革的阻力 • 鼓励承担风险 • 创建支持性工作环境 • 专注转型与变革过程 • 谨慎处理个人切身利益问题 • 反复沟通
迈克尔·比尔 (Michael Beer)	《组织变革与发展》 (Organization Change and Development)	• 不安于现状 • 变革的模型或目的 • 变革的成功或产出 • 变革成本 • 变革阻力
合益集团 (Hay Group)	合益变革模型 (Hay Model for Change)	• 确保变革的原因合理 • 识别变革推动者 • 评价利益相关者与发起人的态度 • 规划项目活动 • 就变革进行传达与沟通 • 评价现有人员与组织架构的影响 • 消除变革的负面影响 • 分享流程的变革 • 支持变革 • 培训新技能 • 对变革进展进行衡量与汇报

(续)

作者	实例	变革流程
GE 变革加速流程（CAP）	变革加速流程（change acceleration process）	• 领导变革 • 创造能被感知到的变革需求 • 定义变革方向或塑造变革愿景 • 调动起对变革的承诺 • 做出决定 • 投入资源 • 学习、适应与监控进程
宝洁组织发展	组织体系设计模型（organization systems design model）	• 从所需要的结果出发 • 领导力匹配 • 界定交付结果所需的文化 • 整合组织体系以强化文化
你的公司		

在全公司范围内发起变革时，HR 专业人员应确定一个获得共识，可以共享，并且能够广泛应用的变革流程。

"成功变革的助推者"的构成要素

我们定义了 11 项具体的知识和行为来描述"成功变革的助推者"胜任力的特征，这 11 项可以归纳为表 6-3 所示的两种要素。

表 6-3 "成功变革的助推者"胜任力的构成要素

构成要素	平均分（1 ~ 5 分）	对 HR 个人效能的影响度	对业务成功的影响度
发起变革	3.94	53%	46%
落实变革	3.91	47%	54%
相关系数（R^2）		0.296	0.066

这些数据为探究变革过程提供了崭新的视角。我们运用统计方法将"发起变革"和"落实变革"两项因素分开测算，数据表明持续推动变革对于 HR 来说也是非常重要的。我们把这种角色命名为"成功变革的助推者"，而不是惯常称谓"变革代理人"，一个重要原因是"变革代理人"通常只是发起变革，而未对变革进行全程跟进。代理人的角色意味着 HR 专

业人员是代表他人推动变革，而非出于自主需求期望变革发生。基于以上数据，我们可以说"成功变革的助推者"是那些发起且全程持续跟进变革的人。

表 6-2 中的数据显示，在"发起变革"方面表现良好的 HR 专业人员通常会被视为个人效能良好，但是要想对"业务成功"有更大的帮助，HR 专业人员必须"落实变革"。当前，大多数 HR 专业人员在发起变革方面的经验看上去都是多于"使这些变革项目坚持到底"的经验的。

要素 1：发起变革

"发起变革"意味着让变革在组织内启动，同时把变革的压力转化为动力，推动变革向前迈出第一步。我们的研究提出以下六种能力，代表着 HR 发起变革时所要涉及的方面：

1. 确保关键领导者支持重要变革举措。
2. 创造一种紧迫感，帮助人们意识到变革的重要性。
3. 找到问题根源，克服变革阻力。
4. 协助设定变革方向，以明确的预期成果为目标。
5. 取得关键人群拥护变革的承诺。
6. 清晰阐述推动变革过程中必需的关键决策和行为。

作为发起变革的代理人，HR 需要帮助人们明确为什么要变革、哪些需要被改变，以及哪些人将支持这项变革。在明确为什么要变革这个问题上，HR 需要给出从理性和感性角度都令人信服的理由。理性角度的理由通常源于实践经验，即成功的变革通常会给个人及组织带来积极的影响。从感性角度，让人们切实地看到或感觉到机制的变革给个人带来的影响时，他们会接受变革并积极采取相应的行动。

在定义"哪些需要被改变"这一点上，HR 需要把复杂的挑战转变为一个个简单的机会点。他们需要把变革成果转为"变革的方向"或"变革的目的",然后表达出来;对于期望实现的变革成果,HR 需要想尽办法在企业内进行传播沟通,采用的方式包括:通过可视化的方式反映变革,通过口耳相传的方式传播变革,通过故事性的描述在感性层面激起变革,通过建立度量标准来引导并监控变革。正如鲍勃·艾兴格(Bob Eichinger)所言:

> 关于推动变革,有一项经研究证实确信无疑的秘诀——让人们参与变革的设计和执行有利于打消他们对变革的恐惧。人们越多地参与到变革决策、计划、设计和执行的过程中,他们对于变革的抵触就越少。变革领导者需要耐心,在设计变革时,要使变革过程拥有尽可能多的人为参与的部分。

为了支持变革,HR 需要让关键人物参与变革。鲍勃·艾兴格的"秘诀"表明,HR 需要找寻一种方法,使主要利益相关者参与变革,从而争取到组织内人员的普遍承诺。常用的方法有:询问他们对变革的意见,使他们成为联合发起人(我们将该过程称为"纳入合作"),请他们进行关键决策,使他们成为变革的公众宣传员。

为了更好地发起变革,HR 需要进行练习、做好准备。他们可以在变革过程中对企业领导者进行教练辅导,观察自身做得好与不好的地方;他们可以加入某个负责业务项目实施的团队;他们可以调研组织在过去变革的表现,整理经验教训,提出未来的行动方案;他们可以借助这些经验和自己所知的研究成果来帮助企业搭建符合自身特点的变革模型;他们还可以帮助组织建立规则,以在关键变革中运用这一模型。

在推行新的实践和组织架构的过程中,HR 专业人员可以观察变革给 HR 部门内部带来的影响。也就是说,HR 专业人员可以将 HR 部门当作一个试点,以此获得第一手经验,这样在公司开始业务方面的变革之前,

HR 就可以做好变革能力的准备了。他们还可以为经历变革的非营利机构提供教练辅导或咨询，观察变革过程在这些组织中是如何启动并推进的。

要素 2：落实变革

"落实变革"是指坚持初始变革动议，确保预期的变革真正发生，并最终取得变革成果。我们的研究明确了 HR 有助于落实变革的以下三种具体行为。

1. 确保即时获得落实变革所需资源（资金、信息、技术、人力）。
2. 监控和沟通变革过程的进展。
3. 跟进调整与变革相关的学习体系，以适应新环境新背景。

作为落实变革的"成功变革的助推者"，HR 要在组织中贯彻落实可持续的规则以保证变革的持续进行。在领导力可持续性的研究中，我们界定了 7 种 HR 在进行持续推动变革时可以掌握的准则。为了方便记忆，我们将这 7 种准则缩写为"STARTME"（simplicity、time、accountability、resources、tracking、melioration、emotion）。

1. **简明**（simplicity）。简明是指领导者只关注对重要事件有高度影响的一些关键行为。领导力的可持续性需要我们从复杂的表象中找出简明的重点，把混乱的概念替换为简单明了的解决方案。它包括优先考虑最重要的行为，把数据分析转变为行为决策，把复杂的现象纳入简明的分析结构，以及确定变革的顺序。HR 专业人员应该帮助组织确定优先变革事项并对其进行简化。

2. **时间**（time）。领导者把他们的预期行为列入日程安排中，这个日程安排显示了他们是怎样利用时间的。员工往往更关注领导者做了什么，而不是他们说了什么。领导力的可持续性表现在：你和谁一起度过了这些时间，你把这些时间花在了什么议题上，你在哪里以及怎样利用时间。HR 应该监督领导者是否像投资资金一样去投资他们的时间。

3. **问责**（accountability）。领导力的可持续性要求问责制，领导者对实现自己所承诺之事承担责任。当领导者也需要他人做出承诺并跟踪这些承诺是否得到履行时，他们的责任就更大了。HR 专业人员要通过以下手段确保问责制的运转：将个人承诺公开、跟踪承诺、为变革行动提供反馈。

4. **资源**（resource）。领导者会在教练辅导、基础设施等方面投入资源来支持他们所期望的领导力变革。不管在哪个级别，如果人们能得到持续的教练辅导，希望他们发生的行为变化就更有可能会发生。马歇尔·古德史密斯证明了为领导者提供教练辅导所具有的价值，我们则发现来自自我、专家、同事及领导等多方位的混合教练方式可以作为维持领导力变革的一种资源。而要支持领导力变革，还需要在遴选、晋升、职业发展、继任者计划、绩效回顾、沟通机制、政策及组织设计等方面也进行调整，使它们能够与领导力变革的要求协同一致。HR 专业人员可以成为确保变革持续推进的教练和系统构建者。

5. **跟踪**（tracking）。预期的领导行为和变化应该是可操作、可量化及可跟踪的，否则它们将很难实现。有效的领导行为度量标准应该是公开透明、易于测量、及时且与结果紧密联系的。领导力的可持续性应该被列入现有的绩效计分卡，甚或创建独立的计分卡来确保他们的所作所为能够得到监控。HR 专业人员可以帮助组织建立和管理这些计分卡。

6. **改善**（melioration）。当领导者能够从过去的失败中吸取教训来提高自己、能够展示面对变革的顺应力时，他们就得到了改善，从而使自身和环境不断变得更好。领导力的可持续性需要领导者掌握一些学习原则：反复试验，不断反馈，富有韧性，坦然面对失败，拥抱成功但不认为理所当然，持续提高。HR 专业人员可以通过对这些过程的倡导及模型化，进一步强化这些领导者的对学习原则的理解。

7. **情感**（emotion）。当领导者不仅知道自己应该做什么以改善不足，而且发自内心地要采取这些行动以提高自己时，我们就说他已具备了领导力的可持续性。当领导者把预期的变化当作他们个人特征和人生目标的一部分时,当他们的变化将会重塑他们与其他人的关系时,当他们的变化将会改变工作环境中的文化时,他们坚持变革的激情就会增强。HR 专业人员可以成为组织中变革意义的发现者。

具有"成功变革的助推者"胜任力需要采取的行动

当 HR 专业人员能够将发起变革、落实变革的能力应用于需要变革的个体、方案及机制层面时,他们就成为"成功变革的助推者"。在这一过程中,他们需要持续学习,掌握组织内的隐性规则,找寻易于取得初步成果的突破口进行实践,寻找支持变革的同盟,不断试验和总结,并在推动变革的过程中保持积极乐观。接下来的章节讲述了在各个层面成为成功变革的助推者的具体方法。

目标 1:个体变革

组织不会思考,但人会。HR 专业人员可以帮助组织中的成员发生变化,比如围绕个性化的员工价值主张开展个性化的 HR 实践,创建鼓励个人成长的工作环境,辅导核心领导者建立个人领导力品牌等。

随着知识型员工越来越多地成为自由职业者,他们对于在哪里工作有了更多的选择。组织需要建立能适应每个员工独特需求的员工价值主张来吸引、激励和保留有能力的员工。要做到这一点,企业可以将产品和服务大规模定制的原则应用于满足员工的大量个性化需求上。这意味着需要根据共同兴趣和能力来细分员工,也意味着可以在工作环境的选择方面向员工提供自助化和模块化的选择,甚至可以在不违背共同原则的前提下,允许员工制定他们自己的规则。这创造了一种"员工管理一对一"的心态,可以让修正后的员工价值主张被每一个员工所接受。

HR 在塑造积极的工作环境中起到关键作用。他们帮助领导人和个体表露自我，塑造合作无间的团队，同时鼓励人们尝试新的行为。我们已经见过 HR 指导员工，组织员工会议，制订个人发展计划，帮助员工学习并发生转变。当 HR 努力创造出一个积极的工作环境时，能使个人得到成长的那些个体变化就更容易发生。

HR 也可以辅导领导者建立起引领和促成个人变化方面的个人品牌。在我们的职业生涯中，我们致力于帮助领导者形成关于领导力的个人观点。现在我们认为有必要进一步发展这一方法，帮助领导者通过建立个人领导力品牌来发生改变、提升（见表 6-4）。

表 6-4 领导力观点与个人领导力品牌的区别

领导力观点	个人领导力品牌
从自我审视开始：我是一个怎样的领导者	从关注核心利益相关者开始：哪些是我关注的人
聚焦于"我"的表达：我相信、我追求、我想要、我希望——体现个人抱负的语言	聚焦于领导力对于他人的影响（"以便"）：我的领导力如何去影响那些我关注的人（以便……）
强调领导者应该成为什么，知道什么，做什么	通过讲故事的方式，为理解"领导力"提供情绪和感受上的帮助
提升自我价值感	提升对于他人的价值
成功体现为有抱负的和鼓舞人心的	成功体现为为他人创造价值

一般的领导关于领导力的观点通常采用的是向内看的视角，即作为领导者，我是什么样的；具有个人领导力品牌的人则是一种向外看的视角，它聚焦于领导者对于其他人的影响。一般的领导力视角会对领导"应该成为什么、知道什么、做什么"等问题提供相关的见解；而从个人领导力品牌的视角看，则要重视用讲故事的方式讲述上述问题，并能理解学习者在学习和行动背后的情绪和感受变化。一个重视建立自己的"领导力品牌"的领导者，更能够激发员工的生产力、提振客户信心，增强投资者的安全感。一般的"领导力"视角下，领导者的行为表现很容易沦为豪言壮语而非坚定决心，沦为宏图大志而非入手行动，沦为缥缈预期而非眼下现实。

但是，没有后续结果的品牌承诺是无法持续的。领导力的愿望清单需要被"誓言"所替代。当我们说，请领导者为个人品牌做好准备时，其实就是要求他们在为保持服务对象心目中的个人品牌形象而做出承诺。唯有聚焦于品牌才能构建可持续的领导力。

作为成功变革的助推者，HR 通过创造更加个性化的工作环境，鼓励变革的工作氛围及建立个人领导力品牌等方式帮助个体实现转变。

目标 2：项目变革

当参与公司内部工作坊时，我们喜欢让与会者列出他们公司最近推动的项目。通常会得到一个很长的清单，反映了近年来流行的管理思想。其中可能包括：360 度反馈、行动学习、平衡计分卡、标杆学习、品牌管理、去层级化、云计算、核心竞争力、企业社会责任、以客户为中心、客户关系管理（CRM）、客户细分、现职发展、远程学习、精简、授权、工效学、企业资源计划（ERP）、经济增加值、收益分享、高绩效团队、准时制（库存、培训）、知识管理、精益、学习、管理创新、市场择时、矩阵管理、目标管理（MBO）、利基市场、组织诊断、外包、投资组合、预测分析、过程优化、项目管理、质量环、快速成型、再造工程、奖酬诊断、规模优化、风险管理、情景规划、自主团队、自我管理团队、共享服务、精简化、六西格玛、社交媒体、拓展性任务、供应链管理、SWOT 分析、直接对话、全面质量管理（TQM）、三重底线、价值观、虚拟组织、愿景和使命、Web2.0。

我们偏爱管理创新，因为它能把一系列管理行为关联起来。上面所列出的很多概念，我们本身也倡导或教授过，但它们都只是管理创新举措中的一部分。

在帮助把这些概念从由盛转衰的热点，转变为持续的管理创新实践时，HR 发挥了四种作用：

第一，这些分散的概念需要通过组织能力（见第 5 章）或 HR 整体解决方案（见第 8 章）整合到一起。管理者不应当寻求权宜之计，而是要找到可持续的组织解决方案。

第二，概念需要有序排列，从而找到建立在过往经验基础上的逻辑。从质量环到全面质量管理到六西格玛，再到精益管理的进化发展，为将新的管理原则在组织中运用提供了补充视角。

第三，这些想法需要按优先顺序排列。组织不能同时接纳太多的管理创新，因此需要判断，哪些创新能以最少的资源投入取得最大的效果（在战略、客户、财务及其他目标上）？

第四，一旦整合、排序和优先化，HR 怎样才能协助实现预期的变革目标？

实现变革项目的预期是成功变革的助推者的首要职责。为了做到这些，HR 应当创造一个可行的和可信的变革流程，然后建立起相应准则以把这一流程应用于变革方案中。

在之前规划的变革流程中，我们提议了七个关键要素，通过把人们从"知道应该做什么"转变为他们"实际做什么"来确保变革实现（见表 6-5）。我们可以用这七个条件来帮助任何方案落地。

表 6-5 成功变革所需条件

成功变革所需的条件	对于"成功变革的助推者"的启示
1. 领导层：使变革获得领导层的支持	为变革方案争取领导层支持
2. 创造可感知的需求：知道为什么进行变革	寻找案例说明为什么变革可以增加价值
3. 愿景：对于变革的成果有清晰的认识	用鼓舞人心的语言和行动来构建对于变革成果的直观感受
4. 参与：动员关键人物的承诺	获得所有承担变革责任的人的支持
5. 决策：了解要推动变革的必要决策	清楚地知道该项目获得进展需要哪些决策
6. 机制化：确保变革与其他业务行动是整合协同的	把变革嵌入公司的技术（运营和IT）、HR 以及财务体系和流程
7. 监控及学习：追踪变革成功的轨迹	改进和调整蓝图，跟踪进程，并从经验中学习

HR 可以通过对这七个条件的核查来促使变革成功,在 1 ~ 10 的量表上对每一项的目前状态打分,分数可以呈现在图 6-1 上,根据诊断结果,我们就可以聚焦在能够实现最大提升的环节上。

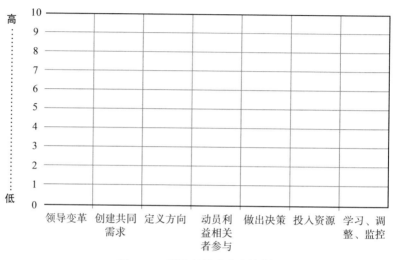

图 6-1 项目变革成功度诊断

目标 3:机制变革

持久的变革需要成为一种常态化的模式,而非仅限于某个独立的事件。为此,我们需要将"变革"制度化;换言之,需要使之成为组织中潜在的规则、习俗套路、规范标准、目标期望、心照不宣和行为预期。这些模式通常决定员工的行为方式。当这些隐含的期望未曾公开时,员工往往倾向于维持那些早已习惯的模式,而非改变现状。

HR 专业人员需要揭开并直面这些潜在的模式,从而帮助创建制度化的变革。在我们的研究中,我们识别出 36 种普遍存在于工作团队中的组织性"病毒"。这些"病毒"会阻碍团队的变革和改进。在医学上,一旦发现病毒感染,就要着手治疗。同理,一旦发现组织中存在的"病毒",也要清除它们。HR 专业人员可以列出如下 36 种"病毒",请工作团队的成员找出他们在组织中"深受其害"的五种。一旦这些"病毒"被揭露、标记并被透明化，它们就会被人们有意识地解决掉。

1. **过度知会**：通知到每个人后才开会。我们确保每个人得到命令，然后再开会，这只会延迟事情的进展。

2. **我有我方式**。我们彼此不互相学习；相反地，我们享受"非我所属，不为我用"的现状。

3. **对现状不满意**。我们苛责每件事情，甚至在事情发生前就表现不满。

4. **阳奉阴违**。我们口头上说同意，但实则不然。

5. **迷惑性的共识**。将参与和达成共识混为一谈。在行动前，所有人必须就此问题达成共识。

6. **沉溺于过去**：从后视镜里寻找未来。我们太过惧怕失去传承以至于无法改变我们的文化；在习惯中故步自封。

7. **按等级评价**：级别决定价值。我们根据头衔和等级来评价他人，而非他们的绩效和素质。

8. **地盘主义**：我的工作而不是我们的工作。我们为了捍卫自己的地盘甚至有损整个组织的利益。

9. **指挥和管控**。我们愿意让高层管理者掌管公司的运营，这样我们就可以把责任向上推诿，这让我们能够在变革中避免承担个人责任。

10. **活动狂热症**。我们喜欢忙忙碌碌；即便我们不去思考也不追求结果，光是应接不暇的日程就能让我们感觉到光荣。我们躲在"忙碌生活"的假象里。

11. **自恋式竞争**。比起团队共赢，我们更愿意作为个人英雄赢得胜利。

12. **结果至上**。我们喜欢追求结果，我们会说：不管怎样、无论何时、无论如何……然而，只有当我们有时间或能够承受时，我们才会按照自己的原则追求结果。

13. **危机"跳"**。危机降临时，我们果断应对，然后坐等下一次危机到来之时再次应对。

14. **反感客户**。我们不考虑客户要求的标准，只专注于自身的情况。

15. **责权模糊**：责任不明确。在我们矩阵式的汇报体系中，我们不确定谁应该负责，所以就会没有人负责。

16. **所有事情交给所有人**。我们有太多的优先事项；想要把精力投入每个好的想法；我们不说"不"，所以没能把重点放在一些关键的事情上。

17. **每月主打**。我们在项目之间流转，缺少完整的举动。同时，我们对新项目的成功又持怀疑态度；最终，我们以杂乱无章收场。

18. **过度变革**。我们有太多的变革需要同时实现导致能力不足；变革让我们体力透支，精疲力竭；我们无法放手任其自流。

19. **对位偏离**：脱节的行动。我们不以大局为重、考虑如何在公司战略的框架下开展自己的工作；我们容易在细节中迷失。

20. **顺从导向**：过度的服从是很常见的现象。我们等着别人告诉我们该做什么，往哪里走，逃避为自己行为担负责任。

21. **流程狂热症**。我们在流程上消耗了太多的精力，以至于我们无法重点关注结果和成效。

22. **扼杀消息传播者**。负面消息是不安全的，所以我们从来都不去听。

23. **迟缓的反应**：这是谁的决定？我们无法接受快速做出的决策。

24. **追求完美主义：要么就做好，要么就不做**。我们在做任何事情前必须先有完美的解决方案。

25. **你此前为我贡献了什么**？继一项成功的变革之后，我们只想要更多。

26. **过度衡量**。我们衡量一切事情，甚至到了过分的程度。我们的项目评价极其复杂。

27. **衡量过少**。我们没有跟踪重要任务完成进度的指标；我们只衡量简单的事情，而不考虑那是不是我们需要知道的。

28. **不可持续性**。对起初的变革我们不能持续地坚持下去。

29. **追求大获全胜**。我们寻求一场宏伟的变革,期待它能一次性解决我们所有的问题。

30. **浅能薄技**。我们不具备未来所要求的技能。

31. **事件而非模式**。变革是一次事件(按项目清单行事、列席会议),而非一种持久的模式。

32. **消防栓症候群**(时刻保持警惕状态)。在任何人采取行动前,每个人都会记下每项提议或项目。

33. **猜猜我的想法**。领导对于做什么有想法时,其他人却不得不揣摩猜测,而不是得到明确的指引。

34. **"汇报"至上**。形式大于内容;无休止的幻灯片演示,而真正的行动少之又少。

35. **这也会过去的**。低下头不去管它,一切就会过去。

36. **否定文化**。我们过度评估和批评每件事情。

我们发现,团队中的新员工相较于老员工,更容易发现组织中的潜规则。当你拜访一个朋友、到其家中用餐时,很快就能发现这个家庭的生活习惯。你会观察到他们是否会做餐前祷告以及谁会做,大家如何落座,吃饭的速度如何,会谈论哪些话题,诸如此类的事情这家人都未曾考虑过。同样地,在组织中,新员工以他们新鲜的视角常常可以观察到对他人来说已成为约定俗成的事情。一旦"病毒"被"揭露"并施以应对,机制化的变革就迎面而来。

通过找到谈论和改变组织文化的方式方法,HR 专业人员也可以将变革机制化。文化代表了人们思维和行为的模式。引用我们"由外而内"的说法,我们认为对组织文化的最佳定义,就是看这个组织在其目标客户心目中的特征属性。我们认为公司的文化实际上就是公司的品牌。HR 专业人员可以携手直接面对客户的员工及业务领导,一同明确组织期望的文化。这种以客户为中心的文化一旦被明确，HR 就可以发挥至关重要的作用，通过一系列的 HR 实践，将外部期望切实传递到内部员工中，如人员配备、培训、继任计划、绩效管理、奖励机制、沟通和组织设计。

揭露并铲除"病毒"，或将企业品牌转变为有助实现机制化变革的组织文化，都能够催生机制化变革。

总结

设想一下，如果我们挥一挥魔法棒，全球的 HR 专业人员都将成为本章开篇所描绘的变革助推者就好了。虽然这无法实现，但我们仍怀有希望。这也许不是一蹴而就的，但我们已列出了足可以让变革管理者欣然接受的原则、发起变革和落实变革中所需的技能，以及帮助个体、项目、组织机制进行变革的工具和方法，你可以开始实践了。

第 7 章

HR 创新与整合者

创建高绩效的企业文化要求 HR 实践的创新与整合缺一不可，由此才能成就一个协同的整体，下面的案例就是很好的证明。

法国安盛集团的整合创新

2011 年夏天，法国安盛集团面临着严峻的挑战，一方面该组织想要裁减人员，另一方面又期望保持员工的生产力，以开发更具创新性且能带来更高利润的保险产品推向市场。为此，安盛的人力资源总监里诺·皮亚佐拉（Rino Piazolla）认识到整个组织需要再次形成统一目标，并与我们一起实施了"群策群力"的项目：吸引各层级的员工参与进来，寻求方法消除组织中多余的工作任务及成本，让员工得以将精力集中在重要的活动，也就是那些能够为客户创造价值的工作上。

在接下来的 3 个月时间里，安盛因此诞生了成百上千的想法。其中有相当一部分想法得到了实施——从"减少没有多少实际用途的各种报告"到"识别新型的、更有效的组织工作的方法"。调查显示，80% 的参与者认为"群策群力"对个人和组织影响巨大，还有相同比例的人认为"群策群力"对个人意义深远并且与其工作息息相关。金融、IT 及产品开发等部门都通过"群策群力"来展开部门内部的改善

> 活动。实际上，作为"群策群力"项目的一部分，超过 180 个提案被启动。CEO 马克·皮尔森（Mark Pearson）参与了长达一天半的会议，并对公司所有高管做出批示，强调管理层参与并领导"群策群力"计划的重要性。群策群力计划的成功，使得业务部门管理者也将领导力与敬业度视为关键的组织能力。目前，安盛的 HR 部门正致力于满足组织在发展"领导者教练技术"和"绩效管理技能"方面所提出的改善需求，以及寻求通过其他方法来强化企业的员工敬业文化。

在第 6 章，我们描述了 HR 胜任力中的"成功变革的助推者"以及 HR 专业人员拥有发起变革与落实变革能力的重要性。在本章，我们将讨论"HR 创新与整合者"这一主题并就此进行论述。有效的 HR 实践有两个重要的特征：第一，这些实践必须是创新的，具体体现为更加灵活的管理方法，以建立并加强组织赖以制定战略的能力；第二，有效的 HR 实践是一个内部协调一致、紧密联系的整体，它们并不是零散孤立的活动或事件，而是相互连接，自成一体，因此其整体效能大于其各部分之总和。这样的管理实践创造并维系了一种企业文化，能够驱动绩效，给客户和其他利益相关者带来价值。

法国安盛的 HR 实践创新为组织带来了更好的协同及整合，这一案例给我们树立了榜样。通过与裁员计划相辅相成的群策群力项目，安盛的高层管理者向组织发出了强烈的信号：组织十分关注改善员工的体验并致力于减少徒劳的工作。群策群力计划的进展使得 HR 实践获得了改善，并增强了与业务需求之间的整合度。

什么是"HR 创新与整合者"

在所有 HR 胜任力的类别中，"HR 创新与整合者"这一类显得与众不同。它是 2007 年的研究中"人才管理和组织设计能力"的扩展和延伸，其焦点在于确保组织有合适的人才和领导者来获得当前以及未来的成功；它强调的是HR实践在驱动组织人才议程方面的创新。这就意味着，要对当前组织的人才状况和竞争人才的需求进行有效的分析。组织要吸引、招募、导入和培养有能力的员工，同时还要识别出领导者并将其安排在合适的职位，以使其发挥所长、加速能力发展；对于团队和组织，则要进行周详的设计，并且配备胜任工作的员工，确保其具备实施战略的能力。

对HR创新与整合的思考时常能够引起关于最佳实践的讨论。在过去的几年里，对于咨询公司、商学院课程以及美国的企业执行委员会（CEB）、企业领导力委员会（CLC）这类会员制顾问公司来说，识别最佳实践已经成为一个非常流行的服务内容。然而，就如投资公司强调的那样，过去的业绩并不能预测未来的收益。我们对于最佳实践的学习应该有所警觉：对其他公司有效的实践并不一定就适合本组织或者符合本组织的最大利益。

人们通常会认为，最佳实践在任何组织都会奏效，因为它已经被识别并得到了认可。实际上，最佳实践也许富有创意，却可能与组织业务的具体需要背道而驰。以下是推行最佳实践的三个缺点。

1. 适合性。以高盛集团为例，他们的高管薪资实践也许体现了行业最佳做法，但是投资银行的业务逻辑很难应用于大部分其他行业。

2. 相关性。最佳实践倾向于"向后看"，强调的都是过去对公司有效的做法，向后看容易忽视公司未来的需求。

3. 协同性。培训、指导、绩效评价或者其他的HR特定实践也许对某个组织非常有用，但可能对其他组织毫无用处。将来自不同行业，具有不同目标，实施不同战略和拥有不同品牌的组织的HR实践混合起来，可能会使员工无所适从甚至导致变动的频繁出现。

因此我们建议用"最佳体系"这一逻辑来对此进行思考，最佳体系要求HR专业人员和领导者着眼于整个人力资源管理体系，而不是个别实践。这一思维模式不鼓励 HR 专业人员从寻找问题的解决方法开始来设计 HR 实践，而是从整体出发，通过各种 HR 活动的最佳组合，实现效率与统一的完美结合。

> 文化不是重中之重，乃是独一无二。
> ——好市多公司前 CEO 吉姆·辛内加尔（Jim Sinegal）

HR 管理体系的核心

那么最佳体系有哪些要素呢？下面是建立了创新及整合的 HR 核心管理体系或实践领域：

- 人才管理。为了帮助组织实现目标，人才管理实践需要确保技能和能力准备到位。这些实践创造条件，鼓励人们致力于实现组织的目标，让人们相信成为组织的一员能够帮助其实现工作的意义以及提升职业生涯的品质。
- 绩效和奖励。绩效管理实践将组织期望的结果转化为可衡量的目标以及激励措施，鞭策人们向目标努力。衡量绩效管理实践最基本的标准是责任制（把个人与团队的行为和清晰的目标联系起来）、公开透明（物质和非物质的奖励都必须公开并且被员工知晓）、完整性（绩效管理必须涵盖取得整体业务成功所需要的行为和目标）、公平性（奖励的多少必须与贡献的大小相符合）。如果按照这些标准来建立和整合绩效管理实践，那么它将会为组织创造价值。
- 信息和沟通。组织必须管理来自外部的信息（客户、股东、经济形势与监管制度、技术发展以及人口结构的变化）以确保员工能够适应外部环境。与此同时，企业还必须管理内部信息的流动来协调组织内部的活动。这些实践包括由外而内（确保了解最新的利益相关者信息)、由内而外 (让利益相关者了解组织的进展)、纵向沟通 (从最高管理层到员工,反之亦然)、横向沟通 (保持组织各部门与其领导及员工之间交流的畅通)。

- 工作和组织。组织必须管理好整个价值链,确保组织目标得以实现。为此,组织将目标分配给个人和团队,设立工作岗位和建立组织架构,将个体产出集成为互相效力的整体。他们不仅为工作本身设定了流程,还设计了让工作活动得以实施的物理环境。HR 专业人员完全能够在这一流程中发挥作用,但这要求他们胜任以下几个方面的工作:制定相应的企业战略设计组织架构,评价组织效能,推行新的组织架构,确保严谨的工作流程在组织中各就其位,以及创建团队。此外,保证时间上和物理环境之间的协同性变得越来越重要,这包括交付工作的地点 (远程或现场办公) 以及时间 (时间的灵活性)。

- 领导力。领导力方面的实践能够帮助组织建立及推行清晰及强大的领导力品牌。领导力品牌是组织内的领导者的声誉——客户、其他利益相关者以及竞争对手是如何看待他们的。为了培养具有领导力品牌特质的领导者,首先需要证明其合理性 (为什么对领导力的投资很重要),还要描述何种领导力能够驱动绩效;同时,需要对现任领导者的优缺点进行评价;投入资源,将领导力作为一种组织能力进行发展 (任务指派、培训、反馈、外部经验),确定衡量方法 (了解资源投入的影响程度以及对变革或发展的持续需求),建立外部认知度 (把品牌传达给利益相关者)。

创新和整合的层次

根据麦肯锡公司最近对首席执行官进行的一项调查,84% 的首席执行官认为创新对公司的发展和财务成功 "极其或非常重要"。从 HR 的角度来看，该职能所推动的创新可分为以下三个层次。

1. 世界级的创新。
2. 公司级的创新。
3. 部门级的创新。

世界级的创新能够带来可观的商业机会或者极大地推动组织绩效。例如，通用电气（GE）发现新兴市场的潜在行业的客户急于向 GE 取经，学习如何加速发展当地领导者并提升他们的能力。于是，位于纽约克罗顿维尔的杰克·韦尔奇领导力发展中心便为客户提供了参与领导力培训的机会，这也成为客户选择与 GE 下属的 GE 金融（GE Capital）或其他部门合作的重要原因。这种增值服务已经被其他许多组织效仿。

公司级的创新能够适用于特定的组织文化与需要。例如，2008 年，基于美国和平队[⊖]的传统，IBM 创建了社区服务志愿队（CSC），它为有才能的员工提供了机会，让他们通过跨区域的团队合作为社区服务，并且在这一过程中把自己培养成未来的领导者。IBM 还派遣由高潜力人才组成的团队与新兴市场的领导者一起工作，帮助他们处理最重要紧急的问题。

来自 50 个国家的 1000 多名员工参加了 CSC，作为 120 多个团队中的成员为超过 25 个国家提供服务。项目包括帮助坦桑尼亚野生动物和旅游组织改善业务流程，在罗马尼亚和菲律宾传授领导技能。哈佛商学院进行的一项测评显示，这一项目不仅在提高参与者的领导能力和文化意识上取得了成功，还增强了员工对企业的忠诚度——他们在参加该项目后从 IBM 离职的可能性更低。至此，IBM 已经帮助包括联邦快递、约翰迪尔、道康宁公司在内的另外六家企业实施了类似的项目。

最近，IBM 还成立了高管服务志愿队（ESC）。由五六个 IBM 的执行高管组成的团队帮助市政领导解决诸如交通拥挤、节约用水、公共安全、

⊖ "美国和平队"（the Peace Corps）是 20 世纪 60 年代初，肯尼迪在就任美国总统之后创建的，旨在将美国的语言、历史、文化等传播到世界的每一个角落。——译者注

医疗保健等方面的问题。如同 CSC 一样，没有人是老板，不存在等级压迫，所以每个人都需要与团队其他成员相互合作。考虑到高层管理者从日常工作中抽出时间参与这一计划的不易，该项目的现场办公时间为三个星期。

部门级的创新意味着将组织中某一部门实施的创新应用到其他部门中。泛大西洋资本集团（General Atlantic）是一家全球性的私募基金公司，他们创立了由旗下各公司的 HR 领导组成的实践社团，以进行创新实践的分享。该公司常务董事帕特·赫德利（Pat Hedley）致力于将人力资源总监（HRD）聚集起来，让他们交流经验，相互学习。类似的还有挪威国家石油公司，它通过网络和实践社团的方式，让组织内某一部门就其所采取的 HR 创新举措与其他部门进行沟通与分享。

创新和整合的框架

基于创新的层次，我们为创新与整合的探索总结出了下面这个有效的方法，如图 7-1 所示。

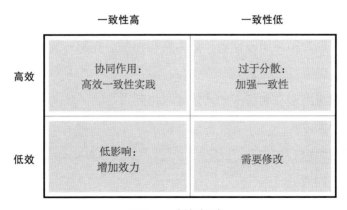

图 7-1　创新矩阵

效力（产生效果的动力）这一标准提醒我们，创新本身不是组织的最终目标，而是要看它能否为客户和其他利益相关者创造价值。以美国橄榄球为例，最近，新奥尔良圣徒队（全美橄榄球联盟的一支球队）因一项新的奖励制度陷入了麻烦。该奖励制度规定，击倒对手的圣徒队球员可获得 1000 美元奖金，结果这造成了对方球员严重的身体伤害，并导致犯规球员被罚出场。这一奖励制度确实帮助新奥尔良圣徒队抑制了对手在比赛中的对抗能力，然而在这一制度被公之于众之后，球队及联盟都受到了公众的负面评论。犯事的球队官员被处罚。联盟为此声明："我们会对运动员的健康、安全以及赛事的诚信负全部责任，我们不能容忍破坏以上要务的行为，没人能够凌驾于比赛或规则之上，对比赛和参与人员的尊重不容妥协。"

相反，当效力满足了一致性条件时，价值就产生了。正确的实践与合适的实践组合，是让企业获得相应的组织能力为目的的，这种组合才能够为成功加力。而如橄榄球队的例子所表明的那样，奖励让对手受伤的球员可能是创新的 HR 实践，但它绝对没有与其他实践的目标相一致。

"HR 创新与整合者"胜任力的构成要素

"HR 创新与整合者"这一胜任力与 2007 年 HRCS 研究中的所认定的"人才管理者和组织设计者"能力密切相关。在那一轮调查中，人才和组织领域有以下五个因素。

1. 确保组织现在和将来的人才需求得到满足。

2. 培养人才。

3. 塑造组织。

4. 促进沟通。

5. 设计奖励机制

在 2012 年的 HRCS 研究中，对于人才和领导力的重视仍在继续，但出现了一些变动。仅仅建立人力规划、人才发展、领导力和组织设计的体系已经不够了，创新变成了一个更为关键的因素，它使人们更关注于在培养人才、发展领导力和设计组织方面找到更为有效的方法。同时，整合——我们前文提到的"最佳体系"，这一概念也被强化了。

"HR 创新与整合者"胜任力的构成要素如表 7-1 所示。

表 7-1 "HR 创新与整合者"胜任力的构成要素

构成要素	平均分（1～5 分）	对 HR 个人效能的影响度	对业务成功的影响度
通过人力资源规划与分析优化人力资本	3.95	22%	21%
培养人才	3.84	16%	19%
塑造组织和沟通体系	3.94	23%	21%
驱动绩效	3.87	19%	19%
建立领导力品牌	3.87	20%	20%
相关系数（R^2）		0.331	0.078

"HR 创新与整合者"需要定义劳动力需求、发展员工、塑造组织及其沟通体系。然而，在其中一些领域，我们发现人们的预期发生了相当明显和有趣的变化。"人力资源规划与分析"是当前关注的焦点，在 2012 年，驱动绩效是一个更为突出的因素。该能力领域的一个关键要素是建立领导力品牌，即一个组织在系统发展胜任的领导者以及有效的领导力方面所建立的声誉，这是 2012 年的最新研究成果。尽管人们一直以来都在把领导者的遴选和继任视为人才管理的关键因素，把领导力的发展作为人才管理的重要方面，但是将领导力作为一项突出的组织能力（以及对 HR 专业人员在培养这一能力中的角色）予以重点关注，这一趋势是非常清晰而有说服力的。

正如第 2 章提到的那样，"HR 创新与整合者"对评价 HR 专业人员的个人效能有显著的影响。跟"可信任的活动家"对 HR 的个人效能的影响一样，在"HR 创新与整合者"一项上得分较高的 HR 常常获得关于个人效能的积极评价。然而，"HR 创新与整合者"对业务的影响则更加突出，它对业务成功的影响最大（见表 2-8，这一数据是 19%）。

要素 1：通过人力资源规划与分析优化人力资本

国际劳工组织（ILO）作为联合国的专门机构，从事着独特而重要的工作；它倡导并推荐政策，介入支持全世界范围内的劳动标准。ILO 面临着 1/3 的专业人员将于 2020 年退休的问题，过去两年里，在人力资源总监泰尔玛·维亚勒（Telma Viale）的领导下，ILO 发起了"技能地图"活动，它把人力资源规划及分析和技能水平的评价结合起来。虽然此举对组织文化构成了挑战，但 HR 部门旨在通过这一努力，缜密分析和弥补 ILO 在组织能力上的差距，进而帮助 ILO 的管理者与员工在愿景、技能和行动上达成一致。

其他 HR 组织很少能前瞻性地识别出所面临的挑战和组织当前的能力水平、关键的环境和竞争条件，以及由此产生的不同单元和位置对人才数量和种类的不同要求，以及如何吸引、导入、发展与保留人才。罗格斯大学的迪克·贝蒂（Dick Beatty）是该领域最知名的研究者，他与马克·休斯理德（Mark Huselid）及布赖恩·贝克尔（Brian Becker）的合作是极有创造力的。在他们看来，关键的挑战在于首先了解价值的创造环节。好的分析始于了解组织在哪个环节以及如何构建能力，这些能力能够驱动战略、导致企业盈利或亏损、赢得或失去关键客户。这样的分析有助于识别组织的关键岗位及组织绩效关键驱动因素，或者是我们所说的"竞争优势单位"。贝蒂提醒我们，并非资历越老越重要。在啤酒行业，酿酒师是关键的角色；在社交网络公司，应用程序开发及设计人员是关键角色；在消费品公司，如百事可乐公司，关键角色是市场营销人员。

我们为"通过人力资源规划与分析来优化人力资本"提出以下四个原则。

1. 定义关键的战略角色。通过访谈以及其他数据收集工作，与组织的财务团队合作，建立数据模型，以发现哪些职能部门和技能为客户和投资者提供最大价值。建模的目的在于识别出哪些职能部门是战略性的、哪些职能部门提供支持但本身不具有战略意义、哪些职能部门必不可少但并未增加战略价值与关键性支持。不同的组织和行业是明显不同的，例如，在化工行业，生产制造是战略性职能；像思科和苹果公司这样的高科技公司，生产制造只是基本职能，因此可以外包出去。

2. 进行 SWOT（优势、劣势、机会、威胁）分析。评估实施战略过程中现有的优势和劣势很重要，接下来就是基于机会与威胁来制定未来的战略。例如，麦肯锡和波士顿咨询这样的咨询公司已经发现了将战略咨询服务转化为支持与执行解决方案的客户需求，这是在战略与能力方面的重大转变，需要这些公司对新技能进行大量的再培训。

3. 引进、培养或者二者兼具。在获取人力资源方面的转变提出了如何最佳地达成结果这一问题。某些组织如宝洁和埃克森美孚公司，致力于员工发展，它们拒绝雇用资历较深、经验丰富的员工。其他组织，如玛氏公司，倾向于从组织外部引进有经验的人才。还有其他组织，如高盛和摩根大通，则结合了这两种策略：它们倾向于自主发展员工，但同时又通过选择性的外部招聘来补充人才。企业的计划应该既具有战略审慎性又具有文化适应性。

4. 管理变革过程。这意味着要以推动变革成功为目标发动变革，包括吸引适合的员工参与变革，提供有用的信息，进行有效的准备工作，考虑偶然性因素，并通过审视决策制定的有效性来监控与维持绩效表现，以及预见潜在的问题。

优化人力资本越来越具有挑战性，韬睿惠悦咨询公司最近的报告指出，65% 的公司关注关键技能（员工）的保留；安本集团（Aberdeen Group）也指出，2/3 的公司加大了对人力资源规划和分析方面的投入，其中近 30% 的公司都由 CEO 与董事会对此直接负责。

要素 2：培养人才

当谈及培养员工时，焦点都集中在组织如何发展其技术、组织以及人际交往技能，以及这些技能的有效性。这些技能对于人们开启富有成效和令人满意的职业生涯都是必需的。构成这一能力要素的行动是设立标准、评价个人与组织、人才投资以及其他的后续行动。

设立标准

组织的能力始于识别未来工作对员工能力的需求，制定最新的能力标准来自将未来客户的期望转变成当前对员工的要求，而不是通过比较员工绩效的高低而将焦点集中于过去导致公司成功的那些因素上。在公司的任何层级，HR 专业人员都能够引发关于以下问题的讨论：

- 我们公司目前拥有的社交能力与技术能力是什么？
- 我们的业务所面临的环境变化有哪些？我们如何在战略层面应对这些变化？
- 鉴于我们未来的环境和战略选择，员工必须掌握什么样的技术与社交能力？

通过促成上述问题的讨论，HR 专业人员可以帮助总经理构建关于员工胜任力的理论或观点，以此确定员工胜任力标准。当总经理基于未来的客户期望建立了员工胜任力模型后，可以引导员工将注意力转向他们应该担当的角色、应该懂得的知识以及应该采取的行动。对胜任力标准的简单测试方法就是询问目标客户或关键客户："如果我们的员工践行了这些标准，他们是否激发出你们对我们公司的信心？"

评价个人与组织

有了合适的标准，组织就可以对员工的表现是否符合标准进行评价。我们一直以来都认为员工绩效是贡献（能力）与结果的函数。有能力的员工以正确的方式达成结果，而能力标准就是对"何为正确的方式"的定义。前向思维的组织既注重寻求外部视角来审视绩效表现，又考虑组织内部的合议观点。这种720度反馈包括外部的利益相关者，如客户、供应商、投资者以及社区领袖，这有助于员工知道如何改进绩效，并且还为组织提供了有价值的信息，使得HR专业人员可以据此设计与实施HR的相关实践，从而提升组织的人才状况。一名在谷歌工作过的员工说道：

> 实际上，谷歌是对它的招聘流程引以为豪的，就好像低效的工作与冗长的过程是对其工作彻底性的证明，是一种荣誉。也许谷歌的招聘流程确实是彻底的，但我更青睐微软的招聘流程——只耗费很少的时间，却不会因此招聘到相比于谷歌技能更低的员工或者导致更多的人才流失。我这样说吧，如果拉里·佩奇（谷歌CEO）仍然在筛选、审核应聘者的简历，那么股东就该组织起来反抗了。对于他这个层级的人来说，这是一种可耻的浪费时间的行为，就算把这当成古怪的行为，也不能改变其浪费时间的本质。

促进人才发展的投资

对人才的投资也许能够填补个人和组织能力的差距。在我们的研究中，我们发现以下六类投资能够提升组织的人才能力。

1. 吸引：为组织招聘、搜寻、留住新的人才。
2. 培养：通过培训与实际体验来帮助人才成长。
3. 借用：通过外部顾问或合作伙伴引入知识。
4. 提拔：将合适的人提升至关键岗位。
5. 解雇：如果组织中没有低绩效员工可以胜任的工作时，就让低绩效的员工离开他们的工作和组织。
6. 保留：通过发展机会、奖励及非物质性的认可来保留高素质人才。

当 HR 专业人员在以上六个领域进行决策时，就是在帮助个体和组织对未来的人才进行投资。

对能力的跟踪与后续行动

里根总统喜欢说："信任，但要核实。"对绩效与发展的追踪跟进是非常重要的：个体在发展技能方面表现得如何？我们比竞争对手学习得更快、表现得更好吗？我们正在做的大多数事情都是正确的吗——是在提升对实现团队、组织与企业层面的目标和战略所需要的能力？我们的培养方法有提升吗？组织在保留与发展人才方面表现得如何？对于关键职位，有合适的备选人才吗？领导者有没有对组织在市场上的长期发展做出贡献？

要素 3：塑造组织和沟通体系

在 2007 年的研究中，组织塑造和沟通是相互独立且完全不同的两个胜任力构成要素。在这一轮的研究中，我们发现这两个要素是结合在一起的，组织塑造和沟通实践相互融合形成一个有效的整体。

组织不是组织架构图上的一个个格子。一个高效的组织是一系列运营流程的叠加，通过涉及沟通的各种组织关系与组织能力的组合，这些运营流程得到了强化。我们的同事戴维·汉纳用以下问题描述了一个特别有帮助的流程：

- 我们努力想要达到的业务结果是什么？
- 为了业务结果的实现和持续发展，我们需要具备什么样的能力？
- 我们如何通过 HR 系统和实践来激活这些能力？
- 我们如何推行这些变革以增强这种良性循环？
- 我们如何衡量和监控这些变革的效果与效率？
- 我们如何保证这些措施随着时间的推移始终如一？

例如，高绩效团队有很多共同特征。这些特征在图 7-2 和下述内容中有详细介绍。

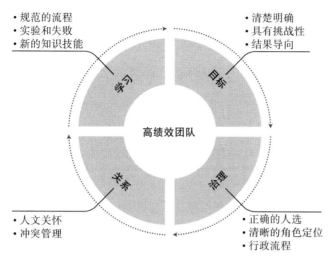

图 7-2　高绩效团队的共同特征

1. 目标。任何一个成功的团队都需要一个清晰的目标或者章程。这一点不仅应该时刻牢记更应该深刻体会。团队成员应清楚地知道应该做什么以及大家一起工作的意义。高绩效的团队目标需要符合一系列标准：

- 目标应该明确或者可衡量；
- 目标应该由团队成员共同参与制定；
- 目标应该定义团队的产出或者目的，证明团队的存在价值；
- 目标致力于未来以及团队的产出，而不仅仅是过程。这样才能创造所期望的意义。

此外，团队领导者需要通过文字、符号、信息和行动来强化目标，使目标对于团队成员、团队服务的用户而言真实可信，然后跟踪其达成目标的进度。

2. 治理。治理反映了一个团队的运作机制：角色分工和问责制度，层级制度，决策制定和支持系统。这些常规的行政管理对团队成员参与的团队活动赋予了意义。角色分工关注的是团队中有哪些人，可能会包含：技术专家或职能部门专家，根据自身的需求调整知识应用的客户，以及协调工作、设定期限、管理团队活动的管理者。一个团队围绕其所制定的决策来运转。决策成功率的增加受清晰度、问责制度、时间限定、流程及以下后续行动的影响：

- 清晰的决策：重点关注的是需要制定的决策，以及决策过程中需要考虑的相关因素。
- 责任的分配：决策权在谁手上？这意味着，谁对这个决定负责，哪些人必须参与到决策的过程中？
- 实操的细节：决策需要在什么时候制定，谁最终做决策，决策将如何制定，会用到什么流程，决策的制定基于什么标准？

3. 关系。团队的建立始于共同的目标，其发展却取决于团队成员之间健康的关系。高效团队在其成员之间创造一种关怀关系，例如，相互合作，有效倾听，提供帮助，通过结果建立信任。同时，他们也善于管理冲突：包容不同的观点，鼓励反对意见，就事论事。一个同事曾经描述团队合作是"学会不留伤疤的战斗"。这需要团队成员勇于面对而不是逃避问题，相互之间提供真诚和直接的反馈，为了团队目标牺牲个人利益。高效团队会避免心理学家称为"关系杀手"的行为：批评、蔑视、防御和相互作梗。

4. 学习。不可避免地，团队总是有所长也有所短，因此团队需要学习。团队成员应该采取以下的实践：

- 花时间思考和评价。卡岑巴赫（Katzenbach）把这种活动称为"集体时间"。

- 明确哪些方法是有效的，哪些是无效的及其原因。
- 识别团队经常或者重复犯的错误。
- 持有学术精神，不追究责任。承认错误已经犯下，道歉，然后以义无反顾的精神往前推进。
- 当错误已经犯下时，快速、大胆、公开地承认。致力于不再重犯。学习意味着团队在其日常工作中已建立起自我提升的流程。

进行沟通体系审计

高质量的持续沟通是衡量工作和组织有效性的有力证明。但是，这需要特殊对待。沟通体系审计尽管耗时耗力，却大有裨益。表7-2概要性地列出了开展沟通体系审计的一系列不同的方法。每一项都列出了其优势和劣势。组织可根据时间、预算和组织文化的考虑，为其沟通体系审计安排最佳评价方式。例如，调研可能是最有效率的途径，但也许你的组织已经产生调研疲劳了。在这种情况下，焦点小组可能是一种更为审慎的方式，尽管这种方式会明显增加成本。

表 7-2 沟通体系审计方式的优劣比较

方　式	优　点	缺　点
访谈	深度定性信息	大量的时间和资源投入
调研	对一系列限定问题有标准化和可衡量的答案	当用于自我评价时不能提供深度评论
关键事件回顾	实践中成功或失败的具体事例	与访谈和调研结合起来解释具体情境的细节比较有用
工作网际分析	理解流程设计以及网际结构是如何帮助或阻碍沟通的效果及效率，如果执行正确能产生大量的信息	大量的时间和资源投入
观察	深度定性信息	大量的时间和资源投入
文档审查	信息澄清和评价，清晰一致	作为跟进步骤，在解释具体问题比如战略描绘的一致性方面能够发挥作用
焦点小组	深度评估进展顺利以及需要提高的事项	大量的时间和资源投入

要素4：驱动绩效

在2007年的HRCS研究结论中，绩效管理并没有被明确作为人才发展与组织设计领域的关键因素。然而，在2012年的研究中，绩效管理的重要性对"HR创新与整合者"这一胜任力的贡献获得了极大的强化。

高效能的HR专业人员在驱动绩效的过程中扮演了很多关键的角色。

1. 建立清晰的绩效标准。关于组织为什么要进行绩效管理以及组织期待什么样的绩效表现，高效能的HR专业人员会确保在组织内部建立清晰的沟通流程，让大家都能认识到这两个问题。换言之，这一沟通过程让员工看到他们的工作是如何与客户以及其他利益相关者产生联系的。我们鼓励由外而内的聚焦方式，这可使绩效管理为公司内各阶层各岗位的员工带来真正的管理效果。在这其中，描述员工工作表现如何对客户产生影响的事例是非常具有说服力的。例如，英国石油公司（BP）就有一个很好的例子，它鼓励员工参与海湾石油清理工作，发布大量信息帮助组织成员了解海湾地区居民的真实情况以及石油溢出对他们生活的影响，从而使海湾地区的石油清理工作所产生的影响对于员工而言是有意义的。同样地，通用电气医疗系统公司（GE Medical System）通过将癌症幸存者介绍给员工认识，使员工感受到自己的工作为客户带来的影响。

2. 制定并实施清晰的绩效评价流程，以及定义明确的绩效指标。绩效管理的过程需要有效果、有效率并且透明化：比如，谁做了什么，在什么时候，怎么做的，符合了哪些绩效标准。这一点非常重要。

3. 为员工提供关于其优势和需要提升及发展领域的丰富反馈。反馈必须与员工工作相关并有意义，这样的反馈是能力发展的基础。如前文所提到的，我们发现反馈实践正在经历这样的变化：从360度反馈到直接让客户、供应商以及其他外部利益相关者参与到员工绩效表现的反馈中来。

4. 奖励与认可那些良好的绩效表现。"驱动绩效"依靠的是物质奖励与非物质认可的有效组合。为了制订有效的奖励与认可计划，我们提出了以下原则：

- 公平。那些为组织贡献了最大价值的员工应该获得最大的回报。
- 透明。组织应该让员工清楚其报酬是根据什么标准确定的。当员工发现工资报酬的计算因员工的类型不同而有很大变化时，绩效管理体系的公平性将会受到质疑。
- 意义。奖励对个人应该是有意义的。比如有人看重假期，有人则看重金钱回报，还有人会看重新的机会与挑战。清楚每个员工觉得有价值的奖励十分重要。

5. 培训员工及业务部门管理者提供及接受反馈的技能。有效的绩效管理基于（管理者）提供与（员工）接受反馈的技能。优秀的组织不会认为管理者与员工都理所应当地具有提供及接受反馈的技能，而是通过正式的培训来加强管理者与员工的这些技能。

6. 调整绩效标准以适应不断变化的战略要求。为了确保绩效标准正确并且与战略要求相关联，HR 专业人员扮演的角色是至关重要的。绩效标准应该来自战略目标，并随着战略目标的变动而变化。例如，采光窗生产企业威卢克斯集团十分强调在制造过程中实施精益生产技术，HR 部门因此主导了绩效标准的调整，以强化这一举措的重要性。再如，当竞争加剧，特别是在客户有更便宜的产品可选择时，公司将会更多地聚焦于如何在保持产品质量的情况下降低成本。

7. 以公平、及时的方式处理低绩效的员工。最后，HR 部门如何处理低绩效问题将会对员工就组织鼓励何种绩效表现所形成的看法产生巨大的影响。低绩效员工必须及时处理，但应该得到尊重和公平对待。组织如何对待高绩效行为和低绩效行为，为组织内的员工传达了以下几方面的信息：组织如何看待绩效的价值，绩效管理体系是公平与透明的，以及组织对达成战略目标、服务客户及其他利益相关者的重视。

要素5：建立领导力品牌

最后一个对"HR创新与整合者"来说很关键的要素，我们称之为"领导力品牌"。在过去几年里，RBL集团关于领导效能的研究已经明确了人们对领导力与人才的思考从根本上发生了转变。我们已经提过，战略性地发展领导力应减少对经理人社交技能和专业技能的关注，而更多地着眼于作为组织能力之一的领导力，即组织要持续不断地培养各层级领导者的能力，这些领导者会强化外部与内部对组织未来的信心，这些领导者也会因他们独特的核心素质而为人所知。例如，索尼、通用电气或英特尔的领导者分别都是以什么领导力品牌而著称的？

领导力品牌有两个关键元素：第一个是成为领导者的基本素质，我们称之为"领导力准则"；第二个是领导力的区分因子，即反映并代表了公司特征的领导力特点。领导力品牌的结构如图7-3所示。

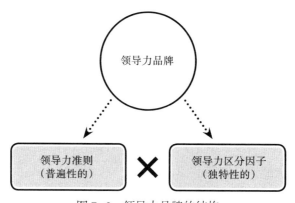

图7-3　领导力品牌的结构

领导力准则

领导力准则反映了任何组织对领导者的普遍期望，不管这个组织是红十字会、法国巴黎银行，还是喜力啤酒，高效能的领导者无论身在何处都要扮演以下五种角色。

1. 战略家：通过制定聚焦于"为关键客户提供服务"这一目标，为组织的未来进行定位。

2. 执行者：设置绩效管理规则与执行方案，以便实现及衡量最终结果。

3. 人才管理者：与现有人才沟通并进行相应的辅导。

4. 人力资本开发者：发现、聘用并发展应对未来挑战所需的人才。

5. 个人能力：通过个人品质，比如情商、学习敏锐度、诚实及社交网络等获得认可。

表 7-3 可帮助你评价你所在组织的优势与机会，以提升领导力准则的种种要素。你可通过为组织的每种要素评分，找出其中改善后可能产生最大影响的那一项。

表 7-3 领导力准则评价表

领导力准则	得分（1~5 分）	改善后对业务的影响度（详述）	改善计划
战略家			
执行者			
人才管理者			
人力资本开发者			
个人能力			

领导力区分因子

领导力准则是建设强大而独特领导力品牌的维度之一，另一维度是定义组织希望为其领导者树立的独特品牌（这也是组织希望向外传达的领导力的独特内涵）。苹果公司的领导以创新闻名；维多利亚的秘密⊖的领导因以客户为中心而著称；蒂芙尼的领导以注重品质赢得声誉。

领导力品牌的提升步骤由六项组成，如图 7-4 所示。

⊖ 维多利亚的秘密（Victoria's Secret），美国一家连锁女性成衣零售店，主要经营内衣和文胸。——译者注

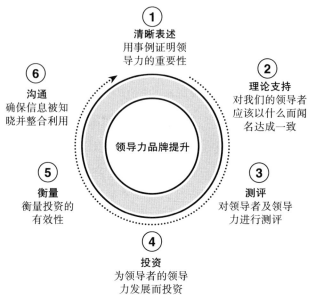

图 7-4　建立领导力品牌

你的组织如何定义其所期望的领导力品牌？在发展领导者使其成为组织领导力品牌典范这一方面，你的组织有效性如何？表 7-4 基于不同的目标，就如何提升领导力品牌的创新与整合，给出了一些可以采取的措施。

举个例子，德高货运是隶属马士基集团的供应链管理分部，他们邀请客户深入、直接参与其领导力发展项目。德高有一个为期两年的促进年轻领导者发展的项目——"影响"计划，它涵盖了高管教育、参与特殊项目、与服务不同市场的同事合作等内容。该项目定期邀请客户与组织中出色的年轻人才进行对话。同时，该项目也会毫无保留地为参加者提供正反两方面的反馈。该项目的结果很有趣：尽管需要精心准备和旅途奔波，但参与过的客户（Home Goods、家乐士、A&F、惠普）都对能够参与此项计划大加赞赏。

表 7-4 建立领导力品牌的选项

优先考虑要改善的问题	HR 专业人员可能采取的行动	HR 领导者可能采取的行动
用事例证明领导力的重要性	识别出组织因为拥有优秀的领导者及领导力所带来的财务与运营效益，包括业务增长、客户满意度和风险规避	使领导力成为战略讨论的重要方面：我们拥有执行战略的领导团队吗？优秀领导力给组织带来的价值是什么
清晰定义何为高效能的领导者	通过访谈找出关于领导力区分因子的共识与分歧	匹配对领导力的要求与战略需求
按照一套标准对领导者进行测评	积极参与领导力测评并审查测评过程	确保测评过程保持始终如一的严格与细致
对未来领导者进行投资	利用如 RBL/翰威特公司关于"最佳领导力培养公司"数据库来了解那些最佳企业是如何为未来领导者投资的	将全球对标作为评价领导力发展投资效能的常规内容
衡量与跟踪领导力赋能的有效性	利用焦点小组来明确需要整合的领域以及哪些方面需要优化整合	每年对领导力发展的过程进行审计：我们可以如何改进
整合领导力发展的各项措施	评价 HR 实践的一致性和机会点，以促进领导力的发展	请客户参与评价领导者：在今后两三年内，企业的领导者必须具备什么样的能力以持续满足客户的期望

建立一个领导力品牌的过程可以对组织具有很大的启迪作用。谷歌的 HR 负责人曾惊讶地发现，管理成功的关键驱动器因素不是技术能力，而是与创新战略紧密联系的优秀领导力。这一发现促使谷歌重新思考管理者的角色，并且转变了它的经营哲学。下面是谷歌总结的八项领导力原则。

1. 成为好教练。
2. 授权给团队，不要事必躬亲。
3. 关心员工的成就和幸福感。
4. 富有成效且以成果为导向。
5. 成为好的沟通者，倾听团队的声音。
6. 帮助员工职业发展。
7. 为团队制定清晰的愿景与战略。

8. 掌握关键的专业技能，以便给你的团队提供建议。

整合的挑战

创新与整合的焦点是五项核心的 HR 实践：

- 人；
- 绩效与回报；
- 信息与沟通；
- 工作与组织；
- 领导力。

业界在整合这五项 HR 实践方面的效果如何？不尽如人意。人力资本传媒咨询集团（Human Capital Media Advisory Group）最近的研究表明，当被问及人才的获得是否与其他 HR 实践（如绩效管理、学习与发展）完美整合时，结果是：

- 41% 的参与者表示不同意或者强烈不同意；
- 26% 的参与者既没有表示同意也没有表示不同意；
- 33% 的参与者表示同意或者强烈同意。

毫无疑问，要在组织内部创建共享的思维模式，HR 体系的整合是必不可少的。然而，这些数据表明，尽管整合是一个好想法，但是它仍然没有得到很好或持续的实践。

总结

"HR 创新与整合者"这一维度，让我们得以有机会了解 HR 与业务部门领导者的期望。对于两者来说都很清楚的是：人们希望 HR 在 HR 实践中创新，特别是在人才管理领域，HR 的实践既要与组织能力保持匹配、能够发挥效力，还要能够自成一体，创造新的组织能力和共享文化。创新有可能是原创的，也可能来自组织外部，或者是将组织中一个部门的新方法采纳或应用到其他部门。但是，只有创新还不够，HR 的工作就是通过构建组织能力提升文化，这要求多项措施的协同或整合，特别是在协同具有重要意义，但不协同的代价尚未被清晰认识到，或者 HR 不受重视的领域，就更需要多项措施的协同与整合。

第8章
信息技术的支持者

本章由 M.S. 克里施南（M.S.Krishnan）、密歇根大学罗斯商学院信息系统与创新教授约瑟夫·汉德曼（Joseph Handleman）、本书合著者之一韦恩·布罗克班克共同撰写。

不久前，美国电子协会在华盛顿召开了为期两天的会议，旨在讨论美国电子行业与美国政府之间不断恶化的关系。参会者都是重要人物：电子行业的 CEO 和代表政府的高级官员——包括数名参议员、众议员和行政管理机构成员。在一次热烈的讨论中，一名美国参议员走向麦克风，问戴维·帕卡德（惠普公司的创始人之一）是否在场。他的确在场——这种会议他应该在场，于是他应邀来到会场一个麦克风前。

"帕卡德先生，"参议员接着说道，"您创办了一家因创新与合作的工作环境而大获成功的企业，并因此而出名。您解决了硅谷企业与当地社区间的很多问题。您在创建美国电子协会中也起到了关键作用，今天也正是美国电子协会使我们相聚于此。现在，我们为您带来了一个更人的挑战：您认为我们应该如何同时最大化美国企业和美国政府的利益？"帕卡德站在麦克风前思考了几秒钟，回答道："我建议由我来召集电子行业的 CEO、众议院及行政管理机构的负责人成立一个工作组。我们将提出一个使各方利益最大化的优化方案。我对我们取得成功充满信心。"会议结束后，戴维·帕卡德很快就约了韦恩·布罗克班克讨论政企关系。韦恩的第一个问题是："什么想法促使您建立一个机构，以鼓励人们为了最大化共同的利益而分享信息和观点？"帕卡德微笑着说："惠普的高管团队每周五上午都要召开会议，有时候持续几个小时，有时候持续几天。我们至少会花一半时间来讨论如何才能将公司某一部门的信息传递到另一部门，并且确保信息得到有效利用。问题在于拥有重要信息的人往往没有途径或意愿去传递信息，而那些需要这些信息的人也没有途径或意愿去接收和应用这些信息。解决这个问题的过程造就了今天的惠普。"

什么是"信息技术的支持者"

并非所有 CEO 都有帕卡德那样的洞察力，能够判断出我们需要做些什么来确保信息的有效传递。而自帕卡德时代之后，对信息有效传递的需求愈发紧迫。在过去 20 年里，随着计算能力的提升和数字通信成本的急剧下降，应用软件已经拓展到企业的方方面面（见图 8-1）：从客户交易到供应商管理，从投资者关系到员工敬业度，信息技术无处不在。在过去 20 年里，无处不在的接入点和普遍盛行的数字化技术已经彻底颠覆了信息技术（IT）在各种大小企业中的地位。幸运的是，HR 专业工作者能够在解决技术和信息管理的问题上发挥积极作用，实质性地提升信息技术对企业的价值。

企业中用于支撑信息架构的技术始于支持职能事务自动化的应用软件。这些软件系统大多由企业自行开发，通常从多渠道为同一对象采集数据，因而会带来数据定义的冗余和数据整合的挑战。面对各信息孤岛的信息冲突，很难通过这些应用软件实现职能部门之间信息处理的高效性。

20 世纪 90 年代，通过集成的（或外部第三方开发的）企业资源计划（ERP）软件，问题开始得到解决。ERP 软件集成了数据，并将客户关系管理和供应链管理等软件产品连接起来。这些方法看起来很有前景，企业也为此花费了数百万美元，但效果仍然有待考证。正确地使用这些软件包确实提高了事务处理的效率，但这个层面是否真的取得了成功，现在还不是很确定。

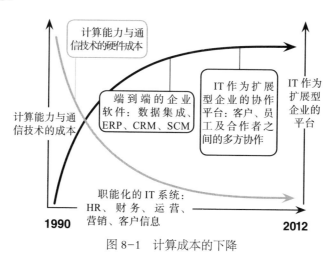

图 8-1 计算成本的下降

更糟糕的是，这些软件系统中包含的数据很少能转化成能有效辅助决策的信息。用户界面的不友好使得很难获取问题答案，究其原因，部分在于企业的职能管理者未能积极主动地参与设计信息架构，而是将信息架构设计的任务交给了软件开发商、信息技术行业合作方及公司内部的IT团队。他们对这些软件用来解决何种问题都不甚了解，更不用说给出答案了。

这些问题一直持续到21世纪，信息技术仍然不是企业职能部门管理者擅长的领域。结果是，业务管理者不理解他们业务流程中的信息流——这些信息流本可以给他们的职能赋能，而企业IT团队呢，他们也许是技术专家，却不了解企业的业务。正如C.K.普拉哈拉德和M.S.克里施南在《企业成功定律》中提到的，尽管清晰的业务流程和信息流是保证组织灵活和创新的关键因素，却常常无人能够承担这项职责。

HR职能也不例外。HR职能的每个方面——招聘、薪酬、培训、员工学习、绩效管理、知识获取甚至领导力发展，都需要信息技术提供支撑。图8-2描绘了过去20年里人力资源管理领域中的IT变革。

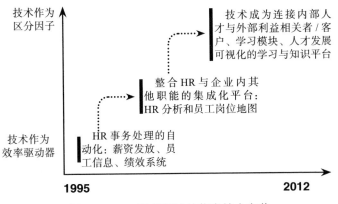

图8-2 HR职能领域的信息技术变革

在图8-2中，第一阶段是通过IT系统实现HR事务处理的自动化。如今几乎每个企业都达到或超过了这一阶段。在第二阶段，HR集成了包括其他业务职能在内的多种活动数据。对有的企业而言，也许招聘活动还没有完全自动化和集成化，但信息技术仍在"将合适的人放在合适的位置上"发挥了作用。也可能有一些HR活动的系统仍然是独立的应用而没有与其他HR应用横向整合在一起，如员工绩效系统。但无论如何，多数大型企业已经进入了第二阶段。在这些组织中，HR职能已经被包含在软件开发商所提供的ERP系统的HR模块中。ERP系统通过整合不同HR活动中的数据，使数据冗余和不一致达到最小化，从而提高了HR的效率。除此以外，它还能在组织架构中描绘具体的员工岗位，进而保证任务分配和绩效考核的透明度。不过，多数ERP系统仍然以事务处理为导向，也仅能对事务处理提供HR分析。

虽然多数企业仍把IT作为效率驱动器，但技术已经可以在企业内外部的人才管理与知识管理上充当能力区分因子的角色了。正如图8-2所述，第三阶段的企业中，技术成为连接内部人才与外部利益相关者（包括客户与其他合作者）的学习与知识平台。这些企业应用 IT 平台推广培训与学习模块，并追踪这些模块的使用情况。通过这些平台，员工的专业知识和绩效表现变得公开透明，全球各业务线的员工也被连接了起来。

"信息技术的支持者"胜任力的构成要素

表 8-1 从统计角度揭示了"信息技术的支持者"这一胜任力的构成要素，包括这些要素现有水平的平均分，及各要素对个人效能、业务成功的影响。正如第 2 章中表 2-8 所提到的，六大胜任力中，"信息技术的支持者"在实际的执行质量上表现最弱（仅得 3.74 分，满分 5 分），但其对业务成功的影响在六个胜任力中却几乎是最大的（占 HR 整体影响的 18%），因此这一领域是 HR 改进与提升价值的重要机会点所在。

表 8-1 "信息技术的支持者"胜任力的构成要素

构成要素	平均分 （1～5 分）	对 HR 个人效能的影响度	对业务成功的影响度
通过信息技术提高 HR 活动的效用	3.72	2.9%	5.0%
善用社交媒体工具	3.68	2.7%	4.7%
通过信息技术连接各方	3.94	4.6%	6.3%
相关系数（R^2）		0.12	0.18

要素 1：通过信息技术提高 HR 活动的效用

虽然"员工是企业最重要的资产之一"并非陈词滥调，但信息技术在 HR 领域的应用却远远落后于在运营、财务或营销领域的应用。HR 领域中诸如薪资发放、绩效评价和员工福利等职能的自动化实现能够提升效率，引入员工自助服务能进一步提升效率。但这只是个开始。将员工信息、组织职责及跨职能信息流进行数字化的能力，为 HR 提升对员工信息和履历的管理水平提供了大量机会。例如，思科公司 HR 为员工提供内部医疗检查，管理员工健康信息，并鼓励员工采取行动积极改善健康状况。有些公司的 HR 系统会记录员工年度医疗体检结果，甚至激励员工将某个指标降到合理水平。这些项目既能激励员工照顾自身健康，还能解决医疗成本问题。

美国运通公司（American Express）搭建了一个灵活的技术平台，使客服人员可以自行协调换班，而不必逐级请示上级主管，这使大家能更好地平衡家庭与工作。例如，有人想赶去参加孩子的足球比赛，或要照顾生病的孩子，他就可以和其他愿意调班的员工换班。系统采用数字化手段记录客服人员的轮班情况，并能在员工层面进行追踪，这就实现了权力下放，同时保证不影响客户体验。因此，这个平台获得公司年度总裁创新奖也就不足为奇了。

BPS 公司是医疗保健行业提供全球性解决方案的供应商，市值数十亿美元。为了连接员工和企业运营信息流，它搭建了一套信息整合平台。这个平台是众多全球性的在岸和离岸技术中心与合作机构组成的网络，满足了医疗企业个性化的需求和目标。它设计的外包模式可以稳定劳动力、简化权责、量化节省的流程费用。BPS 公司服务超过 35 家分布于全美各大州的专业医疗保健机构，提供流程优化咨询和培训服务，帮助企业和政府机构提升绩效，提高生产率，达到包括 ISO9001 和六西格玛等在内的多个国际标准。

BPS 专有的 IT 平台旨在连接员工与运营活动、外部利益相关者（如客户及其他知识合作方），它包括团队沟通、人才信息、过往绩效结果及完整的员工个人档案信息，能够为员工量身打造学习发展计划。例如，如果某个负责健康保险相关工作的员工登录平台，平台就会给他推送所在岗位相关的培训模块和模块中的最好成绩及平均成绩，让员工不仅了解自身的岗位职责要求，也了解在该岗位上的其他员工的学习情况。平台记录的这些结果也使管理层能够看到培训模块在个体接受度和公司整体水平上的运行效果。

BPS 平台自动整合了员工活动和核心业务运营活动。例如，从参加招聘的第一次面试开始，员工就需要参加 IT 平台上的个性化在线测试，并且测试成绩将被记录下来。如果员工想参加某个课堂培训，必须通过电脑自动生成的几项测试，如果测试成绩未达到及格线，该员工不得参加这一培训。为了保证员工了解最新的业务知识、岗位知识和操作流程知识，BPS 公司安排了每周测试，分数同样会被录入系统并向员工公开。该平台还可以通过实时的绩效数据和技能水平评价，让 BPS 公司能够管理外协单位等协作者的生产率和绩效。

BPS 公司还建立了一个实时的技能数据库，它可以获取每个员工在不同任务方面的技能水平。客户也能获取这些信息。例如，他们能够检查参与服务流程的人员配置情况、员工的技能水平、过去 6 个月在任务中的绩效表现。这个系统类似于生产质量控制过程，能够不断提高员工的工作绩效。员工和客户都能随时查看这些信息，这能够有效确保质量始终得到大家的重视。

该平台的员工门户还记录每位员工产生的新想法，通过一个界面实时显示每个员工每个月的绩效评价结果。类似的，对主管、经理人员的绩效评价以其所带团队的整体表现为依据，在被评价后，结果也会实时进入平台。同样地，平台支持查询每名员工的薪酬和福利的详细数据。因此，绩效评价不是基于直觉，而是基于实时的真实绩效数据得出来的。根据员工在组织中的表现，将他们划分成四个不同的绩效等级，每位员工都清楚自己的等级。这样做的结果是，BPS 的人员流失远低于行业平均水平，在人员稳定性上比其他公司好很多。BPS 公司一位高级管理人员曾兴奋地说过："尽管我们仍有人员流失，但我们清楚地知道离开的是哪些人，那对我们没有太大影响。" BPS 的绩效评价过程如此公开化，以至于绩效表现不尽如人意的员工都选择了主动离开公司。

BPS 的工作操作流程同样对全球客户开放，客户可以协调、监督工作过程。BPS 平台还包括一个知识管理工具和一个知识获取流程，用于获取客户和工作过程中显性的或隐性的各种信息，能够第一时间了解到客户流程或医疗保健行业规则的任何变化。无论是整体信息流程层面的绩效表现，还是员工个体层面的绩效表现，对于员工和他所服务的客户来说都是透明的。BPS 公司正是利用这个灵活、透明的信息平台，来应对全球客户常见的外包风险。

要素 2：善用社交媒体工具

根据 Gartner 2012 年的研究，只有 5% 的组织能够合理运用社交媒体改进与客户合作的流程。近年来，维基百科、博客等社交媒体和配套技术已经发展为企业平台，促进内部员工、客户以及合作伙伴之间的交流合作。几乎每家公司在脸书和领英上都有公司主页。HR 部门利用推特（Twitter）发布信息，吸引所需人才。公司利用社交平台上的视频和博客与外部交流它们的企业文化和宣传新发展合作机会。例如，英特尔就在 YouTube 网站上发布了公司视频；德意志银行在社交媒体上发布了一份名为《银行非正式指南》的报告，目的是简单介绍银行业务和吸引新的应聘者；通用电气在社交媒体上展示新的创新项目，以体现公司的创新文化。

社交媒体还可实现员工与客户的联系。除了解决客户的问题，这些平台也是促进员工和客户合作的知识枢纽——不仅能解决现有问题，还能为产品和服务提供新的创意。实质上，传统的顾客口碑已经转移到了社交平台。企业不能忽略这些新出现的媒体。例如，几年前戴尔笔记本电脑意外起火，当时社交媒体网站对这一事件的追踪报道非常密集，而戴尔则利用同样的社交平台抓住了这些问题的源头并且迅速解决了问题。

社交媒体的影响不限于外部应用。我们了解到有些公司创建了类似社交媒体的内部平台，不但加强了内部员工间的联系，还深化成为促进人才识别、问题解决和产生新创意的内部协作平台。现在应用技术平台搭建内部论坛已经很普遍了，如瑞士联合银行、IBM、塔塔咨询服务公司。在大型跨国公司中，这种平台为全球各业务单元共享最佳实践，创建了新的学习渠道。一些组织，如辉瑞制药公司，为了传播公司开放和透明的企业文化，甚至在内部平台上公开战略制定过程中的文件，允许公开讨论公司政策。

虽然社交网络在企业内外部都发展迅速，但也面临着一些挑战，使用这些平台是把双刃剑。例如，专注于这些平台的员工有可能在进行积极的合作，也有可能在浪费时间；对这些平台进行管理的合法性也很模糊；平台内容的归属可能也难以清晰化。例如，曾经有人宣称他在脸书上的个人主页对脸书的市场价值贡献巨大。在另一个案例中，一家大型全球性企业在内部创建了社交平台以鼓励开放的交流，很快，平台中有些言论过激、超越了公司礼仪规范的底线，尤其是针对高层管理者的，而高层管理者对此还没有做好准备。他们因此关闭了平台，重新思考如何正确使用社交平台。

总之，由于社交媒体仍然是一项发展中的技术，我们的研究显示它对"业务成功"影响较小也就不足为奇了。

下面是一个擅长社交媒体的案例。在 20 世纪 90 年代早期，IBM 处于破产的边缘，当时的 CEO 郭士纳成功地进行了战略转型——从计算机产品销售转变为为客户量身定制商业技术解决方案——使公司转危为安。此后，IBM 将业务重心聚焦于售卖知识。它通过为客户提供独特和创新的解决方案获得更高的市场占有率，并把自己与其他供应商区分开来。因此，员工的知识与专业技术成了 IBM 的核心资产。早在 1997 年，当大多数企业都在阻止员工使用互联网时，IBM 就鼓励员工上网获得新信息、开展与客户和商业合作伙伴的合作。

最近，IBM 又开始了所谓的社交业务转型。它创建新的平台来帮助员工了解社交媒体并指导他们如何让社交媒体发挥特定功能。IBM 正在内部部署社交媒体以及类似的网络，以充分利用员工中的"专家"。针对客户需求而分类的不同职位、专家，对于 IBM 全球 40 万多名员工都是可见的。另外，在名为"The Greater IBM Connection"的社交平台上，员工不仅可以与公司内外部更多人员——IBM 员工、潜在客户或其他合作方——联系，还可以应用"寻找专家"的内部搜索功能在 IBM 内找到某个主题领域中的专家，所有这些都可以帮助员工识别自己的优势并确定更长远的发展方向。例如，一名在亚利桑那州的客户服务专员需要具有复合专业知识的团队，包括一名欧洲的电力系统专家、两名加利福尼亚的软件设计专家、一名班加罗尔的系统集成专家、两名孟买的测试专员，这个团队可以在很短时间内组建起来，就像坐在同一个大厅里一样顺利地开展跨时区合作。

与流行的社交网络平台类似，"The Greater IBM Connection"允许员工共享状态更新、合作创意和分享信息。此外，IBM 员工管理着 1.7 万多个不同主题的个人博客。这些平台一起构成了 IBM 巨大的知识库。IBM 还将社交媒体用于日常的 HR 事务，如招聘、员工培训、销售培训和领导力发展。举个例子，IBM 已经在领导力发展中为新员工创建了专门的社交网络，以便他们不管身处世界何地都可以相互联系。这种方法让他们能集合更多人的信息，加速对企业的了解和适应。

IBM 成功创建了独特的内部社交平台，收集了来自全球各地的成千上万名员工的专家水平的知识，从而为其客户提供个性化的解决方案。这个平台为 IBM 带来了巨大收益：在过去 10 年中，IBM 的销售额与利润得到了大幅增长，为股东带来的收益是标准普尔公司的四倍，几乎是美国纳斯达克的两倍。

要素3：通过信息技术连接各方

"通过信息技术连接各方"这一要素在"信息技术的支持者"领域是一个意想不到的发现，然而其论证却很直接和合理。在全部胜任力的所有构成要素中，"信息技术的支持者"的三个要素对个人效能影响的得分都是显著最低的（见第2章中表2-9和图2-7）。在"信息技术的支持者"的三个要素中，虽然"通过信息技术连接各方"的得分最高，但实际上这三个得分之间的差异很小（见表8-1）。最戏剧性的是它们对业务成功的影响："通过信息技术连接各方"对业务成功的影响是全部20个胜任力构成要素中最大的，同时，HR专业人员在这一项得分是最低的，这正是HR潜在的竞争优势所在。HR现在还没有把这些事情做好，但是如果做好了将促进业务的成功。很显然，这是HR应该重点关注和投入之处。

将这一要素的调查条目组合起来，便能组成一个沟通策略，如图8-3所示。

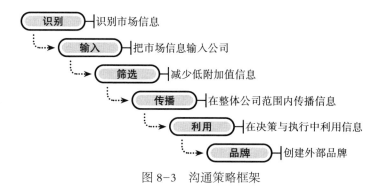

图8-3 沟通策略框架

图8-3中的元素构成了沟通策略的框架。我们观察到，高绩效公司的HR专业人员正越来越多地参与到这些活动中。有些人可能会问，这些活动是否会导致HR远离他们的核心职能？从表面看，答案似乎是肯定的。但是更进一步思考就会发现，HR参与这些活动是有意义的。因为我们的前提是HR应该是业务所需的人才和组织方面的架构师，而员工所获得

的信息必然对以下几个方面产生巨大影响（这些方面又都与 HR 的责任相关）：人们思考与表现的方式，员工共同看待世界的方式，员工协调行动、消除信息孤岛影响的能力，以及关键的组织能力（组织文化）的建设发展。

过去几个月中，我们拜访了许多公司的管理团队并且发现了一个有趣的趋势。一般来说，每家公司都有一个首席财务官（CFO）、首席人力资源官（CHRO）、首席运营官（COO）、总工程师（CE）和首席技术官（CTO），有些公司还有首席信息官（CIO）。不过当我们深入了解后发现，CIO 这个头衔几乎都属于首席信息技术官（CITO）——其主要职责是管理计算机系统，也就是说，重点放在信息管道而非信息本身上。我们发现，任何一家公司都没有某个人能够为公司端到端的信息流架构负责。尽管如此，公司内部业务流程的逻辑依然是信息流结构。在当今信息时代，似乎没有人为这个对组织成功非常关键的维度承担责任。如前文所述，这与 C.K. 普拉哈拉德和 M.S. 克里施南的研究发现一致。我们的意思并不是建议 HR 承担首席信息流架构师职责，但是我们确实认为，积极参与这一事务的 HR 将会提升他们对企业绩效的影响力。

识别关键的市场信息

不管是组织还是个人，很难意识到自己不知道什么。举个例子来说，有一家油田服务公司损失了巨大的市场份额，但原因不明。新任总裁巴迪·帕克（Buddy Parker）意识到必须马上采取措施。他走访了包括 HR 部门在内的每一个部门。他问："为了解决这个问题，你认为我们需要做什么？"在大多数公司里，CHRO 可能会回答："我们可以帮助你通过裁员来弥补收入上的损失。"而这家公司的 CHRO 强调说："在确定 HR 部门该做什么之前，我们需要找出我们与客户之间的问题到底出在哪里。我们需要大家努力去倾听客户之声。"HR 部门与市场部一起策划了一个涵盖所有职能人员及各层级人员的方案，让他们去访谈全世界范围内的客户。基于员工搜集的信息，很多事情自然而然地发生了：有些人被解雇了，有些人被晋升了，应该评价什么、应该奖励什么、应该在培训发展中关注什么内容等也都清晰了。短短一年中，这家公司的市场份额下滑停止了，到第二年年末还有了稳定的提升。

把市场信息输入公司

在少数知名企业，HR 部门为公司输入市场信息。例如，迪士尼让员工去做市场调查，然后发现员工电话调研客户时可以从优质客户那里获得更有价值的信息[一]。相比外部机构提供的匿名调研，客户如果了解到电话那头的人是来自大佛罗里酒店（Grand Floridian，迪士尼旗下的旅游酒店）的接待员工或其他一线员工时，他们就会提供更多的信息。客户在与迪士尼的员工分享他们的经历时，谈话对参与调研的员工、这些员工的同事、当前的客户以及未来的客户都会产生直接的影响，这是一个极好的双赢局面。

印度联合利华公司（HUL），印度最负盛名的公司之一，也提供了一个极好的例子。在过去几十年里，HUL 一直在最佳雇主排行榜上名列前茅。因此 HUL 经常能够从印度的一流大学里挑选最优秀的毕业生，这意味着它的管理培训生常常来自高收入家庭。但是，HUL 所信奉的理念是"财富来源于金字塔底层"——它的目标客户是处于社会经济底层的人。所以 HUL 未来的管理者与将要服务的目标客户相脱节。HUL 如何解决这个问题？它派遣管理培训生到偏远的乡村与贫穷家庭一起生活六个月。在与这些家庭一起生活的过程中，他们亲自体验了客户的生活。这些经历不只是让他们印象深刻，还让他们铭记于心。

关于将客户信息引入公司的其他最佳实践有：

- 传统的市场调研（宝洁）；
- 共同创造新产品与服务（马恒达）；

[一] 相比请外部调研公司。——译者注

- 让员工参观客户驻地（福特）；
- 让客户参加公司的节日活动（美敦力）；
- 录制并播放客户参与体验的视频（通用电气）；
- 安排轮岗到直接面向客户的岗位（乐柏美）；
- 让客户出席重要的领导力会议（铁姆肯）。

减少低附加值的信息

在2012年的HRCS研究中，我们发现对客户信息的"识别""输入""共享""应用"这几项与"减少低附加值信息"这一项在统计上是相关的。我们喜欢问高层管理者一个问题："当您结束一天的工作回到家时，您会因为创造了很大的价值而感到充满激情和活力吗？"几乎所有的人都举了手。我们接着问："您会因为整天做的全是愚蠢而无用的工作而感觉挫败吗？"又是几乎所有的人都举了手。我们又问："愚蠢而无用的工作是什么？"所有的回答几乎都是毫不相关的会议、报告、审批文件、冗余的流程、无用的文书工作等。值得注意的是，这些都是不同形式的内部信息流程。

公司深思熟虑的空间有限，必须慎重地应用有限的资源。到底是聚焦在内部的官僚信息还是重要的客户信息？我们的研究表明两者不可兼得，你必须确定平衡点，如果想增加客户信息流，就必须减少内部信息流。问题在于纵观HR领域的发展过程，相比外部信息，HR专业人员更擅长应用内部信息。

许多公司已经意识到或者直觉地感觉到了这一点，并且已经有意增加市场信息来达到内外部信息的平衡。我们在通用电气的"群策群力"（WorkOut）、通用汽车的"加速"（GoFast）和联合利华的"清理"（ClearOut）项目中都看到了这一点。执行这些项目的流程很复杂，但是议题很简单，只有以下两个：

- 阻碍效率的低附加值活动有哪些？
- 如何减少花在低附加值活动上的时间与精力？

传播信息

信息在组织内部流动的方式有四种：自上而下、自下而上、部门内部和跨部门。过去两年里我们访谈了100多家公司与大学的高管团队，询问他们："以上四种方式中，哪种是目前运转得不够好，而如果运转得当可以极大地提升组织绩效的？"回答一致都是"跨部门"。横向的信息流容易被双方阻断。正如史蒂夫·科尔（Steve Kerr）说的那样："信息共享不是问题，除非拥有信息的人不想分享或者需要信息的人不想接收。"

信息共享是竞争优势的重要来源之一。例如，在制药行业，基础研发不仅费用很高，而且存在很大的不确定性。制药行业的一般做法是寻找其他公司已经完成的研究和取得的成果，并与自己已有的成果相结合，创造出新的产品，从而不需要从头开始研发。据说这是辉瑞制药公司收购惠氏公司的原因——惠氏凭借其通过信息共享创造价值的能力而享有盛誉。

尽管困难重重，信息全面共享仍然是一个重要的任务。表8-2介绍了内部信息传播的四种方式及相应的改进方法。

在决策与执行中利用信息

面对信息过载，必须合理地解读信息才能为决策提供独特而关键的视角。在同行业公司都可以获得大致相同信息的情况下，"整合原本相互独立的信息形成独特的观点"这一能力日益成为竞争优势的来源。

化妆品行业便是如此。数年前，一家行业领先的生产制造商注意到以下信息：越来越多的年轻女性将从之前由男性占主导地位的大学毕业，女性职业运动团队开始出现，女性也开始登上国家的政治舞台。同时，在欧美地区，年轻男性有机会展示他们更加温柔体贴的一面，"全职爸爸"得到了越来越多的认同；《老友记》曾是非常流行的情景喜剧。这家公司整合这些信息，得出了以下结论：传统的性别之间的界线将逐渐消失，世界将需要更多的中性香水。在这个想法的指引下，一种全新的中性香水诞生了，而且直到现在它仍然是全世界机场最畅销的产品。

表 8-2 促进交流的实践

传播方式	促进交流的实践
跨部门	• 衡量跨部门合作产生的收入大小并进行奖励 • 组织最佳实践共享会议 • 安排跨部门的轮岗 • 组织协调会议 • 组建矩阵组织 • 组建员工特别兴趣小组 • 确立关键角色 • 应用传统的电子邮件 • 邀请外部演讲 • 召开跨部门融合会议 • 组织跨部门培训 • 应用 Jive、Socialize Me 等内部协作软件进行 360 度评估，获得其他部门的反馈意见
部门内	• 把需要合作的员工安排在一起办公（物理距离小） • 每天组织高效的晨例会（如 15 分钟） • 安排内部沟通会议 • 组织 360 度反馈
自上而下	• 应用播客、网页、视频会议和电话会议介绍季度财报 • 组织高管讲话 • 政策宣导 • 巡查管理 • 员工代表参加内部董事会议
自下而上	• 开员工大会 • 高管与员工共进午餐 • 开展员工调查 • 组织员工焦点小组 • 设置业务合作伙伴

信息一旦经过整合，就容易被接受和应用。在变化如此快速的时代，不愿意打破固有思维、接受突破性信息的行为将会阻碍准确而及时的决策制定。不幸的是，无论个人还是组织都倾向于听到自己想要听的，而不是信息本身的含义。我们都知道安然公司、雷曼兄弟、宝丽来、柯达和伯利

恒钢铁公司的例子。这些公司都存在很多问题，但是共同的原因是它们一开始只看到它们想看的，最终导致局势不可逆转。

> 我们不是我们看到的这个世界的受害者，而是我们看待这个世界的方式的受害者。
>
> ——威廉·詹姆士

打破公司的传统常常需要不断地自我反思和讨论，需要允许大量不同声音进入决策讨论环节（但是这些不同声音一般会为了避免不愉快的争议而被阻止进入决策讨论环节），需要直面短期的痛苦以获得长远的成功，需要接受和了解新的、不熟悉的、存在潜在风险的未来，需要接受残酷的现实（我们并不是我们看到的这个世界的受害者，而是我们看待世界的方式的受害者）。在某种意义上，组织内部的信息流决定了组织及时看清现实并做出调整的能力。

要保证信息在决策制定过程中得到有效利用，需要掌握准确、及时、独特和基于现实的信息，并且能很肯定地回答以下问题：

- 应该参与的人都到位了吗？也就是说，掌握信息的人、对信息持有独特见解的人、有权力去执行和最终愿意付诸行动的人，一个都不能少。
- 已经为行动计划的实施制定了合理的方案了吗？
- 基于实际情况制订的行动计划的时间期限是否被广泛接受了？
- 最终决策和执行的权责是否清晰？
- 对于我们将要实现的使命或愿景是否清楚？

创建外部品牌

信息一旦转变成内部的决策和行动，将以品牌的形式展现给外部。创建外部品牌的第一个挑战是在公司内部创建品牌所需的实质性内容，而不是马上就向外界宣传品牌承诺，否则将会损失惨重。对于不能实现品牌承诺的行为，市场是绝不会原谅的。英特尔公司曾快速地公布了"可靠的最先进技术"这一品牌承诺，然后专注于提升整个公司的能力，以实现这一品牌承诺。当然，它必须这么做。然而，在20世纪90年代中期，当时它的旗舰产品奔腾芯片出现了一个很小的问题，铺天盖地的谴责迫使公司承诺更换有问题的处理器，并且从税前收入中扣除了4.75亿美元作为罚款。

第二个挑战是宣传品牌形象。近年来最著名的品牌标语是通用电气的"GE带来美好生活"。这也是通用电气想通过创新、通过提供以客户为中心的产品和服务去实现的愿景。为了保持品牌的活力，公司必须雇用合适的员工，为员工提供合适的培训，提供合适的评价和激励体系，传播适当的内部信息，培养合适的领导者。

总结

"信息技术的支持者"胜任力的三个构成要素提供了有效的运作流程，HR专业人员可以据此创造竞争优势和高绩效表现，而且这种优势经得起验证。这是有志于为企业创造更大价值的HR专业人员未来应该重点关注的主题。

第 9 章

自我发展：成为专业的 HR

2012 年的 HR 胜任力研究成果定义了 HR 专业人员和 HR 部门的胜任力，其内容已远远超越了早年那些标志着 HR 成功的绩效结果特征。如前文所述，HR 的发展经历了四个阶段，HR 从最初传统的基础人事管理向薪酬管理、绩效管理和领导力发展等专业领域演进。在第三个阶段，我们看到 HR 的角色已从领域专家向战略合作伙伴转变。

我们所说的"第四个阶段"——由外而内的 HR，则着重强调了 HR 专业人员的一项新兴职责，即 HR 专业人员需敏锐地观察到并诠释那些会对业务成败产生影响的趋势或状况。此阶段需要 HR 专业人员立足之前的三个阶段，超越战略，将人力资源工作与外部环境和利益相关者的需求相匹配。如今的 HR 专业人员需要以"由外而内"的视角，通过专业层面和战略层面的出色表现建立其可信度，这需要 HR 专业人员学习帮助企业提高其客户占有率、投资者信心、企业声誉及财务表现。

新的 HR 胜任力模型对 HR 专业人员如何为企业做出更多及更多样化的贡献提出了挑战。在大部分组织里，HR 专业人员必须持续提供完美无误的传统人事管理服务，无论是直接提供还是通过管理外包服务质量的间接提供。同时，HR 实践必须既能适应组织要求，又能驱动组织能力提升。

在新的阶段，不仅有商业环境的改变，还有 HR 胜任力的改变。HR

专业人员必须具备解读外部事件和发展趋势，制定战略议程（内容包含人力资本对业务战略和优先级的可能影响）的能力，同时，在确保公司领导力、文化和人才有效支撑未来成功的领域发挥主导作用。

正如许多公司意识到的，HR 专业人员（包括 HR 领导者）的能力发展从未如此重要。2011 年，一次领导力危机几乎摧毁了日本奥林巴斯公司（Olympus）。独立委员会的调查报告称："核心管理层腐败不堪，并影响了周边的其他管理人员。"[1] 大约在同一时间，受人才流失的影响，网络游戏公司星佳（Zynga）业绩下滑，导致首次公开募股（IPO）的估值大幅下降。[2] 10 年前，"不惜任何代价追求业绩"的企业文化将能源巨头安然公司（Enron）推向破产的境地。2004 年年初，克雷格·唐纳森（Craig Donaldson）采访史蒂文·库珀（Steven Cooper，安然公司破产后的 HR 负责人）后写道：

> 库珀认为安然的企业文化是导致其破产的原因之一，加之安然在经营中，尤其是贸易活动中，采取了"冒进"的方式。"管理层对这些好得令人难以置信的业绩坚信不疑，事实上，大量的业务不聚焦、不清晰，而且缺乏问责机制。他们坚信自己不可能亏本，并一直宣扬他们根本不会亏本，这都是一个大的错误。"

HR 专业能力的发展包括两方面：一方面，HR 专业人员能够且应该提高自身作为业务伙伴的专业能力；另一方面，个体的力量毕竟是有限的，他们还需要领导者对他们所付出的努力予以鼓励，不断提升其胜任力，并营造良好的发展环境。

HR 的个体发展

如果你想到达某处，在地图上标示出目的地和到达目的地的路线（步骤）是很有用的。鉴于我们已经明确了六大类的胜任力发展目标，以下是制订有效的发展计划所需的步骤。

1. 确定志向：做自己职业生涯的主人。
2. 了解你自己：你对什么感兴趣，什么阻挡你前进。
3. 树立个人品牌：你希望在组织里是何种形象。
4. 评估你的优势和劣势。
5. 由外而内地创造成长机会。
6. 挑战任务，持续实践。
7. 建立并增强自我感知。

步骤1：做自己职业生涯的主人

高效能人士往往能主导自己的职业生涯。汤姆·彼得斯（Tom Peters）多年前曾撰文"你就是自己的品牌"来阐述这一事实。正如他所观察到的，高效能人士往往将自己假想为正在"利用"各种机会的企业家，而非员工。

主导自己的职业生涯需要行动力——"可信任的行动力"。正如在第4章提出的，这一胜任力需要个人信誉和行动力的结合：通过交付结果赢得信任，建立具有影响力的人际关系，提升自我认知能力以实现个人成长，加强自己在HR领域的专业性，使其成为个人效能提升的基石。充分利用你所能获得的资源来帮助你进行决策，你的主管、内外部导师（如外部聘请的顾问）或你的同事，都是可以获取的资源。

不要被动等待指导。主动寻求方向，逐步提高吧！

步骤2：了解你自己

在"可信任的活动家"这一胜任力中，一个关键要素就是通过自我认知的提升来完善自我。了解你自己，并以他人的视角来审视自己是非常关键的一步。你可以借鉴《领导者如何建立成熟组织》一书中所列出的关于个人充实感的来源进行思考，以下 7 个问题可以帮助你更有针对性地了解自己。

1. 身份：你以什么形象为人所知？你如何展示自己？你是谁？如何展示你的优势？如何为所在组织做出努力？

2. 目标与方向：你要去哪里？你对什么感兴趣？你的自我成长和发展目标是什么？

3. 人际关系与团队协作：成长道路上，谁将与你为伴？你需要建立并保持怎样的合作关系，以有助于你获得成长和做出贡献？

4. 积极的工作环境：你将如何营造一个让自己和他人都能做出最佳表现的工作环境？

5. 投入与挑战：什么样的挑战最吸引你，最能激发你的兴趣？什么样的机会最能让你全情投入，产生共鸣？

6. 适应与学习：如何从挫折中汲取教训？你花了多少心思从经验中寻求进步？

7. 修养与快乐：什么会令你快乐？为营造一个相互尊重、具有吸引力的工作环境，你如何贡献自己的力量？

这些问题是自我发展的起点。通过回答这些问题，你将了解哪些是自我发展的关注点和挑战。表 9-1 提供了通过回答这 7 个问题来了解自身成长方向的样例。

表 9-1　明确自我发展的关注点

问　题	现　状	提高的契机	策　略
身份	我被视为一个具有良好 HR 技能的专家，但这不是我想要的全部	在业务知识领域建立声誉	在业务上投入时间和精力：每天 30 分钟
目标与方向	我在业务上正逐步拥有更大的影响	找出最关键的优先事项，进一步增加个人贡献	与 HR 通才沟通，了解如何在所属职能领域创造更多价值

(续)

问题	现状	提高的契机	策略
人际关系与团队协作	在 HR 领域，拥有强大的人际网络，但需拓宽与部门经理的关系，需要一名导师	在组织内外，建立业务领域的人际关系网络	就如何建立业务领域的关系网络，向业内专家寻求帮助
积极的工作环境	我并未留意此方面	找出能帮助自己更好完成工作的因素	暂不作为目前的提升重点，作为下一季度的关注点
投入与挑战	需进一步培养全球视角	去另一个国家工作或参与具有国际影响的项目	向主管争取机会
适应与学习	出现错误时，倾向于自我保护，没有以开放心态从错误中学习	更主动、更频繁地寻求各种反馈	与 HR 通才、我的主管进行季度性的会面沟通
修养与快乐	我有良好的团队合作技巧	运用我的团队建设技巧，协助 HR 社区的发展	密切留意，抓住各种可以运用和提升自身团队建设技巧的机会

如果你希望改变自己给 HR 同事和业务伙伴留下的印象，上述步骤 1 可以帮你开个好头。接下来你需要明确你应在哪些领域寻找成长机会，以提升自身价值和发展。

步骤 3：树立个人品牌

按步骤 2 中的 7 个关键问题进行自我审视，可为你树立个人品牌奠定坚实的基础。在组织中，你希望以何种形象示人？无论你过去是否曾有意识地打造自己的个人品牌，如每位员工一样，你已经塑造了某种形象，即与你共事的人对你的看法和感受。以下是树立你个人品牌的因素：

- 你致力于从事的工作是什么？
- 你选择与哪些人或群体一起工作？
- 你擅长什么，喜欢做什么？

- 在遇到困难的时候,你是如何处理的?
- 你是如何应对挑战的?
- 他人对你和你的工作感觉如何?

如何树立你的个人品牌?进行个人优势评估将是一个不错的开始。具体方法如练习9-1所示。

练习9-1 个人优势评估

请在下面的清单里选出3～5个最能代表你已经拥有或希望获得的个人优势的形容词,然后思考如何有效地在工作中加以运用,以逐步树立你的个人品牌。

个人优势形容词

包容的	能干的	镇定的	有担当的	关切的	迅速的
行动导向的	自信的	灵活的	适应能力强的	有对抗性的	友好的
机敏的	一丝不苟的	风趣的	愉悦宜人的	考虑周到的	快乐的
善于分析的	始终如一的	乐于助人的	和蔼可亲的	有创造力的	诚实的
坚定的	有好奇心的	充满希望的	专心的	果断的	谦逊的
仁慈的	有献身精神的	独立的	大胆的	从容不迫的	富有革新精神的
机灵的	可靠的	有洞察力的	冷静的	坚决的	给人鼓舞的
无忧无虑的	老练的	善于整合的	体贴的	守纪律的	智慧的
有领袖魅力的	自驱力强的	易亲近的	聪明的	随和的	善于发明的
协同合作的	有效率的	和善的	尽心尽力的	精力充沛的	知识渊博的
富有同情心的	热情的	善于倾听的	活泼的	彬彬有礼的	自信的
逻辑性强的	积极的	无私的	慈爱的	讲求实效的	敏感的
忠诚的	有准备的	服务导向的	关怀备至的	积极主动的	诚挚的
乐观的	富有成效的	合群的	有条理的	质量导向的	坦率的
开朗的	现实的	周密的	有激情的	虔诚的	深思熟虑的
耐心的	尊重他人的	精力充沛的	平和的	有责任感的	宽容的
坚持不懈的	反应灵敏的	易相信别人的	亲力亲为的	结果导向的	值得信赖的
顽皮的	感到满意的	顽强不屈的	令人愉快的	有悟性的	价值驱动的

例如，你的个人品牌特点为有担当的、协作的、积极主动的、热情的，那么接下来你将如何表现？下面的一些建议可以帮助你在行为上凸显你的这些个人品牌。

- 有担当的：
  - 为结果负责；
  - 履行承诺并遵守诺言，因此他人会视你为信守承诺的人；
  - 根据观察，给出基于客观所知而非主观观点的坦诚反馈，愿意承担合理的个人风险。
- 协同合作的：
  - 能很好地与他人共事；
  - 争取获得参与关键项目工作的机会；
  - 确保自己被认为一贯具有团队合作精神。
- 积极主动的：
  - 表现出主动性；
  - 提前识别事情的优先级，避免陷入个人感兴趣但对重要事项帮助不大的细节；
  - 自愿承担对业务或工作职责有益的额外工作。
- 热情的：
  - 以乐观的方式说话和行动；
  - 尽可能客观地把同事往好处想；
  - 找寻团结团队进一步提升绩效的方法。

步骤4：评估你的优势和劣势

当你明确什么可以唤起你的热情，以及你的职业品牌后，HRCS研究提供了一个从胜任力角度帮助你找到优势和劣势的框架，首先请你回答下面三个问题：

1. 目前你在组织中的角色需具备的胜任力有哪些？
2. 当你准备在组织中获得发展和晋升时，哪些胜任力会变得更加重要？
3. 在组织中，你目前处于什么位置？为进一步获得提高和发展，优先考虑的事项是什么？

表 9-2 可以用于评估你当前的工作要求、未来的发展机会以及是否需要提升。表中给出的等级（高、中、低）是示例，并非对 HR 专业人员的建议。

表 9-2 确定优先级

胜任力	当前角色的需要	未来的需要	提升的优先级
战略定位的参与者	中	中	中
可信任的活动家	高	高	高
组织能力的构建者	中	中	中
成功变革的助推者	中	高	高
HR 创新与整合者	中	高	中
信息技术的支持者	低	中	低

假设有一位 HR 通才，她就职于印度一家中等规模的制药公司。基于周边反馈信息和主管的指导，她认识到自身的优势并明确了做哪方面提升会更有价值。根据 360 度反馈，她具备"可信任的活动家"的能力，并显示了她在"战略定位的参与者"和"变革的助推者"方面的能力处于中等，为了今后的发展，她这两方面的能力还有待加强。

当然，这并不存在一个标准答案。但是，我们仍然鼓励每个 HR 专业人员制作一个类似的表格来了解自身的优势，识别进一步提升的方向以及需要优先考虑的事项。需要注意的是，优先考虑事项并不一定仅聚焦在弥补你的弱势上，它也可以建立在优势的基础上，特别是那些能使你的同事和业务伙伴更强大的优势。

步骤 5：由外而内地创造成长机会

增加个体影响力同时促进自身发展的最好契机，一般建立在由外而内的基础之上。以下是可供借鉴的几个案例：

- 通用电气的 HR 专业人员意识到，给客户提供 HR 领域的支持，如领导力开发、敬业度管理、六西格玛管理等，为通用电气金融的业务提供了契机。邀请客户拜访克罗顿维尔的杰克·韦尔奇领导力发展中心，由此催生出很多的业务机会并提高了客户忠诚度，这两点对于开发新兴市场尤为重要。
- IBM 的 HR 专业人员意识到，通过 IBM 企业服务军团项目（IBM Corporate Service Corps.）能与成长型市场建立更紧密的联系，而且能保留更多高潜质的新生代员工。这个项目为 IBM 业务发展、人才保留和企业声誉的不断提高做出了重要贡献。
- 安盛集团（AXA Equitable）的 HR 专业人员在经历了 10% 的裁员之后，领悟到拟定流程是提高成本效率和员工敬业度的关键。此计划大幅提高了成本效率，并且减少了毫无价值的工作，为留下的员工减轻了工作压力，并且避免了更多离职的发生。
- 费森尤斯公司（Fresenius，印度）的 HR 专业人员发现，他们对业务知识和客户的了解还有所欠缺，因此举办了"业务知识周"，通过开展有趣的信息分享活动来缩小这方面的差距。这一活动有益于团队建设、了解客户和竞争对手信息，以及提高服务水平。
- 国民城市银行（National City Bank）的 HR 专业人员为中等规模的企业客户提供人才管理、学习和发展方面的建议和指导。这一活动加强和巩固了它与关键客户的联系，增加了贷款和其他业务量，减少了客户流失。

这些例子给出了由外而内寻找发展机遇的一些途径。通过由外而内的视角，有可能发现被业务经理错过或忽略的一些重要变革和发展趋势，从而使 HR 专业人员能够成为一个真正的合作者，而非仅仅作为执行他人命令的操作者。再举一例，要从客户身上找到机会，可以思考以下几个问题：

- 谁是我们的目标客户？
- 为什么他们会购买我们的产品或服务？
- 谁是我们最强大的竞争对手？为什么客户会选择他们？
- 我们的客户流失率是多少？
- 我们流失的客户去了哪里？什么时候？为什么？

你可以通过拜访客户或作为一名客户来获得问题的答案。如果你从事零售业，你可以试着做一名神秘顾客，花时间接听客服电话，思考你的产品或服务对客户来说真正意味着什么。如果你从事的是电子商务或日用品生意，客户和合作伙伴可能是同一批人。许多零售企业，如美国 Limited Brands，通过加盟连锁的形式实现国际化，在这种情况下，合作伙伴和客户就是相同的。

在征询客户意见时，可以提出以下问题：

- 我们与您的合作进行得怎么样？
- 我们的工作人员是否为您提供了高质量的体验，符合您对合作伙伴的期待？
- 我们的工作人员还需要具备哪些新技能以共同提升工作质量？
- 我们在服务或质量方面是否有不一致或有待提高的地方？

在投资者方面发掘提升机会，可以提出以下问题：

- 我们如何做会盈利及如何做会亏损？
- 我们的增长和盈利能力与同行相比处于什么水平？是高于或低于同行，还是与同行持平？
- 我们的哪些竞争对手表现得最好，为什么？我们可以从他们身上学到什么？
- 我们的关键机会是什么？我们业务上的风险有哪些？
- 作为被投资者，我们在公司声誉、投资人的利益方面管理得如何？

作为 HR，你需要了解投资界对本公司的看法，了解价值链，并从一个投资者的角度发掘 HR 能够做出重大贡献的机会。如果是上市公司，将有大量经纪公司为投资者所写的分析报告可供查找；如果是私营公司，投资者（如基金公司）则能够提供一些建议。不管哪类公司，都可关注对其业务发展和趋势做出回应的新闻稿和新闻报道。

在员工发展机会方面，可以提出以下问题：

- 提高员工的效率和敬业度的因素有哪些？阻碍其提高的因素又有哪些？
- 员工效率和敬业度的提升能带来哪些价值？
- 通过哪些具体的方式可以实现这些价值？

你可通过查看敬业度调查报告获得全面的了解。接着，还可以与员工的意见领袖进行非正式会面。可以采取的方式有很多种，如与有潜力、崭露头角的员工进行非正式的会谈，如与组织不同层级、不同职能、不同地域的员工进行焦点小组访谈。除了全公司范围内的调查，进行针对特定人群的调查等常常也很有效。所有这些方式均有可能提供员工对提升机会的看法和感受，你可以将这些意见与你的改进目标联系起来。

在业务部门管理者方面发掘提升空间，可以提出以下问题：

- 我们的领导者在领导力方面有什么优势和劣势？
- 外界对我们怎么看？
- 我们力图展现的领导力和大家感受到的有什么差距？这些差距对我们的成长能力有何影响？

根据绩效反馈和敬业度调查数据，找出管理者的优势和劣势，识别关键影响并改进优先级。评估并确定两三个看起来最重要的机会——既能提高领导者的作用性，又与个人发展目标相关。

在合作伙伴和供应商方面找寻发展机会，可以提出以下问题：

- 我们公司在与供应商合作时有效性如何？
- 最好的供应商与我们的合作体验如何？
- 建立更好的合作关系可以带来哪些价值？

设计一个调查，请合作伙伴来完成，由此来辨别公司在处理合作伙伴关系方面的优势和劣势，以及可以给业务发展带来的收益。

在你的公司所处社区方面发掘发展机会，可以提出以下问题：

- 作为一个企业公民，公司的声誉如何？
- 公司创造了哪些机会？
- 它带来哪些挑战？
- 公司的声誉和社会品牌会如何影响我们的成长能力？

弄清楚你做什么可以建立公司的声誉，提高公司的社会形象。了解公司声誉最好的办法莫过于去了解媒体对它的评价。外界对公司的评价与其期望的品牌形象有哪些出入？HR 专业人员应做什么来帮助弥补差距？

在政府机构和其他监管部门方面发掘发展机会，可以提出以下问题：

- 我们公司在预判监管政策的变化方面表现如何，在政策合规性方面又表现如何？
- 监管政策随时间会如何变化？

努力去判断在政府利益和监管制度方面有可能发生的及可预见的变化，然后考虑可能需要采取的行动或具备的能力。

基于以上分析来考虑下面的问题：

- 在促进组织绩效和组织发展的机会中，最引人注目的是什么？
- 何种方式能为组织发展提供最好的机会——是做新工作还是采用新方法，以检验并促进专业提升？
- 为了让自己做好准备并提高胜任力，需要哪些新的技能和知识？
- 该如何开始？需要什么样的帮助？从什么人那里获得这些帮助？

步骤6：挑战任务，持续实践

个人发展即提高胜任力的要点，是将所知转化为行动结果。"知道"与"做到"之间往往存在着巨大的差距，弥合差距的方法只有一个——实践。

要想弥补"知道"与"做到"之间的差距，你需要关注你自己的工作安排。以培训作为后盾，通过不同的项目、特殊的任务以及外部的经验来完善自己。

胜任力的根基是精通本职工作。至少有一半的个人发展机会是与日常工作紧密相关的，通过聚焦明确和可衡量的目标，好的工作设计可以为培养胜任力提供具体且实用的机会。正如哈克曼（Hackman）和奥尔德姆（Oldham）在其具有划时代意义的关于工作设计的研究成果中指出的，好工作具有以下几个特点：重要性（重要的目标）、多样性（成长和发展的机会）、自主性（责任制）、影响力（结果）以及反馈。

培训为人们提供了学习新技能的机会，项目可以让他们使用新技能来应对不同工作场景。通过实践和工作任务来巩固新技能的方式，我们称之为"应用"。行动学习以及有挑战性的项目能够帮助你将理论知识转化为具体的行动方案，从而弥补"知道"与"做到"之间的差距。当"应用"是及时的、实用的、与目前角色及发展阶段相关的，以及有清晰目标的时候，"应用"是最有效的。

从外部获得经验是个人发展的另一维度。例如，IBM 社区服务军团项目，个人被置于新的环境之中，通过完成挑战性任务来获得成长。社区委员会提供了扮演"战略领导者"角色的机会，参加社区委员会还可以提高作为"能力构建者"和"变革助推者"方面的技能。作为团队的一员，协助客户实施变革，可以增强"可信任的活动家"方面的技能。为慈善组织提供咨询，能够获得非本行业的"HR 创新者和整合者"的经验，并能拓宽你自身职业之外的视角。

步骤 7：建立并增强自我感知

知道怎么做并且去做，依然是不够的，你还需要继续拓宽知识，完善行为，形成一个良性循环。这就意味着你要接受反馈，如果可能，你可以找一个导师。

反馈能让我们通过他人的体验和感受来增加我们对自身的了解。人类的本性就是按己之所欲来感知自己的行为，而忽略了对他人的影响。反馈则可以让我们了解他人的感受，从而使我们有机会纠正自己的错误感知。

乔哈里视窗（Johari window，见图 9-1）是一个收集和评估绩效反馈的有效工具。乔瑟夫·勒夫特（Joseph Luft）和哈里·英厄姆（Harry Ingham）在 20 世纪 50 年代就职于加利福尼亚大学，当时他们观察到人们性格的某些方面是公开的，而另一些则只为自己所知。与此同时，也有一些部分可以通过别人的视角获得，自己却浑然不觉。还有第四个部分，即无论自己还是他人都觉察不到。

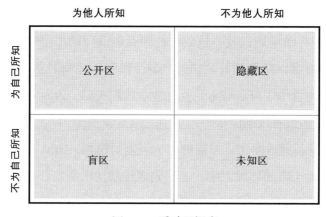

图 9-1　乔哈里视窗

在做 360 度反馈时，你可能使用的是 HRCS 研究或其他类似工具，甚至可能只是通过一些简单讨论获得反馈信息，在查看这些信息时，可以尝试将信息分类填在乔哈里视窗的空格中。你看到哪些是你以往没有意识到的？关于未知区，你能推断出什么？

你可以从导师处获得最集中的反馈，导师和教练可以提供最终的赋能支持。不管你的角色、背景和经验水平如何，为自己找一个导师。一个优秀的导师是一位文化诠释者、一位老师以及一位预警者，他能够为你解释工作方式的细微差别，阐述组织的价值观、潜在规则以及文化对个体的期望。一个优秀导师可以坦率地与你交流他的观察结果，包括组织的需求是什么，你的表现如何，你需要在哪些方面多做一些、哪些方面少做一些，或者哪些方面应当有所改变才能成为高绩效的人等。导师是反映组织期望的一面镜子，并能够将组织期望与你的贡献和发展相结合。最后，一个优秀的导师也是你的参谋，他可以帮助你预测组织的变化，并帮助你把对变化的响应与个人的计划和优先事项相结合。

HR 领导者：构建高胜任度的 HR 团队

HR 领导者的职责是创造一种鼓励部门中每个成员提升绩效和发展能力的文化和环境。一个朝气蓬勃的利于发展的文化和环境包括以下内容：

- 绩效标准设置合理且公开。
- 能力发展与绩效挂钩。
- 通过反馈支持团队发展。
- HR 通过技能积累和行动学习相结合的方式，检验和推动个人和团队的共同成长，进而促进专业发展。
- HR 部门参与合作学习项目。
- HR 部门具有由外而内的思维方式，并在此基础上建立自己的品牌。

绩效标准

HR 专业人员应该知道经理对他们有哪些期望。目标清晰的重要性是不言而喻的，在一个职能、团队成员、经理和组织架构频繁并定期变化的时代，针对高绩效给出清晰明确的期望，并制订能力发展计划是非常重要的。HR 领导者通常在这一方面做得都是比较好的。在我们的 HRBP 研讨会上，不到半数的参会人员表示"我明白我需要做些什么以获得成功"这一问题不太好回答。在审视 HR 绩效标准时，可以考虑以下措施：

- 清晰地定义绩效标准。将绩效标准详细记录下来，然后进行检验，确保这些标准清晰，而且不同层级的人员都能准确理解。
- 请高绩效员工和高潜力员工描述他们所遵从的标准。不要以为表现好的人就一定明白别人对他们的期望。
- 清晰描述绩效目标和衡量措施发生了什么变化，以及它们未来可能会如何变化。
- 用故事、趣闻以及事实帮助员工理解绩效要求。

绩效与发展相结合

我们调研过的和提供过指导的大多数组织都是国际化企业，面对着不同的文化和经济成熟度的挑战。为了应对这些挑战，许多 HR 领导者都将 HR 的战略制定和团队建设作为定义和发展 HR 专业人员的专业技能的契机。当 HR 领导者将员工的能力发展与人力资源规划、优先事项相关联时，这些待发展的技能的重要性也就被明确了。这样，HR 领导者就创造了一个环境，即个人要对自我的充分发展承担责任的环境。

人力资源规划过程结合对优势和劣势的详细讨论，也为 HR 专业人员创造了一个机会，即让 HR 专业人员和团队对彼此的成长相互承担责任。就像杂技表演中的巧妙配合，团队成员也可成为彼此的顾问和教练。诺和诺德公司欧洲区 HR 团队的负责人沙恩·登普西（Shane Dempsey）则做得更好一些，他不仅让自己的 HR 团队参与收集关于优势和劣势的反馈信息，而且在为期三天的人力资源规划研讨会之前，他还要求 HR 的领导团队成员去采访 3～5 名业务部门的领导者。这些对话有助于这些 HR 成员清楚地了解组织在激烈竞争中所面对的业务挑战。

反馈与团队发展

收集反馈是帮助 HR 领导者看清团队或组织能力优势和劣势的一个工

具。例如，我们的 HRCS 研究表明，在 HR 胜任力的影响力（即对个人效能的影响和对业务成功的影响）方面，当前最弱的是"信息技术的支持者"（平均分为 3.74）与"HR 创新与整合者"（平均分为 3.90）。这两大胜任力也是参与调研的 HR 专业人员对自己评价最低的部分。反馈可以成为了解组织情况的信息来源，以及推动团队改进的驱动力，以下是改进的几种方式：

- 召集团队一起讨论，找到可以速赢的机会点。
- 指导团队成员找到能使整个团队受益的改进措施。
- 以项目制或全职形式，引入其他领域的同事作为推动改进的顾问或担任改进小组的组长。以"信息技术的支持者"为例，一位年轻、有潜力的 IT 员工可以就如何提高 HR 的技术熟练度及技术应用水平提供有益的见解。
- 进行事后回顾，评价组织过去针对技术变革和发展的应对策略的有效性。
- 考虑从组织内部寻找一位年轻员工作为你在"新技术"方面的导师，让他帮助你深入理解以下问题：技术除了帮助实现 HR 行政事务的自动化处理之外，还能做什么？在实现人与人的关联、信息关联方面，出现了哪些新工具，我们能不能应用？
- 采用 720 度反馈法。360 度反馈法很有用，但现在我们建议 HR 领导者要由外而内地寻求反馈。在识别 HR 需要在哪些方面进行发展与改进时，许多 HR 领导者已经开始让客户、供应商以及合作机构一起参与，以提供发展和改进的意见。

在对 HR 的发展投入方面，沙特能源公司（The Saudi Energy company）比大多数的机构都更先进，它已经着手训练让业务部门管理者成为 HR 的好搭档。我们相信，沙特能源公司当前采取的方式也是未来 HR 管理的发展方向。如果 HR 的首要定位是一个业务功能——精通人力资本管理和变革管理专业技术，那么理所当然地，HR 与业务部门之间应该有更多的互动。

在过去，职业的发展方向往往是单行线——从业务部门到 HR 部门。有些时候，这是因为企业希望培养管理经验更丰富的领导者和专业人员，但是更多时候，HR 部门成为低效能领导者的接收处，这些领导者在企业服务时间很长，也受到员工喜爱，但是业绩平平。换个视角，其实这种调动也未尝不是一种提高 HR 部门能力的好方法，即为能力薄弱的 HR 部门引入一个高效领导者。我们希望一段时间之后能看到，高级主管的升迁需要盘点他是否具有 HR 部门的工作经验；相应地，为了成为一个高效的 HR 领导者，业务部门的工作经验至关重要，而这一点，我们希望能成为 HR 专业人员的普遍信念。

HR 学院

像业内很多其他同行观察到的一样，我们常常对许多 HR 专业人员缺乏自信和勇气的表现感到困惑，这种表现主要源于他们缺乏准备。如果 HR 专业人员能够理解业务是如何运作的，了解公司绩效和挑战，了解公司在客户和竞争对手那里的定位，这些信息将帮助他们拥有更深刻、更自信的见解。将所知转化为行动计划有一个过程，这就促成了所谓"HR 学院"的诞生。在 HR 学院中，除了系列课程的学习，HR 专业人员还要学习如何发挥胜任力，通过案例学习小组的方式让他们进行实践，用 HRCS 反馈方法了解其优势和不足，并在此基础上制订个人能力发展计划；另外，他们还要参与对组织具有重大意义的挑战项目或行动学习项目。最好的 HR 学院需要具备以下要素：

- 学员面对并处理的是对业务而言非常重要的问题，而非 HR 专业方面的问题。
- 学员以团队的形式工作。团队成员全员融入，如果他们来自不同的职能部门或业务单元，他们就能从整个组织角度更全面地理解相关问题。
- 学院管理者鼓励业务部门管理层的参与。业务经理的参与能够提升 HR 工作的重要性，与此同时，也能让 HR 了解一些业务管理者的视角，比如他们当前正在思考什么问题，他们是如何解读环境、评价组织和确定目标的。
- 学院管理者也会鼓励客户、投资者或分析师的参与。让关键利益相关者为组织出谋划策，确定强化组织的人力资本优势与胜任力的方法——这种方法更有效。

从行动学习到解决问题式学习

行动学习，有时也称"挑战项目"，它会先制定一套学习原则，然后应用于某个项目。解决问题式学习，是从一个项目或业务挑战开始，然后利用多次课堂培训来帮助学习者应对挑战。解决问题式学习能帮助学习者把需要做的事做得更好，由此使行动学习的效果得到扩展。对于一个成年人，知识不用就会很快遗忘，所以需要将所学的知识用于自己的工作。将现实的业务问题带入课堂学习中，不仅可以巩固并提升技能，同时可以为组织获得可观的收益。

下面是几个解决问题式学习的项目样例，这些项目通常是由高潜力的个人或团队来主导完成的：

- 我们需要哪种类型的 HR 组织来支持未来业务？
- 我们如何提高新并购企业整合的速度和有效性？
- 全球化在未来将会对我们的 HR 实践产生什么样的影响？如何建立

一种模型，用真正的全球化视角来管理员工？
- 我们如何更好地整合在人才评价、培养和部署方面的 HR 实践？
- 为将创新根植于公司，需要哪些 HR 实践支持？
- 什么样的价值主张可以让公司成为"最佳雇主"？
- 在我们所主张的文化和价值观下，大家过得如何？
- 我们如何更好地在全球范围内实现 HR 自助服务？
- 如何创造一种高绩效的、以客户为中心的文化？
- 如何从战略高度为 HR 和业务领导者清晰阐述我们新的 HR 共享服务环境？
- 如何显著提升人力规划水平？

学习伙伴

"HR 学习伙伴"是 HR 咨询机构 RBL 的创新产品，它最早开始于与密歇根大学的合作。它也算 HR 学院的一种形式，但是更具创新性——它吸引不同公司、不同行业的 HR 领导者一起组成团队。打个比方，在特定的时间里，GE 的 HR 领导者将会和辉瑞、BBC、联合利华或壳牌的同仁一同学习。这种组合大大提高了快速发展和创新转型的可能性。BBC 是有名的创新组织，而 GE 则在六西格玛领域卓有成效，对这两者来说，能够与其他行业的同仁一同学习，听取他们的反馈，吸纳他们的建议，是极为宝贵的机会。这种类型的组合方式对于培养参与者十分有效，同时可以保证团队在更大范围内考虑解决方案和备选方案，以解决他们在行动学习中遇到的问题。HRLP（HR 领导力计划）是一个知名案例，它突破公司间的壁垒，寻找能让 HR 做出更多贡献的战略机会。

我们也是玛氏公司"能力周"的铁杆"粉丝"。玛氏公司的 HR 部门（或者说"人力和组织"部门）每年按地域将来自不同部门（不仅仅是 HR）的人员聚集到一起，让大家交流观点、倡议或创意，为他们提供向业务部门高管与外部专家学习的机会。诺华制药公司在全球范围内采取了类似的措施。在过去几年里，诺华制药通过"培养HR领导者"项目，建立了一个更强大、更富有专业性且更具合作精神的HR部门。

"能力周"是"实践社区"的一种形式。根据心理学家西摩·萨拉森（Seymour Sarason）的定义，社区是由互相支持、相互依赖的关系构成的一个网络。现在，由于时间和成本的限制，面对面的互动是不现实的，所以越来越多的组织开始使用新技术创建在线互动的网络社区。表9-3对比了"实践社区"与相对松散的非正式网络的基本元素。

表 9-3 创建实践社区

	实践社区	非正式网络
目的	提高成员胜任力；构建和交换知识	收集和传递信息
成员资格	自己申请进入社区	通过朋友和熟人推荐进入
关联点	对主题感兴趣，愿意对个人和社区的发展做出贡献，认同社区的专业性和兴趣点	归属感和共同的兴趣
运作	通常有一个提前制定和沟通好的议事日程，成员为日程做好准备	没有正式的日程安排
活动	经常邀请外界的专家提供新见解、新工具、新信息	有时会邀请外界专家，但更多时候是作为娱乐而非为了提高个人能力

重塑 HR 品牌

HR领导如何在部门内或整个组织内创造一种由外而内的思维方式？以下是一些可供参考的有效措施：

- 安排时间，拜访客户。
- 扮演公司的"神秘顾客"。
- 创建模拟场景，让同事体验做客户的感觉。例如，几年前，在某个公司的领导力研讨会上，我们发送会议材料给参会者，其中95%的发放是及时的，而这个比率和这家公司一直骄傲地对外宣称的高交付率是一样的。于是这些管理者便有了新的发现——如果你的会议材料到迟了，那么另外那95%与会者的会议资料是否及时到达，对你都是无关紧要的。

- 向客户寻求帮助，列出可以提供帮助的客户名单。询问客户：我们所招聘的员工是您喜欢合作的人吗？我们是否充分了解了您的业务以便更好地为您服务？

我们已讨论了HR专业人员"专业度"品牌的价值，而这又带出了另一个问题：HR团队或HR部门应该如何提升自己的品牌？通过将由外而内视角、绩效标准和个人的持续发展相结合，HR领导者就能够明确定位自己在组织中的形象。重塑HR品牌以适应目前发展的需求是很关键的。

总结

毫无意外地，HR专业人员经常被称为"鞋匠家光脚的孩子"，在公司的能力发展计划培养名单上，HR总是被列在最后。当企业真正投资于提升HR的技能，帮助他们应对挑战，帮助他们将正在学习的内容与业务上面临的实际问题相结合时，HR专业人员就会知晓公司对他们能力发展的要求是认真的。当你了解了HR专业人员优势和劣势的标准，你就可以通过培训、分配任务和其他途径对你的HR专业人员进行投资。如果不为HR专业人员提供迎接挑战的专业支撑，只是有提高对HR部门绩效和贡献的期望，那希望肯定会落空。

第 10 章

打造高效的 HR 部门

在前言中我们提到,我们的研究有三个需要思考的问题:

- "高效能"的 HR 专业人员会表现出什么样的特征?他们应该掌握什么知识技能?他们通常会做什么?
- 要助力业务成功,HR 专业人员应该具备什么样的特征,应该掌握什么知识技能,又应该做些什么?
- 要提高经营业绩,HR 部门应该关注什么?

到目前为止,前面的章节已经对前两个问题进行了回答,现在我们转向研究第三个问题。在本章中,我们将会分享提高 HR 部门效率的案例、三个研究发现以及四种创造高效 HR 部门的方法。

英国保诚集团:"从优秀到卓越"计划

英国保诚集团是一家跨国金融服务集团,在亚洲、美国和英国都有重要业务。集团管理的资产达 3495 亿英镑,为超过 2500 万客户提供服务。保诚集团遵循"联邦制"的管理方式,它的所有业务单元都以高度自治的方式进行运作,因而在集团的职能部门与各地业务单元的职能部门之间形成了一种合作的契机和挑战，HR 部门也在其中。保诚集团这样的分散型商业组织，需要对权力和责任进行明确定义，使集团职能部门和各地业务单元职能部门之间可以互相合作，减少冲突。

作为 HR 部门的新领导，彼得·格尔克（Peter Goerke）坚信 HR 是组织竞争优势的来源之一。他将 HR 看作业务成功的核心要素，尤其是对于保诚集团这样一个全球性的金融机构，因此他努力确保让业务领导者将业务与 HR 视作一个整体，而非两个单独的个体。既然 HR 是业务的一部分，那么 HR 的组织就需要与业务部门的结构相匹配，并且有相应的优先工作事项。

格尔克希望重新定义 HR 如何在支持各业务单位的经营绩效的同时，仍有效保持全球资源平衡。他首先让所有利益相关者评定 HR 职能的当前状态，然后阐述 HR 的抱负，创建了名为"从优秀到卓越"的 HR 改进计划。

在这个过程中，利益相关者一致通过了各个业务单元的重点任务，澄清了集团和各业务单元的 HR 职能的角色和职责，在资源与发展（resource and development，R&D）职能和奖励职能两方面设置了共享授权机制。这些变化使保诚集团抛弃了以前的"一刀切"的集团管理方式，进而形成了一个在集团框架内可根据不同的业务单元进行调适的模式。

"从优秀到卓越"之路始于对每个业务单元的需求、对如何同时保持本土竞争优势和集团整体竞争力的全面深入理解。只有这样，参与者才能对 HR 工作设定基准线，明确为达到设定的目标需要在哪些方面努力，然后他们为缩小差距制订了具体的行动计划，按照"从优秀到卓越"的计划日程向前推进。

格尔克意识到，对于一个全球化和高度分散的组织来说，单纯采用"一刀切"的管理模式必然会存在局限性，因此，业务单元采取自主管理方式，但必须满足更高标准的透明度与问责制，以确保集团 HR 部门对业务单元 HR 部门的领导、指引和监督。

埃森哲咨询公司：HR 部门的整顿改组

埃森哲是一家国际化的管理咨询、技术服务以及外包公司，拥有 24.4 万多名员工，在 100 多个国家为客户提供服务。如今，随着其客户的国际化，埃森哲也需要在不同国家和文化扩展它的员工，同时要使公司在特定行业、特定技术和特定职能领域更加专业。

公司的首席人力资源官吉尔·斯玛特（Jill Smart）是一名拥有 30 年咨询顾问经验的行家里手。她对埃森哲的 HR 部门采取了业务经营的管理模式。她认为，在根据客户需求和市场环境的变化而迅速预测和适应变化这一方面，埃森哲必须处于行业领先者的地位。她说："环境变化的速度越来越快，埃森哲必须在客户之前感受到环境的变化并进行改变，只有这样才能在客户需要的时候提供客户所需的人才。而埃森哲的 HR 部门必须是所有部门当中最敏锐的变革推动者，推动我们的员工进行持续变革，适应经营环境的千变万化。"

依据全公司统一的客户服务原则，吉尔·斯玛特对埃森哲的 HR 部门进行了整顿改组。斯玛特将部门员工分为 HR 业务合作伙伴（HRBP）、专家中心（COE）和服务交付（SD）三部分，由此，通过对 HR 部门的组织和职能的转型，斯玛特强化了部门引领和适应变革的能力，同时也增强了工作效率和效能。

HRBP 是有资格参与业务单元的领导层会议、参与决策的角色。他们用自己对全局业务和各业务单元的深刻理解，将业务战略目标转换为 HR 的战略目标，然后与 HR 的其他职能互相合作，将业务和 HR 战略转化为 HR 部门的具体行动。

COE 是虚拟的全球性团队，他们使 HR 部门的各项工作更加专业化，比如人力资源预测、绩效管理和薪酬管理。根据 HRBP 确定的业务需求，COE 的成员探寻各方面的解决方案，包括原则、政策、流程和工具。

SD 则是 HR 的执行助手，包括直接面对员工，提供地域化专项服务、全球化专项服务，以及共享服务中心（SSC）。

无论埃森哲的业务需求如何改变，HR 部门灵活又具规模化的结构总能快速反应并与之相适应。它推动 HR 专业人员在某个具体的 HR 流程或职能中有所专长，这样他们才能更好地满足"变革推动专家"的定位要求，推动各自所在领域所需的变革。除此之外，为更好地预见变革，斯玛特将转型措施的目标产出与埃森哲的长期人才计划相匹配，而长期人才计划又是与公司的经营目标紧密相关的。

改革结果令人印象深刻。2011 财年，埃森哲的总人数增加了 16%，并且取得了以下成绩：

- HR 部门缩短了绩效管理流程的周期时间，改进了全球人才的供需管理，通过流程优化提高了 HR 的生产效率，并且对更多的专业化岗位的职责进行了更加清晰的描述。
- 为保证部门员工拥有必需的技能，能以最高水平服务客户，同时提升自己的职业生涯，上一财年，公司在员工培训和专业化培养方面共花了 8 亿美元，平均每个员工 52 小时的时间。
- 几乎在埃森哲开展业务的每个国家，它都能保持作为最佳工作场所的雇主品牌和影响力，这从收到的大约 200 万份简历中可见一斑。
- 公司保持全球多样性，拥有 8 万多名女性员工。

埃森哲持续适应各区域和全球文化的细微差异，为满足客户需求，它总是将最好的人才在合适的时间安排到合适的地点和合适的工作岗位上。

HR 部门研究

正如在第 2 章总结的那样，2012 年的 HRCS 研究共从约 650 家公司得到了 2 万多名调研参与者的回复。我们研究的主要目的就是确定 HR 专业人员的胜任力，以及这些胜任力对个人效能和业务成功的影响。但我们同时也想去了解 HR 部门的运营方式及其对业务成功的影响：

1. HR 部门应该为谁提供价值？
2. HR 部门应该关注什么？

发现 1：正确的价值接收对象

我们通过下面这个问题来了解 HR 部门在为谁提供价值："对于你们的 HR 部门设计并实施的 HR 实践，你认为它们为业务的利益相关者增加的价值大小如何？"此处的"利益相关者"是我们在图 10-1（与图 1-1 相同）中所列出的那些。传统上，HR 部门更多的是为公司的内部员工（提高生产率）和业务部门管理者（协助实现战略）提供价值，而忽略了外部利益相关者（客户、投资者、社区和合作伙伴）。鉴于 HR 专业人员正逐渐采取由外而内的视角，我们希望了解，这些外部利益相关者在多大程度上影响了 HR 的工作方式。

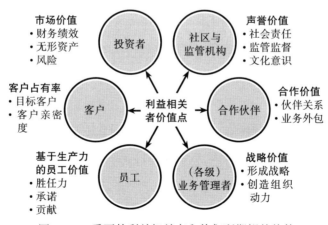

图 10-1　重要的利益相关者和他们所期望的价值

表 10-1 的数据表明，如预期的那样，所有的答卷人都认为 HR 部门

将其价值更多地交付给了公司内部的员工和业务部门管理者，而非公司外部的客户、投资者和社区的利益相关者。一个有趣的发现是，相对于 HR 参与者或 HR 答卷人，更多的非 HR 答卷人认为，HR 为每一类利益相关者创造的价值都较少。看来 HR 部门还没有与非 HR 答卷人进行适当的交流，沟通 HR 所创造的价值。

表 10-1 利益相关者价值表

问题：对于你们 HR 部门设计并实施的 HR 实践，你认为它们为以下利益相关者增加的价值大小如何？

利益相关者	各参与团体的平均分（1～5 分）				对业务成功的影响度
	所有答卷人	HR 参与者	HR 答卷人	非 HR 答卷人	
外部客户	3.38	3.38	3.46	3.27	20%
投资者或所有者	3.54	3.50	3.60	3.49	20%
业务所在社区	3.77	3.81	3.87	3.64	21%
业务管理者	3.77	3.81	3.87	3.64	21%
员工	3.78	3.81	3.88	3.66	21%

表 10-1 还表明，为每一类利益相关者创造的价值都与这类利益相关者对业务成功的影响力是大致相等的。这是非常重要的一个发现，它告诉我们，在设计及实施 HR 的工作时，HR 专业人员需要像关注内部利益相关者那样去关注外部的利益相关者。然而，表 10-1 的内容显示，HR 专业人员在为客户、投资者和社区利益相关者定义和创造价值方面，明显能力不足。

从由外而内的视角来看，客户、投资者和社区是可以为 HR 制定新的工作标准提供帮助的。CHRO 可以使用以下问题模板：

- 我们对目标客户、投资者和社区利益相关者的了解程度如何——他们是谁，他们对我们的期望又是什么？
- 在员工会议上，我们在客户、投资者和社区这些利益相关者期待的内容上会花多少时间？
- 我们根据人员、绩效、信息和工作进行 HR 实践设计时，我们在多大程度上考虑到了客户、投资者和社区这些利益相关者的期望呢？

对这些问题的回答可以加强对 HR 专业人员一个新角色的理解，即意识到组织内部和外部的利益相关者并同时为双方提供服务。例如，在英国保诚集团，格尔克意识到，企业要在亚洲地区发展，他将需要建立一个当地精算师和代理人的人才输送渠道。为此，他花了大量时间评估亚洲市场的情况。

发现 2：HR 部门的工作重心

每一个 HR 部门都面临服务需求超过资源配置的问题。在 HR 部门的工作中，我们认为最需要关注的是以下 12 个方面。表 10-2 中的平均分和百分制的回归系数（即相对权重），显示了 HR 部门的这些实践对业务成功的影响大小，有些结果相当出人意料。

表 10-2　HR 部门的工作重心

问题：你所在的 HR 部门在多大程度上符合以下描述？

部门特征	平均分（1~5 分）	相对权重
与董事会进行有效互动	3.67	7.7%
HR 部门内的每个模块都有清晰的角色和职责（服务中心、专家中心、业务部门内部的 HR）	3.65	7.6%
使 HR 部门的结构与业务部门的组织形式有效匹配	3.64	7.8%
确保 HR 措施支持业务部门达成战略优先目标	3.62	9.7%
制定 HR 战略，使 HR 实践与业务战略之间建立起清晰的关联性	3.61	9.2%
确保 HR 内部的不同模块之间可以有效合作，提供整合后的解决方案	3.50	8.2%
有效管理外包的 HR 活动和服务供应商	3.49	8.3%

(续)

部 门 特 征	平均分（1~5分）	相对权重
在培训和发展 HR 专业人员方面进行投资	3.46	7.3%
确保 HR 部门是组织文化的榜样	3.42	8.4%
使业务管理者对 HR 工作承担责任	3.38	8.2%
使 HR 活动与外部利益相关者（客户、投资者等）的期望相关联	3.25	8.9%
跟踪并衡量 HR 的影响力	3.22	8.8%
多元回归 R^2		0.32

图 10-2 按这 12 项实践的平均分（代表着效能高低）与它们对业务成功的影响大小，将它们在网格图中进行定位。图 10-2 和表 10-2 对 HR 应当关注的方面提供了值得注意的洞察。

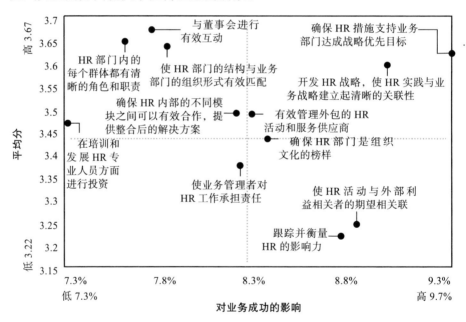

图 10-2　HR 部门的当前绩效及对业务成功影响的排序

第一，这 12 项实践对业务成功的总体影响是 32%（表 10-2 中的多元回归 R^2）。在第 2 章中，我们提到 HR 的六大类胜任力对业务成功的影响度是8%。这表明，在对业务成功的影响方面，HR部门的影响是HR个体的4倍。尽管业务部门管理者可能很欣赏与他们共事的HR专业人员，但对他们的业务影响更多的却是整个HR部门。该发现也证实了我们的猜测，即部门比个体对业务成功具有更大的影响力。

同样的现象也出现在其他情境中。例如，在体育方面，一场比赛中（如足球、篮球或曲棍球），获胜队伍的主要得分者在场时间大约是总时间的20%（与8%∶32%相近）。鲍里斯·格鲁斯伯格发现，明星个人对组织财务绩效的重要程度不如整体。由于文化和组织能力比人才和个体能力对企业绩效拥有更加重要的地位，因此，HR部门的职责首先是要构建一个工作场所，而非劳动力。CHRO需要创建并管理一个杰出的HR部门，确保其中的个体能够根据本部门和公司的总体目标来整合他们的能力。

第二，这12项实践的当前效能得分有一些波动范围。我们发现，分数最高的HR实践竟是"与董事会进行有效互动"（3.67分）。2000名答卷人也证实HR管理工作是在公司高层完成的。较低分是"追踪并衡量HR的影响力"（3.22分）以及"使HR活动与外部利益相关者的期望相关联"（3.25分），我们对此结果并不感到惊讶。

第三，当我们查看这12项实践在影响业务成功方面的相互关系时，我们得到一些值得注意的结果（见图10-2）。象限左上角（当前效能良好但对业务成功影响小）意味着这些HR实践活动也许不值得这么多额外关注。该象限中，排在最前面的三项中有两项与HR部门的组织结构有关（HR部门内的每个群体都有清晰的角色和职责；使HR部门的结构与业务部门的组织形式有效匹配）。过去的15年间，对于如何进行HR部门的结构设计、下一阶段该干什么、应该在哪里取得进步等一直有非常不同的声音。也许，这些数据表明，许多HR部门已经做得足够好了，所以继续对新的HR结构进行探索可能会带来负面效果。更大的挑战是如何使当前的HR结构更好地发挥其效用。

象限右上方则是一些当前效能良好、需要继续加大投入的活动（确保HR措施支持业务部门达成战略优先目标；开发HR战略，使HR实践组织战略建立起清晰的关联性）。CHRO需要继续保持对于从HR投资到组织的财务、战略和利益相关者的回报成果间的可视路径的清晰理解（可参见第3章"战略定位的参与者"）。

象限右下方则概括了那些目前做得不好、但对业务成功却有很大影响的HR活动。在资源紧缺的情况下，需要将它们作为HR部门的首要发展目标，它们应是重点关注区域。HR可以运用本书所讲述的由外而内的思路，"使HR活动与外部利益相关者的期望相关联"。HR也可以通过"跟踪并衡量HR的影响力"来增强自己的价值。这体现在HR胜任力分析中的"HR创新者以HR整合者"一类，这也许会是HR投资的重要机会。数据显示要鼓励"使业务管理者对HR工作承担责任"这一项并不令人惊奇。我们曾把业务部门管理者比作HR工作的最终责任人，而HR专业人员是架构师。还有一点值得注意，"确保HR部门是组织文化的榜样"。数据证实了HR对自身进行投资的价值——为HR专业人员提供HR服务，虽然我们尚不确定是什么原因造成了"在培训和发展HR专业人员方面进行投资"这项对业务成功的影响作用最小。

以上发现可以为CHRO和HR领导团队提供关注的方向，以使紧缺的资源达到最大效用。本研究最令人惊叹的发现就是，我们应当停止对新HR结构的探寻，去学习如何使现有的HR结构更好地发挥作用。

如何建立高效能的HR部门

通过回顾HRCS的研究数据，并基于我们在许多HR转型方面的工作经验，我们认为，建立一个高效能的HR部门需要优先做好以下四点：

1. 制订HR业务计划。

2. 确定 HR 部门的组织架构。

3. 提供优质的 HR 分析。

4. 为 HR 专业人员提供 HR 服务——成为其他部门的榜样。

制订 HR 业务计划

为了领导一个 HR 部门，CHRO 需要制订清晰的 HR 部门的业务计划，用它来展示部门未来将会如何运营。对于如何制订 HR 业务计划，我们建议采用以下七个步骤，如表 10-3 所示。与我们的由外而内的逻辑相一致，我们首先从商业环境开始，确立 HR 的愿景与产出，而后对 HR 实践、治理体系和能力建设进行投资，以此来完成产出目标。实质上，我们建议将 HR 部门作为组织内的一个业务部门来运营。

表 10-3 HR 业务计划

步骤	活动	产出结果
1. 定义业务环境	• 定义业务 • 识别并定义关键利益相关者的期望 • 掌握业务战略	识别业务所面临的挑战、利益相关者的期望和适合的业务战略
2. 阐明 HR 愿景	• 我们是谁（合作伙伴、向导、指挥者、领导者、架构者等） • 我们做什么（构建个体和组织能力等） • 我们为何这样做（增强竞争力等）	阐明一个可以同时满足 HR 内部（激励 HR 专业人员）和外部（激励客户）需求的 HR 愿景
3. 将交付成果或结果具体化	• 确定交付成果、结果或者为完成优质的 HR 工作所做的保证，这些应当是具体且可测量的	确定 3~5 个 HR 部门可以确保交付的成果。这些往往是构成组织竞争力的必要能力。它们必须是具体且可测量的
4. 进行 HR 投资	• 创建 HR 实践的分类表或选项单，以有助实现产出结果 • 提供 HR 实践的备选方案 • 进行关键 HR 实践的优先排序 • 在关键 HR 实践上进行投资选择（成本收益分析）	优先选择的 HR 实践必须是为完成交付成果而进行的
5. 建立 HR 权责体系和架构	• 确定参与人员（HR、业务部门管理者、战略提供者、人事经理） • 建立对承担工作的人的问责机制	明确职责，建立问责机制，以确保参与者完成相关的 HR 工作

(续)

步骤	活动	产出结果
6. 准备行动计划	• 为完成 HR 的优先任务准备一份具体的行动计划（谁、干什么、何时、何地）	准备行动计划，包含具体任务、责任、所需资源、时间框架等
7. 确保 HR 胜任力	• 确定达成 HR 规划所需要的关键胜任力 • 评价当前胜任力情况 • 制订提高计划	确保 HR 专业人员有能力完成业务规划

以下是对每个步骤的建议和行动方案。

第一步：定义业务环境

- 邀请那些善于预测未来的行业或国家发展趋势的专家参与讨论、阅读他们发表的相关资料或向他们请教。
- 根据发展趋势、发生的概率以及对业务的潜在影响程度，确定这些发展趋势的优先级。
- HR 部门的目标应来自公司目标、客户、经营战略等对 HR 部门的期望。

第二步：阐明 HR 愿景

- 起草一个表现部门抱负的 HR 愿景。该愿景可以包括以下内容：
  - 我们是谁（合作伙伴、推动者、支持者、行动者、贡献者等）。
  - 我们做什么（要实现或确保的个体能力、组织能力、人才、人力资本、文化、领导力等）。
  - 我们为何这么做（保证企业成功，提高财务绩效、客户份额、市场价值等）。
- 将 HR 愿景与部门内外人员分享，要求他们的行动与愿景保持一致。

第三步：将交付成果或结果具体化

- 开展组织能力审计，确定业务成功所需要的能力。这些能力就是 HR 部门的产出结果和目标。
- 对这些最重要的能力项进行行为描述和能力测评。

第四步：进行 HR 投资

- 在部门内设计和实施 HR 实践活动。
  - 人员配置：什么样的人可以进入 HR 部门。
  - 培训：如何发展 HR 专业人员的专业度。
  - 绩效管理：如何建立 HR 评价标准和奖励制度。
- 树立部门内部运营中最具创新与整合性的 HR 实践作为榜样。

第五步：建立 HR 权责体系和架构

- 使 HR 部门的组织架构与业务部门的架构相匹配。
- 如果你是多元化、联盟或者是矩阵型公司，则让你的 HR 部门像一家专业服务公司一样运行。
- 创建要约，约定独立的 HR 角色（专家中心、业务部门内部的 HR、集团总部的 HR）如何一起工作。

第六步：准备行动计划

- 准备一份可推进部门前进的、有具体行动方案的 HR 转型计划。为转型计划确定清晰的问责机制和时间框架。
- 为 HR 优先项目建立清晰的问责机制，包括最后期限和相关后果。

第七步：确定 HR 胜任力

- 利用我们现有或者那些能满足你需求的 HR 胜任力模型，为你的

HR 专业人员建立明晰的能力标准。
- 对 HR 专业人员进行测评，以使他们了解自己应当为提高绩效做些什么。
- 对 HR 专业人员进行投资以使他们得以提高。

英国保诚集团和埃森哲咨询集团都建立了与组织目标一致的 HR 业务规划。在 CHRO 制定 HR 业务规划后，他们实际就为 HR 部门建立了清晰的日程表和行动计划。

确定 HR 部门的组织架构

高效能的 HR 部门需要通过它的组织架构来实施战略和业务规划。正如前文提到的，HR 领导者已经花费了很多年时间来探索如何确定合适的 HR 结构，包括界定角色、职责和运营规则。与图 10-1 表达的观点一致，我们建议不要把持续修改现有的 HR 组织架构作为 HR 领导者的优先工作。但是，请采取以下行动，使 HR 组织架构的设计有助于创造价值：

- 明确基本的组织设计选择。
- 使 HR 部门的组织架构与业务部门的架构相匹配。
- 组织架构要利于将 HR 知识转变为生产力。
- 澄清每个 HR 角色的职责。
- 建立 HR 各角色间合作的要约。

明确基本的组织设计选择

过去 50 年间，组织类型的名称各异，但它们总是依据两个主要维度进行设计的（见表 10-4）。

表 10-4　组织架构设计的两个主要维度

集权	分权
标准化	专业化
效率	效能
整合	差异化
紧密	宽松

这两方面带来四个基本的组织设计选择：

- 集权化：由强大的总部做出决策，并统一贯彻到整个组织范围内。
- 分权化：独立的业务单元（产品线或地域）独立运作。
- 矩阵式：各单元共享资源，但独立运作。
- 外包：集团中心只有少量员工，主要是中介和网络平台在工作。

图 10-3 将上述选项进行了排列。所有其他的组织设计或职能设计都是在这四种设计基础上的变形。

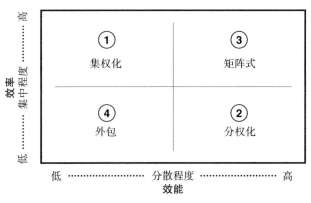

图 10-3　基本的组织架构设计选择

根据同样的模式，HR 部门也可以根据这四种基本模式进行组织设计。

1. 集权化 HR：拥有集权化 HR 的组织在人员配置、培训、福利、薪酬、组织设计等方面会配有专家以支持 HR 负责人。这些职能模块负责设计适用于整合组织的 HR 政策，并在整个组织内实施。

2. 分权化 HR：每个独立的业务单元有自己的 HR 部门人员和各模块的 HR 专家。英国的维珍集团、印度的塔塔集团、美国的伯克希尔－哈撒韦等控股公司都采用这种形式，每个业务部门都拥有专门的 HR 人员，总公司参与得很少。

3. 矩阵式 HR：在矩阵式或者服务共享型 HR 组织中，组织试图同时获得集权化和分权化的好处。一个矩阵型的 HR 部门可能具备以下角色：

- 服务中心：通过技术应用，HR 服务中心完成日常程序性、事务性和标准化工作。服务中心在保证质量和服务标准的前提下找到低成本的人事工作方式。比如开发通用的管理系统或者员工在线自选福利等。

- 专家中心：专家中心由在不同的 HR 模块具备精深专业能力的专家组成，如人员（配置或培训）、绩效（激励）、员工沟通和组织（组织发展、员工关系）。不同的企业在职责划分的细节上有所不同，但它们通常要负责提供一系列选择，在具体问题上提供专家解决方案，或解决公司范围内的挑战，或深入不同业务单元就专门问题提供方案，也可能两者皆有。它们在不同业务单元之间分享经验，并与外脑建立联系。

- 植入业务式 HR：植入业务式 HR 为企业提供 HRBP，参与业务单元的管理和业务讨论。他们进行人才与组织诊断以使人才发展与企业战略一致，他们参与组织战略的制定，在战略形成过程中担当战略架构师的角色，辅导业务领导和其他团队成员，帮助推进变革，对业务部门的 HR 工作质量进行追踪及衡量。

- 集团公司 HR：集团公司 HR 部门全面监控 HR 职能的运作，为高管人员提供建议，管理员工职业生涯设计，形成集团战略方向。
- HR 外包：对于那些将大多数 HR 管理工作外包给外部供应商的组织，内部的 HR 部门仅仅承担中介机构的角色，主要是成为人才和组织间合作的协调者。

使 HR 部门的组织架构与业务部门的架构相匹配

为 HR 部门选择组织设计方案时，只要问一个简单的问题：业务部门是如何设计的？HR 部门的架构应当与业务部门架构相匹配。一个控股公司的业务结构会选择分权化且分散的 HR 组织设计，而单一整合的公司则会拥有一个涵盖各个职能（人员配置、培训、薪酬、组织设计等）的 HR 部门。因为大多数多元化大型组织按照多个业务单元结构运行，绝大多数 HR 部门则选择更加复杂的组织架构。从图 10-4 可以看到业务部门的架构与 HR 的架构之间的匹配方式。例如，埃森哲的 HR 部门的架构就反映了其业务部门架构，从中可看出斯玛特是如何使 HR 部门的资源与业务需求相匹配的。

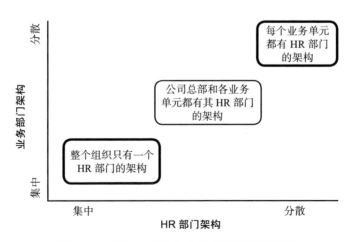

图 10-4　使 HR 架构与业务部门架构相匹配

组织架构要有利于将 HR 知识转变为生产力

如今,很多大型组织(通常是多业务单元公司)都采用高度矩阵化模式,因此它们的 HR 部门应当设计成服务共享模式。65%～75% 的大型公司采用服务共享模式。正如前面所述,HR 在服务共享模式下扮演以下四种角色。

1. 高效完成事务性工作的服务中心。
2. 在重要 HR 职能领域确保创新和深度专业知识的专家中心。
3. 诊断客户需求并提供整合的 HR 解决方案的植入业务式 HR。
4. 集团 HR 在集团范围内提供服务,与公司高管互动,并在客户、投资者和社区展现整体形象。

澄清每个 HR 角色的职责

以上四种 HR 角色可以共同创新,使服务共享式模型更高效。服务中心关注技术的应用,成为信息源帮助员工了解他们的福利项目,或者作为提高效率的催化剂(如以自助服务取代 HR 人工服务);专家中心的 HR 专才负责提供解决问题的深度视角;植入业务式 HR 则为业务部门管理者和业务方面的问题提供诊断及整合的创新的解决方案;集团 HR 专业人员负责创建一种全公司范围内一致的文化形象和身份特征。

建立 HR 各角色间合作的要约

HR 专业人员的四个角色(服务中心、专家中心、植入式 HR 和集团 HR)不是独立运作的。正如我们的数据所显示的那样,当 HR 部门作为一个整体有效运作时,就会对业务成功产生重大影响。这意味着要在 HR 专业人员中形成一种共同的思维模式,它以一个内部共享的关于独立角色如何合作的章程为基础,同时还要使 HR 专业人员关注同样的目标。正如保诚集团的格尔克构建他的 HR 组织那样,他主持了一系列场外会议,以努力使组织中的 HRBP 和专家中心的人员可以达成共识,像一个团队那样工作。这些团队建设会议对 HR 团队间工作关系的建立非常重要。

如今，许多 CHRO 还在追求新的 HR 组织形式。如果他们能够遵循上述设计原则，他们就能够保证自己的 HR 组织与企业目标相一致。

> 能衡量，始能执行。
>
> ——惠普创始人休利特

提供优质的 HR 分析

可衡量的任务才会被完成得最好，这句话非常正确。如果没有确定 HR 的评测指标，决策就会建立在印象和直觉而非事实的基础上。在建立 HR 评测指标时，我们建议要从对 HR 活动（比如培训时长）评测转变为对结果（培训对组织能力的影响）进行评测，从一个静态的计分卡转变为预测性的分析（这可以表明 HR 投资如何对业务成功产生影响），从专注于数据转变为注重决策支持。

为进行预测性分析，HR 领导者首先需要清楚组织对他们的产出要求。这些要求通常是成功所必需的，它们应当可以被定义和测量。然后，HR 领导者就可以确定有助于实现这些成果的决策，而将 HR 决策与组织要求的产出结果联系在一起是成功的关键。英国保诚集团的格尔克和埃森哲咨询集团的斯玛特都较少关注静态结果，而更多关注动态预测指标，即那些能够预测 HR 投资对业务成功有何影响的动态指标。

为 HR 专业人员提供 HR 服务

图 10-2 中的数据还说明 HR 部门需要在组织文化方面成为组织其他部门的榜样。常见的情况是，HR 专业人员不被组织重视，就像是"鞋匠的孩子没鞋穿"，他们无法从他们建议其他部门尝试的工作实践中获益，因此也缺少推动组织中其他部门尝试的积极性。在研讨会上，我们

经常提出以下问题：哪些人经历了完整的人岗匹配测试继而接手今天的工作，多少人同老板进行过关于职业生涯的面谈，多少人得到过绩效反馈，又有多少人可以说出 HR 职能的愿景。很少有人举手，看来 HR 专业人员要求别人做的事情，他们自己反而很少做到。HR 部门的这种表里不一，不仅会带来部门内 HR 专业人员的嘲讽，而且这种现象会蔓延到整个组织。

为了成为组织文化的榜样，我们建议 HR 专业人员在自己部门内应用以下六类胜任力，并考虑以下问题。

战略定位的参与者：
- 我们是否将客户、投资者和社区的洞见带入我们的 HR 交流中？
- 在制定 HR 工作日程时，我们是否请业务部门管理者和员工共同参与了？
- 我们在制定 HR 业务规划时，是否有一个有效的流程？

可信任的活动家：
- 我们是否与 HR 同事建立了互相信任的人际关系？
- 不同角色的 HR 专业人员是否尊重彼此，并能进行愉快的合作？
- 我们的 HR 专业人员是否恰当适度地相互挑战并相互学习？

组织能力的构建者：
- HR 部门的能力是否与企业的关键能力相匹配？（例如，如果组织是以创新闻名的，那么 HR 部门是否具有这一能力特征呢？）
- 我们的 HR 成员是否明白他们的日常工作与 HR 部门目标之间是一种什么关系？
- 在 HR 部门内是否形成了积极而有意义的工作环境？

成功变革的助推者：

- 我们是否在 HR 部门内发动了变革？
- 我们要求其他部门做到的，在我们 HR 部门内是否也能做到？

HR 创新与整合者：

- 在部门内的各 HR 实践领域，我们是否持续寻找创新机会？
- 对于人才、绩效、沟通和工作方面的创新想法，我们是不是最先尝试的部门？
- HR 部门的各个职能领域的实践活动能否相互促进？

信息技术的支持者：

- 我们的 HR 成员是否知道如何使用最新的技术？
- 在做出决策之前，我们是否会搜集并使用正确的信息？
- 我们是否会在 HR 工作中利用技术来提高效率？

当 HR 专业人员在部门内将胜任力内化，他们就能成为其他同事的榜样。在对 HR 专业人员进行培训时，我们发现，对于组织越来越看重的方面，如协助战略实施、能力构建和推动变革方面，HR 专业人员的能力往往比较欠缺。我们对他们的表现表示理解，并告诉他们初次尝试新的举措时，可能会做得不那么好，所以，我们认为在 HR 内部进行演练是很好的方式，这里相对安全，在将各种举措公之于众前，他们不必紧张，并且可以从前期的演练中学到很多。格尔克和斯玛特可以作为 HR 领导者的榜样，因为他们给予 HR 团队成员的关注不少于他们给予业务领导的关注，他们对自己的专业化感到十分自豪，对于他们希望其他部门做的，他们已经在 HR 部门内树立了榜样。

总结：成为有价值的 HR 部门

许多业务部门管理者告诉我们："我喜欢我的那个 HR，但我不喜欢 HR 这个部门。"这是个问题，因为 HR 部门对组织的影响远远大于个人。当 CHRO 能在其 HR 部门建设方面给予与培养 HR 专业人员同样深入、严谨的思考时，他们就能获得可持续的成功。

第 11 章

结论、启示与建议

在本书中，我们发布了 2012 年 HRCS 研究的数据，为 HR 专业人员今后发展的框架奠定了基础。正如我们所指出的，这项历时 25 年的研究通过与领先的人力资源协会合作，以全球化视角，揭示了 HR 专业人员应该具备的胜任力，报告了在六个 HR 胜任力领域的研究发现及启示，就如何培养 HR 专业人员、如何更好地领导 HR 部门提出了建议。所有这些结论与建议以 HR 由外而内的视角形成，即外部的商业环境塑造组织行为并且影响个体行为。

我们也清楚，这些研究结论是复杂的，为简化起见，我们提出以下三个问题作为总结：

1. 结论是什么？我们从研究中得出的最重要的见解。
2. 应该如何？对 HR 专业人员与 HR 部门的启示。
3. 现在怎么办？这些见解能为 HR 的未来带来什么。

结论是什么：这项研究最有趣的发现

我们在完成 2007 年的调查后即启动了这一轮研究。通过与 HR 专业人员开会、研习、讨论以及参与咨询等方式互动交流，我们一直在思考 HR 专业人员的胜任力和对 HR 部门的要求。我们也对关于 HR 角色、

HR 部门与 HR 趋势的最新思考和研究保持密切关注。2011 年 1 月，我们正式开始了这项第六轮的 HR 胜任力研究，我们向全球的合作伙伴征询并确认他们所在地区的业务挑战与 HR 管理所遇到的挑战。合作伙伴通过访谈和焦点小组座谈会确定了 HR 专业人员的应是、应知和应为，以确保工作有效性。我们与合作伙伴及其他顾问通过面谈或非面谈的方式，对其当前的业务需求开展定向调查。我们很惊喜地收到 2 万多个回复用于数据分析。2011 年，我们一直专注于研究分析数据并且尝试整合，得出了值得关注的十大见解和关键结论。

1. **识别 HR 部门人员特征的演变**。HR 从业人员一直是而且越来越多是高学历女性（从 1987 年的 23% 到 2012 年的 62%），同时，越来越多具备专业才能和相关领域知识的专业人士而非通才从事这一职业（通才的数量从 1987 年的 61% 下降到 2012 年的 40%）。HR 部门在人员构成方面的变化对这一职业的状况有着重要影响，并且可能与其他战略性支持部门，比如营销、信息技术和财务部门的人员构成与角色转变相一致。这一职业的女性化可能导致刻板印象，需要面对并克服。性别差异（我们样本中的业务部门管理者主要是男性）对 HR 与业务部门管理者的性别多元化都提出了挑战。此外，虽然专业化的不断提升使得专业见解更趋严谨与科学，但同时也使各专业领域碎片化，除非专家能够将他们的独特见解融入共同的解决方案之中。

2. **接受统一的全球性模式与标准**。参与此次调查的 2 万多名参与者与反馈者在描述与评价 HR 胜任力上所体现的相似性使我们感到惊讶。这种在全球范围内及各功能模块的相似度，体现在 HR 胜任力无论对个人效能还是对取得业务成功的影响，世界各地竟如此相同。这些数据表明，HR 已经真正成为一个全球性职业。尽管在 HR 专业人员与非 HR 专业人员（业务部门管理者）之间、在小型组织与大型组织之间，以及在不同的地理区域之间都存在着一些不同，但是相似性明显超过了差异性。传递给

HR专业人员、领导者和团队的信息很清楚：HR胜任力存在全球性标准。如果HR团队因国别差异寻求差异化的HR解决方案，而不是为了共同事业携起手来，那么他们的努力很可能无功而返或南辕北辙。我们相信已经找到了HR的密码，也就是无论在哪里，高效能的HR专业人员都必须满足的核心要求。当然，个人背景、公司差异、地理文化和角色期望都有可能对HR专业人员的胜任力提出不同要求，但是数据显示存在一个清晰的全球性标准。

3. **由外而内的思考与行动**。HR专业人员必须突破以由内而外的方式来理解公司业务。为成为高效的业务合作伙伴和战略性HR顾问，他们需要根据外部趋势与环境，而不仅仅是财务、战略以及特定的利益相关者（客户和投资者）来理解公司业务。正如我们所描述的，我们的建议聚焦于行业变革与发展的关键驱动力上，包括社会、技术、经济、政治、环境、人口特征（缩写为STEPED）。HR部门的战略贡献始于"由外而内"的思考与行动，基于上面提到的这些驱动力，扮演"战略定位的参与者"的角色：解释外部环境、发现潜在的机遇与挑战，以及共同创建支持战略实现的能力。仅仅了解业务语言与业务流程，了解组织的盈利和亏损，甚至了解客户的期望以及他们对组织的感受都不够充分。

4. **关注员工个人发展，也关注HR部门的发展**。HR专业人员的胜任力对业务绩效的影响是8%，但是HR部门的有效性对业务绩效的影响是它的4倍（32%）。数据表明，HR专业人员对于业务成果很重要，但是HR部门更为重要。当HR部门能同等地关注组织内部的利益相关者（员工、业务部门管理者）与组织外部的利益相关者（客户、投资者、社区）时，HR部门就会对业务的成功产生影响。在更普遍的层面上，这些数据证明，HR部门不应仅仅将自己的焦点局限在人才或人力资本方面，而应该同时关注人才与组织。公司成功不仅仅在于人才，还在于人才与高效的HR部门所营造的文化之间的结合。

5. 更进一步，突破 HR 部门重构带来的收益递减。在过去 15 年中，HR 部门转型倾向于关注 HR 部门的角色、架构以及 HR 行政事务的自动化。但是，这次调查数据强化的一个需求是，HR 部门应该更加注重在"客户体验、HR 分析、组织文化塑造以及让业务部门管理者一起参与 HR 的规划和评价"等方面优先投入。HR 部门的工作应和战略需求相匹配，应拥有清晰的角色与职责，HR 决策应清晰化，这些都很关键。一旦 HR 部门与业务部门保持一致，HR 部门就不需要再多花精力考虑自己的架构问题，而是去从事其他重要活动了。

6. 受益于"成为一名可信任的活动家"的同时，也要突破这一局限。作为一名可信任的活动家的强大能力，不仅对于 HR 专业人员的个人效能是最根本的，对于其在业务开展或业务成功方面的影响同样如此。过去，HR 专业人员错误理解了来自业务部门管理者的积极肯定对产生"高绩效"的作用，因此几十年来，HR 专业人员都致力于"争得一席"。2012 年的全球 HR 胜任力调查表明，我们已经赢得了"战争"的胜利，并且领导者有同样的期望，愿意提供机会。现在 HR 部门必须聚焦于相关领域的创新和整合，驱动业务成功。在争夺入场券时信任很重要，但是现在我们已经取得一席之地，就必须在业务研讨中做出显著的贡献。

7. 关注持续变革。在 2007 年的研究中（文化与变革管家），变革是与胜任力联系在一起讨论的，但在本次研究中，变革作为一项非常重要的胜任力单列出来。"成功变革的助推者"这项能力回到独特且关键的胜任力地位并不奇怪。组织一直在应对 2008 年后的经济衰退、全球化、技术进步加速、人才竞争加剧、越来越大的监管压力以及其他挑战。相比如何让变革持续，HR 专业人员在发起变革方面略有优势，但是让变革持续对业务成功影响更大。HR 有时会被指责为一时的风尚，我们也经常听到用"走过场"和"出风头"这样嘲弄的词来描述 HR 的工作。这些评价表明，HR 需要在推动变革可持续方面做出更有效的努力。我们不能减缓变革的步伐，但是我们在如何让变革持续方面可以做得更有技巧。与其发动许多不能持续的变革，不如发动哪怕少一些的有持续性的变革。

8. **同技术与信息发展保持同步**。"信息技术的支持者"这一能力是本次研究中更有趣也是潜在更强有力的发现。虽然在对个人效能的影响方面该能力不如作为"可信任的活动家"那么大，但对业务成功的影响却很大——事实上，跟其他 HR 胜任力的影响一样大。技术在以我们意想不到的方式极大地改变着人们的工作方式，这就要求 HR 部门具备知识和专长来理解新的分析方法和社交媒体技术所带来的影响。新的 HRCS 研究表明，办公和事务性工作的自动化只是 HR 工作的冰山一角，HR 专业人员不仅需要利用技术来更有效率地完成工作，还要利用技术来驱动知识的传播以及公司内外关系的建立。例如，HR 专业人员需要更加熟练地运用技术手段连接人与工作。当今的工作不仅由特定的地理或职能范围来界定，而且也由共同的利益界定。

9. **使组织能力产生效益**。当孤立的实践活动融合成一套明确的组织能力时，HR 才算整合了起来。HR 专业人员应该对组织机能进行审计，以确定未来需要的能力。"创造有意义的工作环境"的能力是一种根本性的能力，需要突出强调，因为在创造任何能力（创新、服务、合作或其他）的时候，我们都需要看到人们表达出的个体需求，工作不仅是完成任务本身，也是隐藏在任务之后的意义。

10. **构建组织**。聚焦于组织的 HR 胜任力（组织能力的构建者、成功变革的助推者、HR 创新与整合者、信息技术的支持者）应该得到 HR 发展中的重大关注。这些胜任力将个体与外部环境联系在一起，也把孤立的事件维系在一起。当基于组织的解决方案能持续成功时，HR 着手制订人才方案就非常容易。

当然，其他人有可能从这些数据中得出不同的见解，但这是我们的主要见解，我们认为这些见解对 HR 专业人员有着巨大的影响。

应该如何：对 HR 的启示

在之前的研究中，我们曾建议 HR 专业人员需要通过掌握教练、架构师、设计和实施人以及推动者的工作方法，来培养所要求的胜任力。教练对业务领导者（以及其他人）进行一对一的辅导来帮助他们提升个人能力。架构师帮助组织构建可将战略转化为结果的蓝图；设计者实施人创造和实施匹配一致的、创新的以及整合的 HR 方法；推动者帮助组织管理流程与变革，确保实现预期的目标。我们相信这四种角色的工作方法对于 HR 专业人员仍然切实可行。

不过，基于本书背后的研究工作，我们建议 HR 专业人员还应该掌握其他几种工作方法：

- 观察者。作为观察者，HR 专业人员应该学会解读外部商业环境，与关键利益相关者建立联系，明确战略以及帮助企业盈利。作为观察者，要了解外部趋势变化并能够转化为具体行动。
- 诊断专家。HR 专业人员应该能够熟练地对个体行为、领导力行为和组织行为进行诊断，诊断可以通过观察、访谈、焦点小组座谈和各种调查来完成。通过诊断，HR 专业人员能够预测不同原因导致的不同结果，设置优先顺序和对结果进行跟踪。
- 思想领袖。HR 专业人员不应只是对外界条件做出反应，他们还应该创造条件。作为思想领袖，他们既要了解相关的理论和研究，还要将独特的见解运用于工作。这些见解将解决第 1 章中提到的对立关系问题。
- 行动者。最终，HR 专业人员要将他们所见到、所诊断以及所学到的付诸行动。作为行动者，他们做正确的事，并且确保组织对环境变化做出最快的反应。

当 HR 专业人员掌握了这些新的工作方法，他们也就展现出本次研究中所提出的胜任力。HR 专业人员接受并且能够运用我们在前面各章所提出的思想时，就可将这四种工作方法应用于全部六大胜任力领域。

现在怎么办：HR 往何处去

我们从胜任力视角提出的见解和行动建议对 HR 定位提供了最新的、全球性的以及以实证为基础的看法。但是 HR 究竟往何处去？对于 HR 的未来，我们并不能像对 HR 的现在一样提供详细的见解，但还是可以看到一些 HR 往何处去的迹象。

1. HR 将发挥更大作用。大多数组织，尤其是那些大型的、复杂的和全球性的组织，都期望 HR 部门能发挥更大作用，我们对此并不感到惊讶。任何一份咨询或学术报告，几乎不可能不强调人才、文化和领导力是 CEO 最重要的工作。麦肯锡咨询公司的报告指出，在最近一项研究中，有 52% 的 CEO 认为，劳动生产率和人才管理对他们的经营业绩有显著的影响。合益集团认为，通过人才取得成功，以及高度重视人才管理和领导力的作用是高绩效组织的关键指标。普华永道报告指出，CEO 们计划在人才管理和领导力上增加投资。组织和它们的领导者正给予更多关注的一些具体领域还包括：

- 培养新兴市场的本土人才。
- 提高女性在高层职位和董事会中的参与度。
- 使用能满足更高要求的绩效管理系统。
- 应对管理层薪酬挑战。
- 管理和吸引"千禧一代"。
- 跨越地理和时间区域限制、建立、解散和重组高绩效团队。
- 创建更加有效的（effective）和高效的 (efficient) 组织。

2. 和其他职能的更大范围的整合。"战略定位的参与者"这个胜任力的重要性，揭示了 HR 与其他战略性支持部门的互动和建立伙伴关系的趋势，尤其是财务部门和 IT 部门，还有精益制造部门、供应链以及其他领域的职能部门。玛氏公司已经把 HR 通才描述为"副驾驶员"，和业务单元 CFO 联合支持一个业务总经理。越来越多的 HR 部门把它们的通才称为"HRBP"，反映出组织在提高业务整合质量方面的努力。有报告显示，HR 和财务部门之间的更强的合作伙伴关系，在诸如陶氏化学（Dow Chemicals）、美国政府问责办公室（Government Accountability Office）、第一田纳西银行（First Tennessee Bank）等各不相同的组织中，都呈现显著上升的趋势。

3. 管理职能的转变。整个商业世界都在进行职能转变。销售与市场、传统会计与战略性财务，以及 IT 辅助服务与 IT 架构之间的差异已经出现。这些职能领域都认识到部门的管理工作与它承担的战略性工作之间的差异，以致每个部门都对职能进行了相应划分。有很强的迹象显示，HR 部门也在发生同样的变化。看到 HR 部门的一些传统管理工作不再是 HR 部门的职能并不令人感到惊讶。薪资或福利管理、养老金和调动（异动管理）并不是非要 HR 来领导不可，特别是当它们是在合同外包基础上进行管理的时候。

另外，HR 部门认识到，在向员工和关键利益相关者合理表达（shape）信息的过程中，HR 扮演重要角色，因而越来越多地参与到员工（有时是利益相关者）的沟通工作中。我们也看到，更多的 HR 参与战略工作、精益咨询，以及那些并非 HR 部门传统意义上的工作范围，但在战略性和对外关注度上更有意义的其他领域的工作。例如，传播部门和 HR 部门联手，可为并购工作提供更有效的支持。

4. 全球性的创新。HR 的创新中心已经从北美和西欧向外转移。创新中心的分布更加广泛，而且这个趋势将会持续下去。全球性的公司（如卡夫、IBM、通用电气、宝洁等公司）被看作"HR 领导者的摇篮"，它们把 HR 创新带到了"金砖四国"（巴西、俄罗斯、印度和中国）以及"新钻 11 国"（孟加拉国、埃及、印度尼西亚、伊朗、韩国、墨西哥、尼日利亚、巴基斯坦、菲律宾、土耳其和越南）。通信技术和人力资源协会会议使得人们更容易接触到当代的人力资源理念。亚洲和拉丁美洲的公司基于当地市场特有的文化和业务挑战，对 HR 进行了自己的创新。

类似地，新加坡尽管没有丰富的自然资源，但它渴望成为新亚洲的商业领袖和创新中心。新加坡发起成立了一个强大的创新组织——人力资本领袖学院（Human Capital Leadership Institute），来领导这个目标的达成。挪威和新加坡在公共部门的 HR 转型上进行合作。丹麦地方政府已经把大量的领导力开发培训和人才管理方法带到丹麦政府管理部门。胜任力数据指出了 HR 胜任力跨地区的相似程度，这为 HR 实践进行持续的全球创新打下了很好的基础。

5. 技术的更大的冲击。正如第 8 章所指出的，随着时间的推移，HR 部门将变得更加依赖线上，在以下领域，技术的应用将变得更加复杂：

- 事务性工作的有效和高效管理。
- 大数据分析。
- 作为信息战略和沟通战略的架构师和执行者，信息技术将扮演更加重要的角色。
- 把社交网络技术和新媒体作为连接个人与团队、连接组织与客户以及其他利益相关者的手段。

数据分析是一个尤其有趣的点。它可以从敬业度调查这样的单一数据集和可以提供进一步相关性分析的数据库，扩展到如客户忠诚度和员工行为的关系，或者更具体的层面——客户购买和员工敬业度之间的关系。技术和分析手段已经向前进了一大步，例如，预测分析法使得康卡斯特公司（Comcast）能够发现员工满意度、员工保留和客户满意度之间的一种很强的正相关关系。

6. 不同以往的 HR 组织的多样性和从业者特征。有数据显示，在很多或许是大部分的 HR 组织中，已经呈现出另外一番景象。我们从 2 万名参与者那里了解到，HR 的人员特征和扮演的角色已经发生变化，并且将继续变化下去。例如：

- 更多女性进入高层。几乎 2/3 的 HR 专业人员是女性，而且随着时间的推移，这种性别转换一直在持续。预计这种人员结构将会继续，直到 HR 的各个层级大多都有女性的存在。
- 如何管理多样性缺失，将是一件极具挑战的事。更多女性加入 HR 部门和高层管理职位，这一转变总体上与目前的 HR 部门负责人的画像形成鲜明对比，也与 HR 的业务合作伙伴——业务部门管理者形成对比。普华永道最近的报告指出：

  《财富》100 强公司中的 HR 部门负责人，一般是平均年龄在 53 岁的男性，拥有学士学位，已为目前的雇主工作 15 年，并且职业生涯有大约一半时间从事 HR 工作；他们的头衔是高级副总裁（SVP），由副总裁（VP）提升而来。最普遍的 HR 职业经历是都在人力发展的岗位上工作过，他们中的 1/5 有海外派驻经历，并且几乎有 1/3 的人直接从事过国际运营的工作，只有不到 1/3 的人是从其他公司聘用过来担任高层职位的。

- 给予 HR 内部的业务及 HR 部门更大的认可。在我们的数据中，拥有 10 年或更长 HR 工作经历的受访者人数正在逐渐减少。受访者不但更加年轻，而且在本行业的工作经历更少或来自 HR 以外的其他部门。更多 HR 专业人员从其他职能部门获取经验和机会，增加了

HR 专业人员对业务的理解，也加深了业务部门对 HR 贡献的认可。

7. 对 HR 更高的期望与回报。企业在面临管理人才、文化与领导力的挑战的同时，还在不断提高这方面工作的优先级，这样导致的结果是对 HR 的绩效期望越来越高。对于 HR 来讲，运营失误或人力资本管理不善，都将是难以容忍的。HR 将被视为业务中的一项核心业务，基于这个原因，HR 部门必须承担起责任，表现得跟其他业务部门一样有效率。正因为如此，一流绩效的 HR 领导者将得到丰厚的回报。在职能序列，HR 目前的平均薪酬仅次于总经理和 CFO。我们相信，只要 HR 领导者和从业者达到我们研究中所提出的高能力标准，他们就会得到丰厚的回报。

8. HR 角色和组织架构将进一步演进。在我们的数据中，随着时间的推移，调查对象中个体贡献者的数量在不断增加。HR 部门就像其他职能部门一样，在不断扁平化。组织中真正的管理角色越来越少，管理者自己将承担更多的工作，而下属越来越少。能够合并的工作将尽量合并。受外包和技术的影响，员工数量在减少。我们发现，在一些领先的全球性组织中，专职 HR 员工数量基本上减少了一半。项目承包商与咨询顾问承担了类似专职 HR 员工的工作，并且发挥了越来越大的作用。我们看到一个新的混合职能正在出现。在 HRCS 研究期间，我们发现职能重心正逐渐向薪酬、战略、组织发展、招聘与培训等方向发展，而不再是福利、劳动关系和 HR 通才的工作。

这些数据为 HR 部门新的业务构成提供了管窥之窗。新的 HR 业务结构将从传统的行政事务管理与员工关系工作中解脱出来，不再将重点集中在工会关系和合同管理上，而是转向了保障业务成功的驱动因素：能力及文化建设、领导力开发、人才管理、发起并持续变革等方面。

这些趋势对 HR 有着令人激动的影响。

总结：持续建设 HR

我们已经记录了 HR 在过去 25 年的发展。HR 胜任力研究（HRCS）对 HR 部门职能的演进提供了一个独特的前沿性观点。研究期间，我们不仅看到了 HR 领域的许多变革，而且见证了它逐渐走向成熟的重要标志——成为一个关键的业务和组织部门。随着 HR 胜任力研究的每一轮发现，我们对 HR 的看法越来越细致入微。因为 HR 扮演更重要的角色并且处理更有挑战性的问题，所以我们看到 HR 工作更具体、更鲜明。

本轮 HR 胜任力调查的结论是毋庸置疑和令人兴奋的，人们期望 HR 以由外而内的视角开展工作。如冰球运动员韦恩·格雷茨基（Wayne Gretzky）和篮球运动员魔术师约翰逊（Magic Johnson）总是能预测赛场内的走向一样，HR 部门也同样需要在自己的领域拥有行动预测能力，决定应朝哪个方向发展。作为 HR 专业人员，我们必须能够发现外部正在发生的变化，以及它给组织带来的机遇或威胁，并且使每个层级的业务管理者都能够将愿景转化为行动，让行动转化为对组织的客户与利益相关者有利的结果。"战略定位的参与者"的角色，加上作为"可信任的活动家"的建立关系和施加影响的技能，使 HR 部门可以通过 HR 实践提高自己的能力，在创建 HR 管理系统方面进行创新与整合，以吸引人才、培养领导者，并通过信息技术增强团队精神与合作，建立高度一致的（well-aligned）、高绩效的团队与组织。

我们对 HR 的未来充满乐观。我们统计了一下，全球大概有 100 万名 HR 专业人员。越来越多的研究生课程专注于人力资源领域；在 MBA 课程里，人力资源课程的吸引力也越来越大；我们发现，谷歌、Zappos、百度以及其他组织正以一种令人激动的方式重新定义和创建 HR 的管理模式。参加我们 RBL 课程的来自 50 多个国家的客户，以及在密歇根大学罗斯商学院一起共事的高管们，我们都更加相信，HR 发展的黄金时代正在到来。

附录 A

HR 专业人员胜任力培养方案

HR 胜任力培养指南

接下来的例子是六大胜任力的 20 个构成要素的能力发展思路。

战略定位的参与者

要素 1：解析全球商业背景

了解并行动：

- 识别与你所在组织相关的全球化的商业需求与启示。
- 了解外部的政治环境。
- 阐明可能影响你所在行业与公司的社会问题。

发展思路：

- 准备一份至少三页纸的备忘录，写下你的公司所涉及的行业背景与文化环境。考虑所有的利益相关者，包括投资者、客户、社区、监管者、合作伙伴、员工和业务部门管理者。
- 了解人口发展趋势，准备一份报告，阐明人口发展趋势将会如何影响你部门所做的 HR 实践设计。
- 寻找一位精通你所在行业的价值创造模式的投资分析师，对他进行访谈，了解你所在行业财富创造的相关因素。

要素 2：解码客户期望

了解并行动：

- 将客户细分成目标群体。
- 了解关键客户的需求与期望。
- 促进与客户相关的信息在企业内传播。

发展思路：

- 开展一项调查，它包含对主要客户的价值链分析。例如，客户是谁？他们的购买标准是什么？他们目前主要从哪里购买产品？与你的主要竞争对手相比，你最大的优势与劣势是什么？
- 寻找机会参与跨职能的团队——这个团队的任务是识别客户的购买习惯，为增加市场份额提供计划建议。
- 花时间与客户以及他们的客户在一起。如果没条件这样做，那就花时间与销售部和市场部的员工交流，回顾客户反馈，定期到呼叫中心实地感受，对于客户所想和所关心的事情能够获得翔实的信息。

要素 3：合作制订战略计划

了解并行动：

- 了解你的公司如何创造财富。
- 定义公司内创造财富的关键职位。
- 协助制定业务战略。

发展思路：

- 组织一场跨部门讨论，邀请不同部门中见多识广的人，一起来讨论与公司创造财富相关的那些活动。确定哪些员工创造了公司 90% 的财富，以及他们做了什么。
- 开展行业分析，写出详细的计划，相对竞争对手，如何提高公司绩效。
- 参与制订公司未来计划的工作团队——其任务是针对公司与所在行业的未来制定愿景。

可信任的活动家

要素 4：通过结果交付赢得信任

了解并行动：

- 制定清晰的目标和期望。
- 重视对事先协商好的和已答应的承诺，确保兑现。
- 尽量争取不要出现错误。

发展思路：

- 谨慎对待你的对外承诺。你希望去帮助别人实现愿望可能会让你难以拒绝别人，这样会导致你的承诺超出你力所能及的范围，最后反过来又会让别人认为你不是践行诺言的人。
- 一旦错误出现，要承认错误，并为此承担个人的责任。
- 制定针对 HR 绩效的衡量措施，跟踪 HR 工作的产出以及实现产出的手段。制定具有前瞻性的衡量指标，从中能够看出行动与结果之间的因果关系。

要素 5：影响他人并与其建立联系

了解并行动：

- 适度冒险，无论是从个人角度还是从组织角度。
- 坦诚相见，尤其要注意辅之以数据支持。
- 践行"有积极态度的 HR"，明确自己的观点，预测可能出现的问题，并提供解决方案。

发展思路：

- 坦率地评估你在部门会议或其他会议场合中表达自身观点和主张的意愿。如果你通常在这些会议中保持沉默或犹豫，那就给自己设定一个目标来改善这种状况。要求自己在每次会议中至少要发表一次与业务相关的个人见解。
- 在自己的职权范围内，找到一个你可以处理的问题，然后去处理它。不要让你的行动受制于同事的意见。
- 和 HR 部门以外的人建立起私人关系和工作关系。

要素 6：提升自我认知

了解并行动：

- 认识到自身的强项和弱项。
- 了解你的个人倾向，并愿意尝试新的行为方式。
- 用你的强项来帮助他人提升。

发展思路：

- 寻求同事对你的人际关系技巧的反馈，根据这些反馈来提升自己。不要对这些反馈采取抗拒态度，要把这些反馈转化为简单的和有重点的实际行动。
- 尝试一整天都避免使用"我要……"这样的句子。
- 在家庭成员或关系很近的朋友身上进行无偏见的同理心练习，练习如何设身处地为他人着想。

要素 7：加强 HR 的专业性

了解并行动：
- 参加本地、某一区域或全国性的 HR 行业协会。
- 了解你所在领域的相关资格认证标准。
- 在你所精通的领域，让自己的技能变得更强。

发展思路：
- 愿意去质疑 HR 工作中的标准做事方法。思考一下你还可以采用哪些创造性的办法为组织带来积极的变化。观看以下能够启发你的创造力的 TED 演讲：http://www.ted.com/talks/ken_robinson_says_schools_kill_creativity.html.
- 义务和他人共同主持一场 HR 最佳实践分享会或 HR 职场论坛。
- 为一群来自 HR 行业的听众准备一场演讲。

组织能力的构建者

要素 8：使组织能力产生效益

了解并行动：
- 定义你所在组织需要的能力。
- 通过访谈和/或调查来审计你所在组织或部门的能力。
- 确定目标能力的优先级并测评现状。

发展思路：

- 准备一份有关你所在行业不同竞争对手组织能力的报告。
- 对领导者的谈话内容进行分析，以理解他们对组织能力的观点。
- 与准备年度报告的人一起工作，将组织能力也体现在其中。

要素 9：保持战略、文化、实践和行为协同一致

了解并行动：

- 由外而内定义文化（关键利益相关者所认知的企业特征）。
- 对你所在组织开展文化审计，以确保与组织战略以及利益相关者的期望保持一致。
- 对你所在组织的管理体系进行审计并使其与组织文化保持一致，使这些管理实践能够驱动并保持组织文化。

发展思路：

- 收集能体现组织文化的典型行为故事，在沟通交流、演讲和新闻通讯等场合分享这些故事。
- 对关键的管理实践（预算、绩效管理、沟通、会议等）进行审计，以确保与组织文化保持一致。是否某些管理实践无意中向员工传递了错误的公司价值观？
- 独立开展文化审计，或者与 HR 专业人员或管理团队一起进行审计。识别出业务必须拥有的文化特征，即要满足利益相关者的需要并推进业务战略所必须拥有的文化特征。识别出现状与理想情形的差距。

要素 10：创建有意义的工作环境

了解并行动：

- 帮助公司识别是什么让员工觉得在公司工作有意义和有价值。

- 采用除忠诚度或敬业度调查之外的其他方式，来探究工作对员工的意义和价值。
- 帮助塑造这样一种员工价值主张，即突出强调员工是如何被他们所看重的事情激励的。

发展思路：
- 帮助领导者认识到有意义的工作环境对员工生产力的影响，辅导他们成为"有意义的工作"的创建者。
- 识别你所处工作环境中的消极因素，并通过会议与员工进行沟通。
- 在与同事的一对一互动中，帮助他们看到他们所从事工作的意义和目的。

成功变革的助推者

要素 11：发起变革

了解并行动：
- 帮助员工明确和建立起变革管理流程。
- 建立规则明确的流程来将我们所知道的转变成行动。
- 知道如何促成事情发生。

发展思路：
- 设计变革流程，使变革能够引导组织文化进行重要转变，使公司更加贴近外部客户的期望。
- 评价你的工作流程与 HR 实践，对于公司希望为关键客户提供的良好客户体验，你的工作流程与 HR 实践是否传递出相关的指引信号。
- 从内部与外部渠道收集关于公司业务未来的信息。你所在公司目前的文化能够支持未来的成功吗？如果不能，需要改变什么，你打算如何改变？

要素 12：落实变革

了解并行动：

- 学习如何吸引他人一起参与变革。
- 将大变革分解成小步骤。
- 确保公司所期待的变革出现在行为要求、HR 实践以及绩效衡量标准中。

发展思路：

- 着眼于公司变革举措中不能持续进行的部分，找出其中的原因，写一份总结报告呈交给 HR 部门和领导层。
- 走访已离职的员工，了解他们所看到的阻碍变革持续推进的原因。
- 为你所在组织或工作单元做一次"病毒检测"（病毒清单可参见第 6 章中的"'成功变革的助推者'胜任力领域需要采取的行动"）。

HR 创新与整合者

要素 13：通过人力资源规划与分析优化人力资本

了解并行动：

- 明确公司未来需要员工具备的技术与社交能力。
- 创造能够让员工对组织产生敬业度以及做出承诺的员工价值主张。
- 让员工感觉到他们为组织做出了贡献。

发展思路：
- 尝试将一般的文化要素转变成具体的行为。例如，如果某个人灵活变通，成本意识强，具有团队精神、创新性和纪律性，那么他的具体及可观察到的行为表现是怎样的？
- 与有经验的招聘团队一起进行校园招聘。一开始就陈述你所期望的技术和文化技能。
- 寻找机会以志愿者的身份进入某些社团、协会，在其中承担那类对员工进行晋升选拔的评价工作。

要素14：培养人才

了解并行动：
- 找出员工要想在未来获得成功所需的技能要求。
- 制订个人能力发展计划来帮助员工学习，包括培训、工作经验、指导与生活经验。
- 创建员工发展系统，将绩效评价、员工发展以及职业规划连接起来。

发展思路：
- 创建一份包括关键发展工作岗位与相关经历的清单。确定现有在职成员能够由此学到什么，以及这段经历如何帮助他们在未来做出更大的贡献，承担更重要的领导职责。
- 就关键的工作与角色，与管理人员一起确定继任者名单
- 注意技术人员的发展，而不仅仅是未来的高级管理人员的发展。

要素15：塑造组织和沟通体系

了解并行动：
- 帮助定义并阐明角色、责任以及成功组织的规则。

- 明确与改进工作流程。
- 制定员工守则来维持组织的稳定。

发展思路：

- 与某个部门合作，创建一个更有效的工作流程。
- 指导经理如何编写和演示重要的报告。教授基本技术、如何进行评论以及提供反馈。主动要求负责设计沟通策略，为组织执行新政策、新系统或新流程这类变革做准备。
- 与团队一起找出并减少低价值的工作。

要素 16：驱动绩效

了解并行动：

- 以清晰且可度量的表述来解释战略。
- 设计绩效度量系统，包括个体和组织层面的度量标准，并且同时聚焦于行为与结果。
- 使度量方法与期望的战略相匹配。

发展思路：

- 与管理团队一起工作，找出对产生相应部门绩效至关重要的行为，将这些行为要求放入评价过程中。
- 确定哪些员工创造了公司 90% 的财富。与这些员工进行沟通，以了解他们想要的物质和非物质奖励，为这些员工设计定制化的奖励标准。
- 明确为了使薪酬系统与绩效表现紧密联系，公司需要做些什么。

要素 17：建立领导力品牌

了解并行动：

- 设计案例，能够清楚地说明为什么你所在组织很看重"领导力"，而这要与清晰的业务结果相联系。
- 用明确的标准和期望阐述你所在组织的领导力原则。
- 根据标准来对领导进行评定。

发展思路：

- 观察公司与社区中那些成功的领导者，找出他们具有共性的特点和各自的特色。
- 在已有文献中、其他公司或你所在公司找出五种领导力模型，从中综合提炼出一个好的领导者应该具备的基本和共性要求。
- 审视你的组织在出版物、电视、收音机和互联网上进行的媒体活动。你正在与客户分享的信息是什么？这些信息在你的能力模型中有体现吗？

信息技术的支持者

要素 18：通过信息技术提高 HR 活动的效用

了解并行动：

- 找出那些如果共享会有助于做出更好决策的关键信息。
- 找到 HR 领域内通过技术手段可以提升成本效率而又不影响 HR 服务工作的机会。
- 了解 HR 领域内最新的技术趋势。

发展思路：

- 画出 HR 部门主要信息流的图示，找出技术可能会使之更有效的地方。
- 通过在线跟踪，找出如何才能更有效地利用 360 度反馈。
- 对于 HR 的关键胜任力，找出哪些最好是通过在线技术手段获得，哪些最好是通过工作任务获得，哪些最好是通过教室中的培训获得。

要素 19：善用社交媒体工具

了解并行动：

- 利用社交媒体（如领英、脸书）招聘与联系员工。
- 调研公司在社交媒体中的品牌形象。
- 安排人员跟踪公司的社交媒体名声。

发展思路：

- 通过查看脸书或就业网站上关于你们组织的工作讨论，了解并管理你的雇主品牌。
- 利用视频游戏或在线网站（如全球最大的虚拟世界游戏"第二人生"）来进行培训。
- 对你所在公司对社交媒体的使用情况进行审计，包括哪些人在使用社交媒体、在使用哪些网站、出于什么目的等，找出改善公司的社交媒体名声的方法。

要素 20：通过信息技术连接各方

了解并行动：

- 寻找在公司内部与外部创建学习团队的方法。
- 创建基于网站的信息系统，方便员工之间的联系。

- 形成自下而上的信息共享流程，以便领导者能够迅速了解到他们自己正在做什么。

发展思路：
- 利用网络在公司外部把相似岗位的人聚集起来形成社群组织。
- 检查公司现有的内部信息系统，了解当前的使用情况、用户需求和需要改进之处。
- 找出在组织内部创建迷你在线社区的方法（如培训分组的博客、技术领域的邮件用户清单服务等）。

附录 B

HR 专业人员胜任力自我评价

下面提供了作者创建的用于调查的自我评价系统，它以 2012 年 HRCS 调查的结果为基础，HRCS 调查的完整版本可以通过 RBL 集团获得，可以用于自我评价、180 度反馈调查（你的直接上级和你自己）以及 360 度反馈调查（直接上级、自己、HR 部门的同事、业务部门管理层或者其他的利益相关者）。

要求你提供两个评定等级：第一个是针对这一因素，你对自己目前能力的评价；第二个是改善这一能力的重要性。切记尽可能真实地回答问题。所有的评分等级都是 1～5，其中 1 代表最低，5 代表最高。

根据以上评价结果，回答以下问题：

1. 针对你已评价完成的胜任力项目，你认为改进哪些会取得高收益？
2. 选出一两条来实施，当你做决定的时候，既要考虑提升它们能对绩效产生的影响，还要考虑你在提升这一能力方面的精力与兴趣。
3. 让你的目标尽可能具体，比如"我将……以使得……"。
4. 你需要什么样的帮助？从谁那里获得？
5. 开始行动，接下来的 30 天你要完成哪些工作？
6. 你将如何衡量在这些能力方面取得的进步？

评价1：可信任的活动家

	我当前的胜任力	提高胜任力对业务的价值
通过结果交付赢得信任		
对结果进行追踪记录	①②③④⑤	①②③④⑤
具有个人诚信且遵守道德规范	①②③④⑤	①②③④⑤
影响他人并与其建立联系		
与管理团队相处融洽	①②③④⑤	①②③④⑤
能够有效沟通	①②③④⑤	①②③④⑤
提升自我认知		
承担适当的风险	①②③④⑤	①③④⑤
努力从成功和失败中学习	①②③④⑤	①②③④⑤
加强 HR 的专业性		
在 HR 的行业社团中扮演积极角色	①②③④⑤	①②③④⑤
为 HR 职能的发展进行投资	①②③④⑤	①②③④⑤

评价2：组织能力的构建者

	我当前的胜任力	提高胜任力对业务的价值
组织能力审计		
确保组织已澄清了业务成功所需要的组织能力	①②③④⑤	①②③④⑤
评价能力的有效性	①②③④⑤	①②③④⑤
保持战略、组织能力和员工行为的一致性		
衡量文化对达成持续业务绩效的影响	①②③④⑤	①②③④⑤
设计并实施整合性的 HR 实践（如招聘、培训、奖励和表彰、绩效管理等），以建立并保持期望的文化	①②③④⑤	①②③④⑤
创建有意义的工作环境		
创建一种鼓励工作和生活相平衡的文化	①②③④⑤	①②③④⑤
创建一种帮助员工找到工作意义和目的的文化	①②③④⑤	①②③④⑤
加强 HR 的专业性		
在 HR 的行业社团中扮演积极角色	①②③④⑤	①②③④⑤
为 HR 职能的发展进行投资	①②③④⑤	①②③④⑤

评价 3：信息技术的支持者

	我当前的胜任力	提高胜任力对业务的价值
通过信息技术提高 HR 活动的效用		
利用人力资源管理流程技术（如 HRIS）	①②③④⑤	①②③④⑤
去除低附加值的或官僚化的工作	①②③④⑤	①②③④⑤
通过信息技术连接各方		
建立全面的沟通战略	①②③④⑤	①②③④⑤
提供可供替代的、灵活的政策以激励不同年龄段的员工	①②③④⑤	①②③④⑤
善用社交媒体工具		
利用社交媒体为业务目标提供支持	①②③④⑤	①②③④⑤
利用信息技术为处于偏远地区及流动的员工提供帮助	①②③④⑤	①②③④⑤
加强 HR 的专业性		
在 HR 的行业社团中扮演积极角色	①②③④⑤	①②③④⑤
为 HR 职能的发展进行投资	①②③④⑤	①②③④⑤

评价 4：战略定位的参与者

	我当前的胜任力	提高胜任力对业务的价值
解析全球商业环境		
了解行业动态与竞争者信息	①②③④⑤	①②③④⑤
了解投资者的期望（如价值评估、无形资产）	①②③④⑤	①②③④⑤
解码客户期望		
了解外部客户的期望	①②③④⑤	①②③④⑤
帮助企业建立客户价值主张，指导组织内部的行动	①②③④⑤	①②③④⑤
共同应对战略变化		
找出企业成功的潜在机会与阻碍	①②③④⑤	①②③④⑤
将业务战略转变成人才（员工管理）与文化（工作环境）方面的成套举措	①②③④⑤	①②③④⑤
加强 HR 的专业性		
在 HR 的行业社团中扮演积极角色	①②③④⑤	①②③④⑤
为 HR 职能的发展进行投资	①②③④⑤	①②③④⑤

评价 5：HR 创新与整合者

	我当前的胜任力	提高胜任力对业务的价值
确保组织现在和未来的人才质量		
为所需人才建立胜任力标准	①②③④⑤	①②③④⑤
评价关键人才	①②③④⑤	①②③④⑤
培养人才		
设计有意义的能力发展经历	①②③④⑤	①②③④⑤
为本土市场发展本土人才	①②③④⑤	①②③④⑤
构建工作与组织		
了解如何建立与优化团队	①②③④⑤	①②③④⑤
开展组织诊断与能力审计	①②③④⑤	①②③④⑤
实行绩效管理		
确保绩效标准能适应不断变化的战略要求	①②③④⑤	①②③④⑤
以公平和及时的方式处理不良绩效	①②③④⑤	①②③④⑤
建立领导力品牌		
投资于未来的领导者	①②③④⑤	①②③④⑤
测量或追踪领导力效能	①②③④⑤	①②③④⑤

评价 6：成功变革的助推者

	我当前的胜任力	提高胜任力对业务的价值
发起变革		
帮助人们理解为什么变革如此重要（即建立紧迫感）	①②③④⑤	①②③④⑤
找出抵制变革的源头并且解决这些抵制	①②③④⑤	①②③④⑤
为发动变革制定必需的关键决策与行动方案	①②③④⑤	①②③④⑤
落实变革		
确保资源的易得性以落实变革（如资金、信息、技术、人员）	①②③④⑤	①②③④⑤
监控并交流变革过程中的进步	①②③④⑤	①②③④⑤

感谢以下参译者

总审校	曾佳	HR转型突破中心联合创始人
第1章	杨军	怡安翰威特
	王晔	上海广播电视台
	张冰	组织健康与高管教练
第2章	朱翔	HR转型突破中心高级合伙人
第3章	杜守栓	蚂蚁金服
	薛雄庭	汇丰环球客户服务（广东）有限公司
	朱秀华	美团点评
第4章	范珂	HR成长部落及HR公众号"行走的帆"创始人
	骆忠洋	中电智慧医疗管理有限公司
	王佳	中青旅产业学院
第5章	郑庚峰	晶科电力科技股份有限公司
第6章	吕奥迎	北京安声科技有限公司
	余志杨	中交融资租赁有限公司
	姜后福	南光（集团）有限公司
第7章	何缨	迅达科技公司（TTM Technologies, Inc）
第8章	吴齐元	百度在线网络技术（北京）有限公司
	王霞	华为技术有限公司
	刘霜	百度在线网络技术（北京）有限公司
第9章	游金	华为技术有限公司
	蒋雪燕	华为技术有限公司
	杨柳	清华大学经管学院
	赵欣	多伦多大学
第10章	陈瑞丽	科思创（原拜耳材料科技）公司
	梁雅杰	三全股份
第11章	聂晓弘	管理咨询&领导力发展顾问
	时务杰	吉利科技集团
	周艳	澳洲国立大学亚太经济与政府学院